Profil durch Verantwortung

Die neue Rolle der Lebensmittelhersteller

DLG-Lebensmitteltage 2008
8. bis 9. Oktober 2008 in Frankfurt am Main und Bad Soden

Profil durch Verantwortung

Die neue Rolle der Lebensmittelhersteller

Herausgeber:
DLG e.V.

VERLAG

Bibliografische Information der Deutschen Bibliothek

Die Deutsche Bibliothek verzeichnet diese Publikation in der Deutschen Nationalbibliografie; detaillierte bibliografische Daten sind im Internet über <http://dnb.ddb.de> abrufbar.

Profil durch Verantwortung

Die neue Rolle der Lebensmittelhersteller

Tagungsband der DLG-Lebensmitteltage 2008 vom 8. bis 9. Oktober in Frankfurt am Main und Bad Soden
Hrsg.: DLG e. V., Frankfurt am Main

DLG-Verlags-GmbH, Eschborner Landstraße 122
60489 Frankfurt am Main
Telefon (0 69) 2 47 88-0
Telefax (0 69) 24 78 84 80
E-Mail: dlg-verlag@dlg.org
Internet: www.dlg-verlag.de

Gedruckt auf chlorfrei gebleichtem Papier

Redaktion/Lektorat: Guido Oppenhäuser, Dr. Regina Hübner, Hans-Georg Burger, Regina Leister, Rainer Rupalla
Grafisches Konzept, Grafiken: Petra Obermeier
Druck: Greiserdruck, Rastatt
Printed in Germany: ISBN 978-3-7690-0718-3

Inhaltsverzeichnis

II. Strategien und Perspektiven

III. Profile mit Mehrwert

Ein Wort zuvor

„Genuss mit gutem Gewissen", „CO_2-bilanzierte Lebensmittel", „fair trade" – diese Schlagworte zeigen, dass das Thema Lebensmittel im Mittelpunkt des gesellschaftlichen Diskurses angekommen ist. Über alle Produktions- und Wertschöpfungsstufen hinweg sind die Agrar- und Lebensmittelbranche Spiegel und Kristallisationspunkt sozialer, wirtschaftlicher, politischer und gesundheitsbezogener Diskussionen. Der Hersteller von Lebensmitteln und mit ihm sein Handeln und seine Produkte stehen dabei wie nie zuvor im Fokus des öffentlichen Interesses. Neben einem hohen Maß an Flexibilität und Innovationsbereitschaft rückt damit die werteorientierte Profilierung verstärkt ins Zentrum unternehmerischen Handelns.

Nie zuvor prägten so unterschiedliche gesellschaftliche Rahmenbedingungen die Entwicklung der Lebensmittelmärkte. Ethisch-moralische, soziale und ökologische Aspekte werden dabei für eine Werte-Kommunikation immer entscheidender. Gesundheit und Genuss, Ökologie und Ökonomie als Entscheidungsfaktoren schließen sich jedoch gegenseitig nicht aus. Das gilt nicht nur für global agierende Lebensmittelkonzerne, sondern genauso für mittelständische und regionale Lebensmittelhersteller wie auch für den Bäcker- oder Metzgerbetrieb um die Ecke. Authentizität, Offenheit und Transparenz werden immer wichtiger, wenn es um die nachhaltige Positionierung ihrer Unternehmen, Marken und Produkte im „Vertrauensmarkt Lebensmittel" geht. Denn Vertrauen ist ein zentraler Faktor für den zukünftigen Unternehmenserfolg der Lebensmittelhersteller, so lautet die Botschaft zahlreicher Markt- und Trendforscher. Und Vertrauen setzt gelebte Verantwortung voraus.

Betrachtungen der Agrar- und Lebensmittelmärkte besitzen somit nicht nur eine ökonomische, sondern auch eine moralische Dimension, das liegt allein schon an dem für das menschliche Leben essentiellen Charakter der dort gehandelten Produkte. Das auf den Philosophen Hans Jonas zurückzuführende Prinzip Verantwortung fordert, die globalen, aber auch intergenerationellen Folgen unseres Handelns sorgfältig und rational abzuwägen. Tradierte und teilweise dogmatische Positionen müssen intellektueller Redlichkeit weichen. Für die Agrarwirtschaft bedeutet das, knappe Ressourcen effizienter zu nutzen. Dazu zählen der Einsatz von Arbeit, Boden und Kapital. Verantwortung bedeutet allerdings auch, die Lebensgrundlagen zu bewahren. Ohne Schutz von Boden, Wasser, Luft und Biodiversität können die gesellschaftlichen Zukunftsfragen nicht gelöst werden. Gleiches gilt für die Lebensmittelbranche, deren Aufgabe es ist, neben der Wertschöpfung im ökonomischen Sinne Verantwortung gegenüber der Um- und Nachwelt zum Nutzen ihrer Kunden zu übernehmen.

Unbedenklichkeit und Sicherheit, verbunden mit einem hohen Genusswert, sind Anforderungen des modernen Verbrauchers an Lebensmittel. Zugleich legt er immer mehr Wert auf die Entstehung dieser Produkte. Er stellt dabei berechtigte Fragen nach nachhaltiger Produktion, vom Ressourcenschutz bis zur Tiergerechtheit. Ihn interessieren der Zugriff auf knappe Ressourcen wie Energie und Wasser genauso wie die Frage nach einer möglichst vollständigen Nutzung der knappen Agrarrohstoffe bei der Herstellung von Lebensmitteln. Vor diesem Hintergrund werden Forderungen von Seiten des Verbrauchers nach mehr Informationen und Transparenz weiter zunehmen. Lebensmittelsicherheit, glaubwürdige Kommunikation, aber auch soziales und ökologisches Engagement sind hier zentrale strategische Felder, auf denen sich die Unternehmen als verantwortungsvolle Partner des Verbrauchers profilieren müssen.

Entscheidend ist dabei, wie man einem zunehmend kritischer werdenden Verbraucher, dessen Informationshunger genauso schnell wächst, wie seine Bedürfnisse an seine Ernährung komplexer werden, zu begegnen hat. In immer kürzeren Zeiträumen sind Lebensmittelhersteller gezwungen zu hinterfragen, welche Botschaften sie wie und wo kommunizieren sollten.

Ein Bekenntnis zur Verantwortung, verbunden mit neuen Kommunikationsstrategien, ist der Kern des Tagungsthemas der diesjährigen DLG-Lebensmitteltage: „Profil durch Verantwortung“. Mit den DLG-Lebensmitteltagen

2008 unterstreicht die DLG als Fachorganisation der Land- und Ernährungswirtschaft ihr besonderes Commitment für die Lebensmittelbranche. Diese jährliche Tagung hat sich in kurzer Zeit als unverzichtbares Informations- und Diskussionsforum für die Branche etabliert.

Das Tagungsthema „Profil durch Verantwortung" wirft viele Fragen auf: Welche Herausforderungen ergeben sich aus den „neuen Verantwortungsprofilen" für Hersteller von Lebensmitteln? Wie stellen sich Produzenten und der Lebensmitteleinzelhandel darauf ein? Was bedeuten die Verbrauchererwartungen für die Wahrnehmung von Lebensmitteln, für Marketing und für die Kommunikation? Wodurch zeichnen sich erfolgreiche Konzepte aus?

Der vorliegende Band enthält einige Vorträge sowie weitere das Tagungsthema ergänzende Beiträge. Ich danke allen Beteiligten aus Praxis, Wissenschaft, Wirtschaft und Beratung sowie den Mitarbeitern der DLG, die zum Gelingen dieses Buches beigetragen haben.

Ein Auftrag der DLG ist es, der Land- und Ernährungswirtschaft Ideengeber und neutrale Plattform für den Meinungsaustausch zu sein. Die DLG-Lebensmitteltage wie auch das vorliegende Buch sollen in diesem Sinne der Ernährungsbranche wertvolle Orientierungshilfen und Unterstützung zur erfolgreichen Ausrichtung auf die Zukunft geben.

Frankfurt am Main, Oktober 2008

Carl-Albrecht Bartmer
Präsident der DLG

I. Profil durch Verantwortung

Prof. Dr. Jörg Luy, *Juniorprofessur für Tierschutz und Ethik, Fachbereich Veterinärmedizin der Freien Universität Berlin*
Priv. Doz. Dr. Christian Hertel, *Leiter Forschungsplattform Biotechnologie des Deutschen Instituts für Lebensmitteltechnik e.V. (DIL), Quakenbrück*

„Ethischer" Mehrwert

Das Verantwortungsprofil von Lebensmittelherstellern und seine Vermarktung aus Sicht der Ethik

Der Markt der Zukunft wird allem Anschein nach höhere moralische Anforderungen stellen, und auch bessere Chancen für ethisch überdurchschnittliche Produkte bieten. Etablierte Gütesiegel und unabhängige Prüfstellen lassen unter günstigen Rahmenbedingungen ethisch ausgerichtete Marktsegmente wie Fairer Handel, Bio, Neuland oder Halal schneller wachsen als das Umfeld. Nicht verwunderlich ist daher das allgemein zunehmende Interesse an unternehmerischer Verantwortung und ihre Einbindung ins Marketing, wobei erst einmal vernachlässigt werden kann, ob hinter dem Engagement ein gereiftes Verantwortungsbewusstsein oder eine nachfrageorientierte Unternehmenspolitik stehen muss.

Ethik ist die Wissenschaft von der Moral, also vom vermeintlich guten und richtigen Verhalten. Da darüber kein vollständiger Konsens besteht, unterscheiden sich die als Moral bezeichneten Regeln und Empfehlungen je nach Kultur und Subkultur geringfügig voneinander (lat. mores = Sitten). Ethik spielt zwar in allen Religionen eine Rolle, gelangt aber nur in der Philosophie zu wissenschaftlicher Qualität. In Europa gewann sie während der Aufklärung besonders im 18. und 19. Jahrhundert ein neues Gesicht, als der aufkommende Typus des selbstbestimmten Menschen es unternahm, auf der Grundlage vernünftiger Argumente selbst die Grenzlinie zwischen moralischem und unmoralischem Handeln zu ziehen. Dabei zeigte sich, dass der Mensch über angeborene moralische Intuitionen, insbesondere in Form des Gerechtigkeitsempfindens, sowie über ein speziesübergreifendes Einfühlungsvermögen verfügt. Moralische Einschätzungen folgen daher auch ohne Religion gewissen Regeln.

> ***„Moralische Einschätzungen folgen auch ohne Religion gewissen Regeln."***

Diese Regeln zu verstehen, ist die Aufgabe der Ethik. Ohne Aufklärung hätte Europa keinen „mündigen Verbraucher", und ohne Ethik täten wir uns schwer, seine Präferenzen einzuordnen. Egal ob Nachhaltigkeit, Sozialverantwortung, Tier- oder Umweltschutz, die moralischen Motive des Verbrauchers lassen sich ethisch erklären und sein Kaufverhalten in gewissen Grenzen vorhersagen. Die prognostische Unsicherheit in ethischen Dilemmata und angeborene moralische Fehlintuitionen (wie die Schwierigkeiten vieler Menschen mit der angst- und schmerzlosen Tiertötung) stellen dabei die limitierenden Faktoren dar.

Erst kommt das Fressen, dann kommt die Moral

Während bis in das 18. Jahrhundert von einer ausschließlich egoistischen Motivation des menschlichen Handelns ausgegangen wurde, steht die Existenz uneigennütziger Motive heute außer Frage. Evolutionsbiologisch ist es nahe liegend, dem Handeln sowohl egoistische als auch altruistische Motive zugrunde zu legen. Indizien für die Fähigkeit, bewusst das Wohl der anderen im Blick zu behalten, finden sich besonders bei Spezies, die mit sozialen Gruppenleistungen vorher unerreichbare ökologische Nischen erobern konnten. Über die sog. Gruppenselektion lässt sich auch erklären, warum der Mensch im Regelfall mit wachsender Bedrohung egoistischer, aber mit zunehmendem Grad „gefühlter Nähe" altruistischer reagiert.

Uneigennütziges Verhalten ist vor allem dann zu erwarten, wenn die „gefühlte Nähe" die existenzielle Relevanz von Nachteilen überwiegt. Oder wie Brecht es formulierte, erst kommt das Fressen, dann kommt die Moral. Evolutionsbiologie und Ethik haben wesentlich dazu beigetragen, die beiden Wurzeln des Faktors „gefühlte Nähe", Verwandtschaftsgrad und Empathie, besser zu verstehen. Je nach den Umständen stehen uns unsere Familienangehörigen oder die Menschenaffen (bei weit über 90 Prozent genetischer Übereinstimmung) oder Heimtiere der sog. Companion Animals, wie Hund, Katze oder Pferd, besonders nahe. Das Phänomen wird insbesondere dann offensichtlich, wenn die vom Gerechtigkeitsempfinden primär geforderte Gleichbehandlung (Gleichheitsprinzip) durch allgemein gewünschte Sonderregelungen mit Ausnahmen versehen wird. Beispiele sind das Zeugnis- und Auskunftsverweigerungsrecht zum Schutz naher Angehöriger oder die gesetzlichen Verbote mancher Staaten, Tierversuche an Menschenaffen durchzuführen oder Hunde und Katzen zur Lebensmittel- oder Fellgewinnung zu nutzen. In der EU sind heute Schlachtung und Verzehr von Hunden, Katzen und Affen unerwünscht, in einigen Staaten sogar unzulässig. Hundeschlachtungen mit offizieller Fleischbeschau fanden beispielsweise in München bis 1974 und in Augsburg sogar noch bis 1985 statt, bevor sie in Deutschland 1986 verboten wurden.

> **„Evolutionsbiologie und Ethik haben wesentlich dazu beigetragen, die beiden Wurzeln des Faktors „gefühlte Nähe", Verwandtschaftsgrad und Empathie, besser zu verstehen."**

Der Trend zu mehr Gerechtigkeit – Ethic Food

Die Unterscheidung zwischen egoistischen und altruistischen Motiven beim Kaufverhalten korrespondiert auf der Seite des Produkts weitgehend mit der Differenzierung in Produktqualität und Prozessqualität. Unter „Produktqualität" lassen sich die meisten der am Produkt messbaren Gütekriterien zusammenfassen (Nährwert, Genusswert, Hygienestatus, gesundheitliche Unbedenklichkeit usw.). Diese Kriterien stehen bei der traditionellen, eher egoistisch motivierten Kaufentscheidung im Vordergrund. Ob aber das Produkt einen als unmoralisch eingeschätzten Herstellungsprozess durchlaufen hat, ist im Regelfall nicht am Produkt nachweisbar und fällt unter den Begriff „Prozessqualität". In Europa ganz allgemein oder lediglich von

Die Prozessqualität hängt von zahlreichen Faktoren ab, nicht zuletzt vom eingesetzten Dünger.

bestimmten Verbrauchergruppen als „moralisch nicht unbedenklich“ klassifizierte Herstellungsprozesse finden sich in allen denkbaren Abstufungen von Kinderarbeit bis zur Verwendung bestimmter Düngeverfahren.

Als Bewegung richtet sich Ethic Food heute im Regelfall gegen Nebenwirkungen marktwirtschaftlich optimierter Herstellungsprozesse. Bei Ethic Food im engeren Sinne handelt es sich um Nahrungsmittel, deren Herstellung aufgrund altruistischer Motive über eine überdurchschnittliche Prozessqualität verfügt, und deren Vermarktung durch Kontrastierung zu konventionell erzeugten Parallelprodukten erfolgt, wobei ein im Regelfall höherer Preis über den ethischen Mehrwert gerechtfertigt wird; die Verbesserung der Produkteigenschaften ist kein vorrangiges Ziel (und auch nicht regelmäßig gegeben), wird aber manchen Erzeugnissen als Folge veränderter Herstellungsprozesse zugeschrieben.

Sollten sich Ethic-Food-Standards einmal branchenweit etablieren und damit die Kontrastgruppe wegfallen, wäre die Einordnung zu überdenken. Da sich der Herstellungsprozess im Produkt nur selten nachweisen lässt, gewinnt der Faktor Glaubwürdigkeit bei der Prozessqualität eine besondere Bedeutung. Es hat sich offenbar bewährt, deren Kontrolle nicht nur unternehmensintern vorzunehmen, sondern zusätzlich unabhängige Prüfstellen zu nutzen, deren Gütesiegel überdies die gezielte Vermarktung ethisch überdurchschnittlicher Produkte erleichtern.

Die in den vergangenen Jahrzehnten deutlich gewachsene, altruistisch motivierte Nachfrage nach im Idealfall moralisch unbedenklichen, zumindest aber ethisch überdurchschnittlichen Produkten lässt sich dadurch erklären, dass altruistische Kaufentscheidungen mit zunehmendem Grad an gefühlter Nähe und mit abnehmendem Grad an existenzieller Relevanz der Mehrkosten immer wahrscheinlicher werden. Beispielsweise wurde das Gefühl der Nähe zu vormals exotischen Regionen und ihrer Bevölkerung durch Massenphänomene wie Ferntourismus und TV-Präsenz erhöht. Andererseits wird für das zunehmende Interesse an tierfreundlich gewonnenen Nahrungsmitteln (z. B. Eier aus Freilandhaltung) die von einer wachsenden Zahl von Käufern als gering eingeschätzte existenzielle Relevanz des Preisaufschlags gegenüber dem konventionellen Produkt verantwortlich gemacht. Zusammen mit einer Reihe weiterer Faktoren rechtfertigt dies die Einschätzung von Ethic Food als Wohlstandsphänomen.

> ***„Da sich der Herstellungsprozess im Produkt nur selten nachweisen lässt, gewinnt der Faktor Glaubwürdigkeit bei der Prozessqualität eine besondere Bedeutung.“***

Der gezielte Konsum moralisch unbedenklicher (zumindest aber ethisch überdurchschnittlicher) Produkte stellt über seinen Umverteilungscharakter gleichermaßen eine Form des Boykotts gegenüber konventionellen Anbietern dar, wie er andererseits für nachfrageorientierte Unternehmen neue Märkte eröffnet. Da ethische Bedürfnisse nicht der Gewöhnung unterliegen, kann dieses neue Phänomen ein dauerhaftes Marktsegment schaffen, wenn auch naturgemäß zu Beginn beschränkt auf finanziell bessergestellte Konsumentengruppen. Die derzeitigen Hauptvertreter im Segment Ethic Food, Fairer Handel, Bio, Neuland und Halal weisen trotz individueller Besonderheiten die entscheidenden Merkmale ethisch überdurchschnittlicher Produkte auf.

Fairer Handel

Im Fairen Handel wird der sich aus Angebot und Nachfrage ergebende Preis, insbesondere von Waren, die aus Entwicklungsländern in Industrieländer exportiert werden, soweit wie für eine sozial gerechte und umweltverträgliche Produktion notwendig über das Weltmarktniveau angehoben. Der Faire Handel zielt auf die Reduzierung von Armut und auf die Förderung einer nachhaltigen, umweltschonenden Urproduktion. Kontrollierte Gütesiegel sind wegen des naturgemäß höheren Preises bei der Vermarktung unverzichtbar. Interne Standards der Dachorganisationen definieren je nach Produkt entweder Mindestpreise oder Mindestlöhne. Die Zertifizierung von Erzeugern und Händlern berechtigt diese zur Nutzung eines Gütesiegels. Regelmäßige Kontrollen stellen sicher, dass der vom Verbraucher entrichtete Aufpreis auch tatsächlich bei den Betroffenen ankommt. Um dem Dilemma zu entkommen, die Sozialverträglichkeit auf Kosten der Umweltverträglichkeit zu erhöhen, wurde Nachhaltigkeit in die Ziele des Fairen Handels aufgenommen. Im Jahr 2007 ist in Deutschland für Produkte der Dachorganisation Fairtrade der Absatz um 33 % auf 24.000 Tonnen gestiegen.

Auch betriebsinterne Initiativen zur Erhöhung der Sozialverträglichkeit (z. B. Elternzeit für Väter) können ähnliche Ziele wie der Faire Handel verfolgen, allerdings in diesem Fall zum Wohle der im Unternehmen beschäftigten Mitarbeiter. Größer als der Einfluss positiver Mitteilungen aus diesem Bereich auf das Kaufverhalten scheint jedoch die Wirkung negativer Schlagzeilen zu sein, da anscheinend vom Verbraucher ohne entsprechende Hinweise ein akzeptables Sozialniveau vorausgesetzt wird. Ist ein ausreichendes Konkurrenzangebot vorhanden, wird ein negativ auffälliges Unternehmen (temporär) von empörten Verbrauchern über den gezielten Konsum moralisch weniger bedenklicher Produkte boykottiert.

Ökologischer Landbau (Bio)

Der große Erfolg der ökologischen (biologischen) Lebensmittelherstellung ist sowohl auf Eigenschaften der Prozess- als auch der Produktqualität zurückzuführen, indem Bio im Hinblick auf Rückstände gesundheitsgefährdender Substanzen eine Null-Toleranz-Politik verfolgt und manchen Bio-Lebensmitteln ein höherer Genusswert zugeschrieben wird. Unabhängig von den Vorteilen dieser beiden stark nachgefragten Produkteigenschaften stellt Bio eine Variante von Ethic Food mit mehreren, allerdings teilweise disharmonierenden, moralischen Ansprüchen dar (bspw. weisen tiergerechte Haltungsformen eine schlechtere Klimabilanz auf; höhere Preise für tiermedizinisch unbehandelte Schlachtkörper befördern den moralisch fragwürdigen Totalverzicht auf die tierärztliche Versorgung kranker Tiere usw.). Entstanden als Reaktion auf die zunehmende Industrialisierung der Landwirtschaft, ist die Kritik an den Herstellungsprozessen primär ethischer Natur und richtet sich erst seit der Aufwertung von Vermarktungsaspekten auch auf die Produktqualität der Erzeugnisse.

In der Bewegung des ökologischen Landbaus haben sich unterschiedliche Kritiker der konventionellen Landwirtschaft zusammengeschlossen; kritisiert werden Defizite bei der Nachhaltigkeit sowie im Umwelt-, Tier- und Verbraucherschutz. Manchen Argumenten (z. B. dem Fütterungsverbot synthetisch erzeugter Aminosäuren) ist allerdings kein praktischer Nutzen zuzuordnen, sie sind als Relikte einer industriefeindlichen Ideologie der Anfangsphase aufzufassen. Von den Verbrauchern wenig wahrgenommen ist der Umstand, dass Bio in nicht wenigen Bereichen, insbesondere bei Tierzüchtung und Tierschutz, die eingeforderten Alternativen bislang selbst nicht oder nicht vollständig zu realisieren vermag.

Gemeinsames (freiwilliges) Gütezeichen aller Produkte aus dem ökologischen Landbau ist in Deutschland das staatliche Bio-Siegel. Das Bio-Siegel dürfen Erzeuger, Verarbeiter und Händler für ihre Bio-Produkte nutzen, wenn das jeweilige Produkt die in der EG-Öko-Verordnung niedergelegten Mindestanforderungen für die Bio-Kennzeichnung erfüllt (derzeit Verordnung (EG) Nr. 2092/91, ab 1. Januar 2009 Verordnung (EG) Nr. 834/2007).

Neben den klassischen Qualitätskriterien strebt Ethic Food auch nach guten Noten in Nachhaltigkeit und Umweltschutz.

Bei den Standards bestehen Unterschiede zwischen der EG-Öko-Verordnung und den Richtlinien der Anbauverbände, die in verschiedenen Punkten über die Mindestanforderungen der Verordnung hinausgehen. Eine Schwachstelle des zur besseren Vermarktung eingeführten Bio-Siegels liegt in der Notwendigkeit, lediglich den kleinsten gemeinsamen Nenner der Richtlinien der Anbauverbände zugrunde gelegt zu haben, was die Gefahr des bloßen „Greenwashings“ mit sich gebracht hat. Die Durchführung der EG-Öko-Verordnung und die Verwendung des staatlichen Bio-Siegels sind in Deutschland durch das Öko-Landbaugesetz, das Öko-Kennzeichengesetz und die Öko-Kennzeichen-Verordnung gesetzlich geregelt.

Wesentlicher Bestandteil der EG-Öko-Verordnung ist das Kontrollsystem. Kontrolliert werden Herstellung und Verarbeitung, Verpackung und Importe aus Drittländern. Amtlich zugelassene private Kontrollstellen überprüfen mindestens einmal jährlich mit Vorankündigung den gesamten Betrieb. Zusätzlich werden unangekündigte Stichprobenkontrollen vorgenommen. Die Arbeit der Kontrollstellen wiederum wird staatlich kontrolliert. Bei der Kennzeichnung der Produkte muss der Name und/oder die Codenummer der zuständigen Kontrollstelle angegeben werden. Die Kosten der Kontrolle trägt das kontrollierte Unternehmen. Bio-Produkte aus Drittländern müssen ebenfalls den Vorgaben der EG-Öko-Verordnung entsprechen; auch die Einfuhrunternehmen werden von privaten Kontrollstellen überprüft.

Die Kontrastierung zu konventionell erzeugten Parallelprodukten erfolgt bei Bio durch eine ethische Analyse von Schwachstellen der konventionellen Landwirtschaft. Diese wirtschafte – erster Kritikpunkt – nicht nachhaltig, nehme also der Natur mehr, als sie ihr zurückgäbe, und ließe damit künftigen Generationen ein unmoralisches Erbe zurück. Nachhaltigkeit strebt der Öko-Landbau demgegenüber durch eine Kreislaufwirtschaft mit möglichst geschlossenen Nährstoffzyklen, mit reduziertem Energieverbrauch unter weitestgehender Schonung der Rohstoffreserven und durch die (allerdings nicht ausschließliche) Haltung von vom Aussterben bedrohter Nutztierrassen an. Als zweiter Kritikpunkt wird das unzureichende Bewusstsein konventioneller Landwirte für den Umweltschutz angeführt. Der Öko-Landbau hingegen schützt Boden, Wasser und Luft durch den Verzicht auf chemisch-synthetische

„Die Kontrastierung zu konventionell erzeugten Parallelprodukten erfolgt bei „Bio“ durch eine ethische Analyse von Schwachstellen der konventionellen Landwirtschaft.“

Chemisch-synthetische Pflanzenschutzmittel sind bei „Bio" verboten. Der Verbraucher schätzt die rückstandsfreien Produkte, nicht nur wegen des Umweltschutzes.

Pflanzenschutzmittel und die schnell löslichen mineralischen Stickstoffdünger, die auf den Feldern klimaschädliches Lachgas freisetzen. Um die ökologischen Nebenwirkungen importierten Futters zu vermeiden (Transport- und Regenwaldproblematik), erzeugt der Landwirt seine Futtermittel vorzugsweise selbst. Drittens wird der konventionellen Landwirtschaft vom Öko-Landbau vorgeworfen, ihre Tiere nicht art- und bedürfnisgemäß zu halten, sondern ihre Bewegungsfreiheit in ethisch nicht vertretbarer Weise einzuschränken und sie mit Zwangsmaßnahmen den industrialisierten Haltungsformen anzupassen (Amputation von Testikeln, Hörnern, Krallen, Zähnen, Schwanz- und Schnabelteilen).

Tierhaltung nach EG-Öko-Verordnung unterscheidet sich auch in dieser Hinsicht von konventioneller Tierhaltung. Im ökologischen Landbau ist den Tieren Auslauf im Freien und je nach Tierart Weidegang zu gewähren. Das Umfeld der Tiere muss hinsichtlich der Belüftung, der Lichtansprüche und des Platzes und Komfortbedarfs artgerecht gestaltet sein und das natürliche Sozialverhalten ermöglichen. Eine ganzjährige Anbindehaltung ist nicht erlaubt. Vollspaltenböden sind nicht zulässig. Ferkel und Hühner werden nicht in Käfigen gehalten. Der Einsatz von Wachstums- und Leistungsförderern sowie von Hormonen (außer im Falle der therapeutischen tierärztlichen Behandlung eines einzelnen Tieres) ist verboten. Der vorbeugende

Bei „Bio“ steht den Tieren im Regelfall Auslauf ins Freie zur Verfügung.

Einsatz von Medikamenten (Antibiotika etc.) ist nicht erlaubt. Die Fortpflanzung erfolgt grundsätzlich im Natursprung (künstliche Besamung ist jedoch erlaubt). Nicht zulässig sind andere künstliche Fortpflanzungsmethoden. Eingriffe am Tier wie Zähnekneifen, Kupieren des Schwanzes, Stutzen der Schnäbel etc. dürfen nicht systematisch angewendet werden (die Enthornung von Rindern wird aber aus Sicherheitsgründen erlaubt). – Last not least sei der konventionellen Landwirtschaft ein unzeitgemäßes Verständnis des Verbraucherschutzes vorzuwerfen.

Bio schaffe demgegenüber durch gesetzlich geregelte Standards und unabhängige Kontrollen Transparenz bei der Herstellung von Lebensmitteln. Der Verbraucher könne sich darauf verlassen, dass der Einsatz von Hormonen, Wachstums- und Leistungsförderern verboten und der von Medikamenten auf das unerlässliche Maß beschränkt sei, dass Rückstände auch deshalb nicht zu erwarten seien, weil die Tiere mit ökologischem Futter gefüttert werden (in dem sich keine Reste von chemisch-synthetischen Pflanzenschutzmitteln befinden können) und ökologische Erzeugnisse nur ohne Verwendung von genetisch veränderten Organismen (und/oder von auf deren Grundlage hergestellten Erzeugnissen) hergestellt werden dürfen.

Neuland – Premiumtierschutz

Auf den ersten Blick leicht mit Bio zu verwechseln ist Neuland kein Vertreter der ökologischen Landwirtschaft, sondern ein 1988 von gemeinnützigen Organisationen (u. a. Deutscher Tierschutzbund, Bund für Umwelt und Naturschutz Deutschland BUND, Arbeitsgemeinschaft Bäuerliche Landwirtschaft e.V.) gegründetes, eigenständiges Markenfleischprogramm mit deutlich über den Bio-Vorgaben liegenden Standards für die artgerechte Tierhaltung und über einhundert Verkaufsstellen (Fleischerfachgeschäfte, Lebensmittelmärkte, Hofläden) in zwölf Bundesländern. Im Unterschied zu Betrieben des ökologischen Landbaus muss auf Neuland-Höfen kein ökologisches Futter verwendet werden. Aber, wie bei Bio, liegt auch bei Neuland ein zweiter ethischer Anspruch auf umweltverträglichen Formen der Landwirtschaft. Neuland sieht seine Aufgabe darin, eine qualitätsorientierte, tiergerechte und umweltschonende Tierhaltung auf bäuerlichen Betrieben zu entwickeln. Neuland ist klar der Ethic-Food-Gruppe zuzuordnen. Aus altruistischen Motiven (Tierschutz, Umweltschutz und Förderung der bäuerlichen Landwirtschaft) wird mit erhöhtem Aufwand eine überdurchschnittliche Prozessqualität erzielt. Die Vermarktung erfolgt, wie bei Bio, im Kontrast zur konventionellen Landwirtschaft. Der höhere Preis wird über einen ethischen Mehrwert gerechtfertigt. Die Verbesserung der Produkteigenschaften ist kein vorrangiges Ziel, wird aber zahlreichen Neuland-Produkten als Folge stressärmerer Umgangsformen mit den Tieren zugeschrieben. Die Aufgabe eines Gütesiegels übernimmt das Neuland-Logo.

Die Standards für Haltung, Fütterung, Transport usw. der Tiere auf den Neuland-Höfen sind in den Neuland-Richtlinien festgelegt. Sie gelten stets für den gesamten Betrieb, für alle Tiere und ganzjährig. Die Teilumstellung eines Betriebes ist nicht möglich. Es gibt Richtlinien für Schweine, Rinder, Schafe, Legehennen und Mastgeflügel; deren Schwerpunkt liegt auf artgerechter Tierhaltung, dabei gilt für alle Tierarten: Sämtliche Tiere liegen auf Stroheinstreu; Spalten- oder Lochböden sind nicht erlaubt. Neben der starken Bevorzugung von Stroh durch die Tiere entsteht ökologisch vorteilhafter Festmist und keine Gülle. Allen Tieren steht ganzjährig ein Auslauf zur Verfügung; Anbindung oder andere dauerhafte Fixierung ist nicht erlaubt. Neuland verwendet nur heimische Futtermittel, um den Import auszuschließen (Transport- und Regenwaldproblematik); tierische Futtermittel wie Fisch- oder Tiermehl sind ebenso wie Antibiotika oder andere Leistungsförderer verboten. Gentechnik darf weder in der Züchtung noch in der Fütterung (z. B. gentechnisch veränderter Mais) eingesetzt werden. Neuland führt seit Mai 2008 die Ferkelkastration nur noch in Narkose durch. Damit reagierte Neuland als erstes Qualitätsfleischprogramm in Deutschland auf die stärker werdende öffentliche Diskussion über Alternativen zur üblichen, betäubungslosen Ferkelkastration.

Zur Förderung bäuerlicher Strukturen sind für Neuland-Höfe Bestands- und Flächenobergrenzen (z. B. max. 650 Mastschweine pro Betrieb) festgelegt. Dies soll verhindern, dass Großbetriebe die Vermarktung dominieren können. Die Tiere werden zu einem angemessenen Preis, der die Existenz der landwirtschaftlichen Betriebe sichert, aufgekauft, geschlachtet und an Fleischerfachgeschäfte, Großküchen und an die Gastronomie vermarktet.

Halal-Food

Auch Halal-Erzeugnisse fallen unter den Begriff Ethic Food. Neben den eine noch längere Tradition aufweisenden koscheren Lebensmitteln der Juden stellen die als halal qualifizierten Nahrungsmittel des Islams die religiöse Urform von Ethic Food dar. Die altruistischen Motive und die überdurchschnittliche Prozessqualität treten in den theologisch-ethischen Vorschriften noch nicht so deutlich hervor wie bei den jüngeren Ethic-Food-Varianten; aber die übrigen Merkmale, wie die Kontrastierung zu Parallelprodukten, der oftmals höhere Preis und das Argument des ethischen Mehrwerts, sind ebenso deutlich zu erkennen wie der Umstand, dass in der Verbesserung der Produkteigenschaften kein vorrangiges Ziel gesehen wird.

Unter Muslimen ist halal derzeit „in“, der Markt wächst. Die Angabe „halal“ ist in Europa lebensmittelrechtlich nicht geschützt. Anders als beim Bio-Siegel gibt es keinen Halal-Mindeststandard. Seriöse (private) Zertifizierungsorganisationen stehen stattdessen im Kontakt zu Religionsautoritäten. Sie bescheinigen, „dass auch halal drin ist, wo halal draufsteht“. Konflikte sind nicht immer zu lösen, der Islam besitzt keine zentrale Oberinstanz. Das Gegensatzpaar „halal“ und „haram“ bezeichnet im Rechtssystem des Islam, was dem Menschen vom Gesetzgeber Allah erlaubt (halal) bzw. verboten wurde (haram). Dabei gilt, dass im Regelfall erlaubt ist, was nicht ausdrücklich durch die heilige Schrift des Islam, den Koran, oder durch die Sunna untersagt wird. Als Sunna wird die Überlieferung dessen bezeichnet, was der Religionsstifter Mohammed gesagt, getan, geduldet oder bewusst nicht getan haben soll. Das Begriffspaar „halal-haram“ bezieht sich nicht nur auf Lebensmittel, sondern bewertet in einem umfassenden Sinn die sich bietenden Alternativen zur Lebensführung. Unzweifelhaft Schädliches ist „haram“ und eindeutig Zuträgliches „halal“. Überwiegt der Nutzen den Schaden, bleibt es „halal“; überwiegt der Schaden, lautet das Urteil „haram“.

> ***„Bei den Landtieren benennt der Koran vier Hauptgruppen des Verbotenen. Haram sind Schweinefleisch, das Fleisch von bereits toten Tieren sowie von Tieren, die anderen außer Allah geweiht wurden, und Blut.“***

Der Islam verbietet keine pflanzliche Nahrung, mit Ausnahme dessen, was vergoren ist, gleich ob es sich um Trauben, Datteln, Getreide oder andere Substanzen handelt. Gleichfalls verbietet der Islam alles, was berauscht, die Gehirntätigkeit beeinflusst oder dem Körper schadet. Ein Grundsatz lautet, dass, wenn etwas verboten ist, alles, was dazu führt, ebenfalls verboten ist. „Haram“ ist daher nicht nur der Konsum von Alkohol, sondern auch jede Mitwirkung bei Herstellung und Vertrieb von alkoholischen Getränken oder anderen Rauschmitteln. Bei tierischer Nahrung wird zwischen Land- und Wassertieren unterschieden, die Letztgenannten sind sämtlich „halal“. Bei den Landtieren benennt der Koran hingegen vier Hauptgruppen des Verbotenen. „Haram“ sind Schweinefleisch, das Fleisch von bereits toten Tieren sowie von Tieren, die anderen außer Allah geweiht wurden, und Blut. Gleiches gilt für sämtliche Lebensmittel, die Zutaten vom Schwein oder Blutbestandteile enthalten. Obwohl nicht im Koran festgelegt, gelten Insekten, Tiere mit Reißzähnen, Greifvögel und giftige Tiere als „haram“; der Status von Equiden ist ebenso wie der Sonderfall von Gelatine aus Schweinerohstoffen nicht einheitlich geklärt. Da der Islam es vorzieht, Dinge im Kontext zu bewerten, und da er einen respektvollen und schonenden Umgang mit Tieren vorschreibt, hat sich in der jüngsten Vergangenheit eine (bislang allerdings noch verhaltene) Diskussion über den Status von Fleisch aus intensiver versus Bio-Tierhaltung und handwerklicher versus industrieller Schlachtung entwickelt.

Auch bei Halal-Food harmonieren nicht alle ethischen Ansprüche. Während der Islam sich ausdrücklich für Tierschutz ausspricht, enthält die Angabe „halal“ derzeit keine Aussage darüber, ob das Tier mit oder ohne Betäubung geschlachtet wurde. Bei industriellen Anbietern aus Deutschland darf jedoch eine Betäubung unterstellt werden. Die Frage der Schlachttierbetäubung wird von verschiedenen religiösen Schulen im Islam unterschiedlich beurteilt. Die aus Gründen des Tierschutzes in Europa übliche irreversible Betäubung birgt aus islamischer Sicht die Gefahr des Verendens der Tiere vor dem Entbluten, was den Schlachtkörper in gleich zweifacher Hinsicht „haram" machen würde. Nachdem aber beliebig häufig demonstriert werden konnte, dass Säugetiere und Geflügel nach einem auf Hirndurchströmung begrenzten Elektrobetäubungsverfahren das Bewusstsein wiedererlangen, und auch gezeigt werden konnte, dass keine Unterschiede im Ausblutungsgrad bestehen, zeichnet sich mittlerweile eine religiöse Mehrheit dafür ab, reversible Betäubungsverfahren für die Halal-Schlachtung anzuerkennen.

In Neuseeland werden beispielsweise von den jährlich über 2,5 Mio. Schlachtrindern etwa 80 Prozent und von den über 28 Mio. Schlachtschafen und Lämmern nahezu 100 Prozent nach reversibler Elektrobetäubung „halal" geschlachtet, um so die Märkte islamischer und nicht-islamischer Staaten zu versorgen. Neuseeländisches Lammfleisch im deutschen Handel ist also im Regelfall „halal" geschlachtet (allerdings tierschutzgerecht mit Betäubung).

Der EU-Eierstempel

Das Paradigma für eine politische Ethic-Food-Initiative stellt die seit 2004 in allen Ländern der Europäischen Union vorgeschriebene Kennzeichnung von Eiern und Eier-Verpackungen dar. Die Eier-Kennzeichnung ist EU-weit über mehrere Verordnungen zu Vermarktungsnormen für Eier geregelt. Jedes Hühnerei der Güteklasse A (das sind Konsumeier für den privaten Haushalt) muss heute mit dem EU-weit einheitlichen Erzeugercode gestempelt sein, aus dem sich die Art der Haltung und die Herkunft des Eies erkennen lassen (Eier der Güteklasse B sind für die industrielle Verarbeitung bestimmt). Die Stempelung der Eier mit dem Erzeugercode erfolgt entweder im Legebetrieb oder spätestens in der ersten Packstelle. Bei verpackter Ware hat die Kennzeichnung zusätzlich auf der Verpackung im Wortlaut zu erfolgen (z. B. Eier aus Käfighaltung). Eier der Güteklasse A aus Drittstaaten, die keine den EU-Regelungen vergleichbaren Haltungsanforderungen besitzen, müssen mit der Angabe „Nicht-EU-Norm" und dem Herkunftsland auf dem Ei gekennzeichnet werden; diese Eier sind bereits im Exportland zu stempeln. Die regelmäßige Kontrolle aller Legebetriebe und Packstellen erfolgt nach Angabe des zuständigen Bundesministeriums auf Basis einer Risikoanalyse.

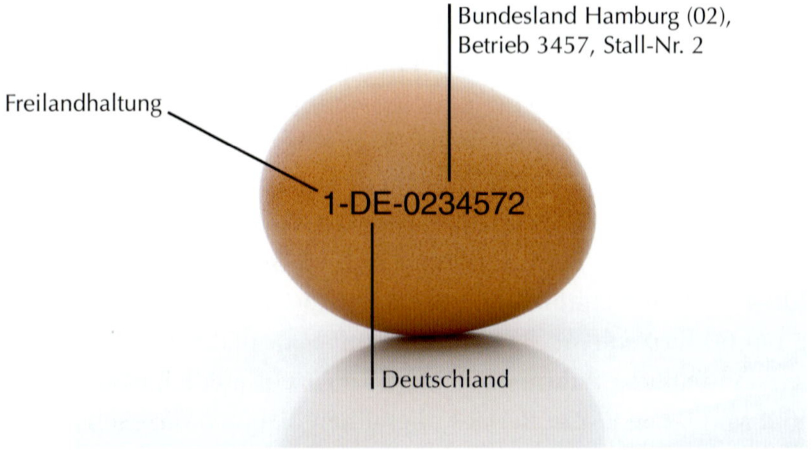

Der Erzeugercode hat folgenden Aufbau:
1. Code für das Haltungssystem: *0 = Ökologische Erzeugung, 1 = Freilandhaltung, 2 = Bodenhaltung, 3 = Käfighaltung*
2. Code des Registrierungsmitgliedstaats (Herkunft): *Zwei Buchstaben für den Mitgliedstaat, z. B.: AT – Österreich, BE – Belgien, DE – Deutschland, NL = Niederlande*
3. Identifizierung des Betriebs: *Jeder Mitgliedstaat hat ein System eingerichtet, mit dessen Hilfe den zu registrierenden Betrieben eine individuelle Nummer zugewiesen wird. Es können weitere Stellen angefügt werden, um einzelne Bestände/Ställe zu identifizieren.*

Beispiel: 1-DE-0234572
1 = Angabe der Haltungsform: hier Freilandhaltung
DE = Angabe der Herkunft: hier Deutschland
0234572 = Angabe der Betriebsnummer, wobei die beiden ersten Stellen das Bundesland (im Beispiel 02 = Hamburg), die dritte bis sechste Stelle den Betrieb (im Beispiel „3457“) und die siebte Stelle den jeweiligen Stall (im Beispiel 2) identifiziert.

Bereits seit 2002 gibt es in der Legehennenhaltung nur noch vier Haltungsformen (in der Klammer die Codeziffer für die Kennzeichnung auf dem Ei): Käfighaltung (3), Bodenhaltung (2), Freilandhaltung (1) sowie als vierte und, gemeinsam mit der konventionellen Freilandhaltung, tierfreundlichste Haltungsform die Bio-Freilandhaltung (0). Bio-Legehennenhaltung muss in Übereinstimmung mit den Bestimmungen der EG-Öko-Verordnung erfolgen und ermöglicht generell den Auslauf ins Freie. Die Kennzeichnung der Haltungsform bezieht sich auf die EG-Legehennenhaltungsrichtlinie, über welche die Zuordnung einer jeden Legehennenhaltung zu einer der vier Haltungsformen möglich ist.

Seit Einführung der Kennzeichnungspflicht habe sich die Zahl der Eierkäufer privater Haushalte bei der Boden- und Freilandhaltung fast verdoppelt; der Marktanteil von Eiern aus Boden- und Freilandhaltung liege hier bereits bei 50 Prozent. Wie das Statistische Bundesamt mitteilt, hatte 1997 die (gesamte) Freilandhaltung mit einem Anteil von 3,7 Prozent der Hennenhaltungsplätze noch eine geringe Bedeutung, im Jahr 2007 liegen Freilandhaltung und Bio-Freilandhaltung zusammen bei 15,4 Prozent. Die Bodenhaltung hatte im Jahr 1997 nur einen Anteil von 6,6 Prozent der Hennenplätze; 2007 lag dieser Anteil bei 17 Prozent.

Zwischen 2003 und 2006 erhöhten sich in Deutschland (in Betrieben mit 3.000 und mehr Hennenhaltungsplätzen) die Kapazitäten in der Bodenhaltung um 60 Prozent von 3,6 Mio. auf 6,0 Mio. Plätze (2007: 6,8 Mio.). In der Freilandhaltung nahmen sie um 65 Prozent auf 5,7 Mio. Plätze zu (2007: 6,2 Mio.). Die Plätze in der Käfighaltung nahmen dagegen zwischen 2003 und 2006 um neun Prozent auf 27,9 Mio. ab (2007: 27,0 Mio.).

In Deutschland werden inzwischen deutlich mehr moralisch unbedenkliche (bzw. ethisch überdurchschnittliche) Eier nachgefragt als produziert werden. 2007 wurden rund ein Viertel aller in Deutschland verkauften Bio-Eier importiert. Eier aus Bodenhaltung kommen sogar zu einem Drittel aus dem Ausland. Importiert werden sie vornehmlich aus den EU-Nachbarländern und der Schweiz. Der Kauf von Eiern aus Käfighaltung ging demgegenüber zwischen 2004 und 2007 um 14 Prozent zurück. Die Zahlen belegen, dass die Verbraucher bereit sind, mehr Geld für Eier aus tiergerechter Haltung zu bezahlen.

Im Bundestag wurde daher bereits diskutiert, die Kennzeichnungspflicht auf alle eierhaltigen Produkte auszudehnen. Würde dieses Informationsrecht der Verbraucher künftig auch für alle anderen Lebensmittel und Produkte gelten, in denen Eier weiterverarbeitet werden, also für Nudeln, Kuchen, Kekse oder Backmischungen, wäre die Folge, dass die Verbraucher anhand der Packungsbeschriftung die Haltungsform der Hühner feststellen und ihr Einkaufsverhalten entsprechend ausrichten könnten. Angesichts des Verbraucherverhaltens bei Konsumeiern ist zu vermuten, dass die Verwendung von Bio-Eiern auch bei Nudeln, Kuchen, Keksen usw. wirtschaftlich positive Folgen zu verzeichnen hat.

Das EU-Projekt Welfare Quality

Der große Erfolg der Eier-Kennzeichnung hat dazu geführt, dass die Europäische Union erwägt, nicht allein die aus Eiern hergestellten, sondern sämtliche vom Tier stammenden Lebensmittel mit einer den Grad der Tierfreundlichkeit zum Ausdruck bringenden Kennzeichnung zu versehen. Das derzeit noch größte, aber sich bereits langsam lösende Problem besteht darin, die in Europa üblichen Tierhaltungsformen über ein standardisiertes on-farm welfare assessment einer ähnlich kleinen Zahl von (Prozess-)Qualitätsstufen wie die vier Legehennen-Haltungsformen zuzuordnen. Die EU finanziert zu diesem Zweck ein wissenschaftliches Projekt namens Welfare Quality (www.welfarequality.net), das von 2004 bis 2009 die Expertise von 44 Instituten und Universitäten aus 17 Ländern bündelt. Das Projekt ist, wie die Eier-Kennzeichnung, als politische Ethic-Food-Initiative zu betrachten, auch wenn, ähnlich wie bei Bio und Neuland, die positiven Einflüsse höherer Tierschutzstandards auf die Produktqualität (sowie einige weitere veterinärmedizinische Parameter) zusätzliche Motive des Projekts darstellen. Das Welfare-Quality-Projekt untersucht drei Tierarten und von ihnen stammende Produkte: Rinder (Milch- und Fleischproduktion), Schweine und Hühner (Legehennen und Broiler). Laut einer 2005 durchgeführten Eurobarometer-Umfrage über Tierschutz (24.708 Bürger in den 25 EU-Mitgliedstaaten) wären 62 Prozent der Befragten bereit, ihre Kaufgewohnheiten zu ändern, um damit tierfreundlichere Produkte zu erwerben. Doch die meisten Konsumenten gaben auch an, dass sie derzeit mangels entsprechender Produktinformationen kaum herausfinden könnten, ob Tierschutzstandards bei den gewählten Artikeln eingehalten wurden oder nicht – und verlangten für die Zukunft nach entsprechenden Etiketten oder Logos als Kennzeichnung.

„Die EU finanziert zu diesem Zweck ein wissenschaftliches Projekt namens Welfare Quality (www.welfarequality.net), das von 2004 bis 2009 die Expertise von 44 Instituten und Universitäten aus 17 Ländern bündelt."

Trend-Märkte

In gewisser Hinsicht weist die Slow-Food-Bewegung Indizien von Ethic Food auf. Die ursprünglich aus Italien stammende Bewegung hat sich in den letzten zwanzig Jahren zu einer internationalen Vereinigung mit über 80.000 Mitgliedern in über 100 Ländern entwickelt. Das Motto lautet: Buono, pulito e giusto – gut, sauber und fair. Bei Slow Food steht zwar der Genuss und die diesen ermöglichende Produktqualität im Vordergrund; aber Slow Food engagiert sich auch gegen gentechnisch veränderte Nahrungsmittel, gegen die Anwendung von Pestiziden sowie für Umwelt- und Verbraucherschutz und die Erhaltung lokaler Anbau- und Verarbeitungsmethoden. Der Slow-Food-Trend, der überdies demonstriert, wie einem als unmoralisch wahrgenommene Herstellungsprozesse den Genuss verderben können, ist damit auch als Markt für bestimmte Ethic-Food-Erzeugnisse relevant.

Dies gilt ebenso für den „Lifestyle of Health and Sustainability" (Lohas), der sich selbst durch neue Werte („Stressfreiheit und Entschleunigung, Gesundheit, Nachhaltigkeit und Beständigkeit") charakterisiert sieht. Die Bewusstseinsveränderung sei ein Resultat der Einsicht, dass die Qualität des menschlichen Lebens einen intakten Planeten bedingt, und dass Natur, Tiere und Menschen mitsamt ihren wirtschaftlichen, politischen und wissenschaftlichen Tätigkeiten voneinander abhängen. Die wachsende Lohas-Community tue dies seit zehn Jahren. Sie „protestiere und boykottiere nicht", sondern suche sich gut informiert jene Produkte und Dienstleistungen aus, die ihren Kriterien von Gesundheit und ökologischer sowie sozialer Nachhaltigkeit entsprechen (www.lohas.de).

Möglichkeiten, den Trend zu nutzen

Ethic Food, also Nahrungsmittel, deren Herstellung aufgrund altruistischer Motive über eine überdurchschnittliche Prozessqualität verfügt, und deren Vermarktung durch Kontrastierung zu konventionell erzeugten Parallelprodukten erfolgt (wobei ein im Regelfall höherer Preis über den ethischen Mehrwert gerechtfertigt wird), stellt – betrachtet man die Erfolgsgeschichten seiner wichtigsten Vertreter – einen Trend dar. Moralische Bedenken gegenüber der Lebensmittelherstellung werden (naturgemäß zu Beginn lediglich von bestimmten Verbrauchergruppen, bei Erhärtung der Vorwürfe mehrheitlich von der Bevölkerung) vor allem im Hinblick auf die Verletzung des

> ***„Ethic Food erweist sich so als ein Wohlstandsphänomen mit Abhängigkeit von zwei Variablen, der Nähe des Konsumenten zum Nutznießer des ethischen Benefits sowie der existenziellen Bedeutung des Preisaufschlags für den individuellen Kunden."***

menschlichen Gerechtigkeitsempfindens (soziale Aspekte, Verbraucher- und Tierschutz) oder der Nachhaltigkeit (insbesondere im Natur- bzw. Umweltschutz) vorgebracht.

Da ethische Bedürfnisse nicht der Gewöhnung unterliegen, ist von einem dauerhaften Einfluss des Trends auf die Marktsegmentierung auszugehen. Nur wenigen Produkten könnte derzeit das Gütesiegel „moralisch unbedenklich“ ausgestellt werden, obwohl anzunehmen ist, dass nahezu alle Verbraucher unter sonst gleichen Bedingungen diese Produkte vorziehen würden. Um diese Konsumenten-Präferenz als Unternehmen zu nutzen, ist es allerdings nicht notwendig, ein absolut unbedenkliches Erzeugnis zu präsentieren; es reicht aus, sich als ethisch überdurchschnittlich zu erweisen. So wünschenswert ein gereiftes Verantwortungsbewusstsein als Antrieb zum Engagement im Bereich Ethic Food auch wäre, im Hinblick auf die ethisch relevanten Folgen gibt es keinen Unterschied zu einer rein nachfrageorientierten Unternehmenspolitik.

> ***„Da ethische Bedürfnisse nicht der Gewöhnung unterliegen, kann dieses neue Phänomen ein dauerhaftes Marktsegment schaffen, wenn auch naturgemäß zu Beginn beschränkt auf finanziell bessergestellte Konsumentengruppen.“***

Die Nachfrage nach im Idealfall moralisch unbedenklichen, zumindest aber ethisch überdurchschnittlichen Produkten lässt sich dadurch erklären, dass ethisch motivierte Kaufentscheidungen mit zunehmendem Grad an gefühlter Nähe und mit abnehmendem Grad an existenzieller Relevanz (gegebenenfalls anfallender Mehrkosten) immer wahrscheinlicher werden. Ethic Food erweist sich so als ein Wohlstandsphänomen mit Abhängigkeit von zwei Variablen, der Nähe des Konsumenten zum Nutznießer des ethischen Benefits sowie der existenziellen Bedeutung des Preisaufschlags für den individuellen Kunden.

Da im Regelfall keine zusätzlichen Konsumgüter in den Markt gebracht werden, hat Ethic Food zwei Seiten. Für Ethic-Food-Anbieter erschließen sich neue Absatzmärkte mit steigenden Verkaufszahlen, während sich eben dieses Verbraucherverhalten für den konventionellen Anbieter als Boykott mit sinkenden Verkäufen auswirkt. Daraus folgt, dass sich das Verbraucherbedürfnis, ein moralisch weniger problematisches bzw. ethisch anspruchsvolleres Produkt zu erwerben, grundsätzlich sowohl mit guten als auch mit schlechten Informationen auslösen lässt. Die ethisch relevanten Vorzüge eines Produktes können durch Kontrastierung zu branchenüblichen Erzeugnissen für die Vermarktung genutzt werden, wobei aus den Erfahrungen mit

Ethic Food hat die Discounter bereits erreicht.

der Eier-Kennzeichnung abgeleitet werden kann, dass das naturgemäß zu Beginn auf finanziell bessergestellte Konsumentengruppen beschränkte Angebot über die bei steigendem Umsatz möglichen Preisreduzierungen nach einiger Zeit weite Kreise erreicht.

Der Grund dafür liegt in der aus Vermarktungsperspektive idealen Situation, dass alle Menschen ein (angeborenes, durch ihre Erfahrungen allerdings individuell unterschiedlich entwickeltes) moralisches Empfinden besitzen und damit als Zielgruppe in Frage kommen. Das Verbraucherbedürfnis, aus moralischen Gründen die Marke zu wechseln, lässt sich natürlich auch mit negativen Schlagzeilen auslösen – profitieren wird dann allerdings die Konkurrenz. Aus beiden Erwägungen heraus ist es vorteilhaft, dem Unternehmen und seinen Produkten ein positives Moralprofil zu verschaffen.

Beim Moralprofil werden zwei unterschiedliche Strategien verfolgt. Erstens kann sich das moralische Engagement direkt auf den Herstellungsprozess beziehen, und zweitens besteht die Möglichkeit, sich außerhalb der branchenüblichen Bereiche im weitesten Sinne gemeinnützig zu engagieren (beispielsweise als Mäzen oder Sponsor). Da es dem in seinem Moral- bzw. Gerechtigkeitsempfinden berührten Verbraucher allerdings nicht primär darum geht, durch sein Kaufverhalten das außerhalb des Produktes liegende Engagement des Unternehmens zu unterstützen, sondern darum, „sein Gewissen zu erleichtern", was Maßnahmen im Bereich der Prozessqualität erforderlich macht, ist für die erste Variante eine höhere Effizienz zu erwarten.

Beabsichtigt ein Unternehmen, Herstellungsprozesse unter ethischen Gesichtspunkten zu optimieren, ist die Hinzuziehung externer Fachleute vorteilhaft. Wie überall im Leben, ermöglicht auch in der Frage ethisch zu modifizierender Herstellungsprozesse ein unvoreingenommener Blick von außen „frische" Anregungen und neue Ideen. Insbesondere in dem für die Lebensmittelherstellung relevanten Bereich des Tierschutzes ist es, wie Welfare Quality zeigt, nicht leicht, die komplexen Zusammenhänge in eine für das Marketing nutzbare Form zu bringen.

Die Einbindung unabhängiger Prüfstellen, die den Herstellungsprozess und die Zulieferer in regelmäßigen Abständen auditieren, ist – wie die Beispiele zeigen – auf vielerlei Art möglich und erlaubt dem zertifizierten Unternehmen zusätzlich, deren Gütesiegel (bzw. Zertifikat) sowie die so sichergestellte Transparenz für die Vermarktung zu nutzen. Ethisch versierte Partner bieten dem Unternehmen überdies Hilfestellung bei der Analyse des ethischen Profils eines Produktes, einer Marke oder eines Herstellers (Status quo, Optimierungspotenzial, Dilemmata, moralische Fehlintuitionen). Da es bis heute keine Qualitätsprüfung und -zertifizierung gibt, die zusammenfassend sämtliche ethischen Aspekte berücksichtigt, beschäftigen sich die Verfasser intensiv mit dem Konzept eines einfachen, aber umfassenden Ethik-Zertifikats für die Lebensmittelherstellung.

Fazit

„Da es im Hinblick auf die ethisch relevanten Folgen keinen Unterschied zwischen einer altruistischen und einer marktorientierten Unternehmenspolitik gibt, kann die Frage nach dem „richtigen" Motiv offen bleiben."

Als Fazit lässt sich aus dem Dargelegten festhalten, dass bei Ethic Food eine Interessenübereinstimmung zwischen Konsument und Unternehmerseite besteht, da der Verbraucher signalisiert, den branchenspezifischen Umsatz zu erhöhen, wenn ihm der ethische Mehrwert geboten wird. Förderlich wirkt sich überdies aus, dass es nach einer Initialphase mit überwiegend finanzkräftigeren Kunden denkbar erscheint, durch die bei steigendem Umsatz möglichen Preisreduzierungen einen stark wachsenden Marktanteil zu realisieren. Da es im Hinblick auf die ethisch relevanten Folgen keinen Unterschied zwischen einer altruistischen und einer marktorientierten Unternehmenspolitik gibt, kann die Frage nach dem „richtigen" Motiv offen bleiben.

Prof. Dr. Jörg Luy, M.A.

An das Doppelstudium von Tiermedizin und Philosophie in Gießen und Berlin schloss Jörg Luy eine interdisziplinäre Dissertation zur Tötungsfrage in der Tierschutzethik an.

Seit 2004 leitet der Fachtierarzt für Tierschutz das Institut für Tierschutz und Tierverhalten des Fachbereichs Veterinärmedizin der Freien Universität Berlin als Juniorprofessor für Tierschutz und Ethik. Er ist Tierschutzbeauftragter des Fachbereichs, Mitglied der Tierversuchskommission des Landes Berlin und Vorstandsvorsitzender der Erna-Graff-Stiftung für Tierschutz.

Seine Forschungsschwerpunkte betreffen „Kriterien und Grenzen ethisch vertretbarer Tierversuche" (ein gemeinsames BMBF-Projekt mit der Uni Bremen) und den „Dialog über das religiöse Schlachten" (Co-Organisator des entsprechenden EU-Projekts DIALREL), diverse kleinere Projekte beschäftigen sich mit Möglichkeiten, den Tierschutz in der Landwirtschaft zu verbessern.

Beratungstätigkeit für die Politik und diverse Institutionen. Co-Initiator der in mehreren Bundesländern eingesetzten Schullehrmaterialien „Tierisch engagiert" und „Walk the dog!", die unter anderem Ethic Food thematisieren.

Priv. Doz. Dr. Christian Hertel

Nach seinem Studium der Biologie mit dem Schwerpunkt Mikrobiologie an der Technischen Universität München war Hertel 15 Jahre an der Universität Hohenheim im Fachgebiet Allgemeine Lebensmitteltechnologie und Lebensmittelmikrobiologie tätig.

Nach der Habilitation nahm er dort die Tätigkeit als Dozent für Lebensmittelmikrobiologie auf und forschte mit einer eigenen Arbeitsgruppe im Bereich mikrobielle Ökologie und Biotechnologie.

Sein Sachverstand ist nicht nur in Arbeitsgruppen zur Standardisierung von Methoden gefragt, sondern auch im Vorstand der Fachgruppe Lebensmittelmikrobiologie und -hygiene der Deutschen Gesellschaft für Hygiene und Mikrobiologie. Seit 2005 engagiert er sich für die Fachgruppe Ethik in der Lebensmitteltechnologie der Gesellschaft Deutscher Lebensmitteltechnologen e.V. und seit 2006 ist er Mitherausgeber der Zeitschrift „International Journal of Systematic and Evolutionary Microbiology".

Derzeit leitet Hertel die Forschungsplattform Biotechnologie des Deutschen Instituts für Lebensmitteltechnik e.V. DIL in Quakenbrück.

Dr. Clemens Dirscherl, *Geschäftsführer des Evangelischen Bauernwerks Hohebuch (Baden-Württemberg) und Agrarbeauftragter der Evangelischen Kirche in Deutschland*

Lebensqualität und „Lebenswirtschaft“

Die ethische Verantwortung für Ernährungs- und Energiesicherung

---

„Handle so, dass die Wirkungen Deiner Handlungen verträglich sind mit der Permanenz echten menschlichen Lebens auf Erden.“
Hans Jonas, Prinzip Verantwortung

Die größte ethische Herausforderung der Menschheit aus globaler Dimension ist es, Nachhaltigkeit in Zukunftsverantwortung für die nachfolgenden Generationen zu ermöglichen. Der Verantwortungshorizont richtet sich dabei über die Gegenwart hinaus und stellt das Verhalten heutiger

Generationen in Beziehung zur Zukunft – konkret: dass die nachfolgenden Generationen weltweit die gleichen Lebenschancen haben wie wir heute. Global betrachtet stellt sich dabei insbesondere die Frage nach der Welternährungssicherung sowie des Klimaschutzes. Was heute getan oder unterlassen wird, wirkt sich auf die Nachwelt aus. Diese Verantwortung schließt nicht nur den Handlungsraum in unmittelbarer Umgebung, der Region oder der Nation ein, sondern umfasst die Weltbevölkerung.

Nutzungskonkurrenz: Food – Feed – Fuel

Laut FAO-Bericht leben heute rund 7 Milliarden Menschen. Prognosen sprechen von 8 bis 9 Mrd. Menschen, welche bis zum Jahr 2050 weltweit zu ernähren sind. Angesichts der Klimaerwärmung ist zugleich mit einer Verschiebung der agrarischen Nutzungszonen zu rechnen, so dass damit eine Reduzierung der heute verfügbaren Anbauflächen einhergeht. Auch wenn bisher noch nicht agrarisch genutzte Reservepotenziale erschlossen werden können, stellt sich die Steigerung landwirtschaftlicher Produktivität als große Herausforderung dar. Zugleich erleben Schwellenländer wie China, Indien, Thailand oder Brasilien als so genannte „nachholende Entwicklung“ ein enormes Wirtschaftswachstum. Dadurch verändern sich auch die Konsumpräferenzen neu entstehender und quantitativ zunehmender kaufkräftiger Mittelschichten, nicht zuletzt auch bei der Ernährung: eine immer größere fleischorientierte Nahrungsweise greift um sich. Damit verbunden ist ein steigender Bedarf an Futtermitteln neben dem klassischen Nahrungsanbau. Somit erfährt die agrarische Nutzung durch den Anbau von Lebensmitteln (Getreide, Mais, Reis) sowie der Futtermittelanbau eine erhebliche Zunahme.

Seit längerem ist bekannt, dass die fossilen Energiequellen Erdöl, Erdgas und Kohle begrenzt sind. Ähnlich verhält es sich auch mit den Uranvorräten für die Atomenergie. Von daher ist es dringend erforderlich, diese traditionellen Energieressourcen sparsam einzusetzen sowie neue Energiestoffe zu finden. Damit verbunden ist auch die Reduzierung der klimarelevanten Emissionen Kohlendioxid, Lachgas und Methan, welche zur Klimaveränderung beitragen.

Gegenwärtig verspürt die heimische Landwirtschaft eine Aufbruchstimmung, manche machen sogar eine Goldgräberstimmung aus: was vom Acker der Bauern kommt, kann einen Beitrag dazu leisten, die fossilen Energieträger zu schonen oder langfristig sogar zu ersetzen. Darüber hinaus gilt Biomasse als „grüne Energie“, nämlich regenerative, in der die Sonnenenergie gespeichert ist. Dadurch bekommt der biblische Spruch „so lange

Die heimische Landwirtschaft verspürt gegenwärtig eine Aufbruchstimmung. Was vom Acker der Bauern kommt, kann einen Beitrag zur Schonung der fossilen Energieträger oder langfristig zu deren Ersetzung beitragen.

die Erde steht, soll nicht aufhören Saat und Ernte, Frost und Hitze" im Zeitalter der Erderwärmung eine ganz neue inhaltliche Dimension. Im Hinblick auf die weltweite Ernährungs- und Energiesicherung sowie den Klimaschutz ergibt sich für die Landwirtschaft also eine große Herausforderung in ethischer Verantwortung.

Die Zahl der Menschen, die hungern oder an Mangelernährung leiden, wird immer größer: mittlerweile sind es weltweit über 830 Millionen. Die meisten von ihnen leben in Südasien, in Südafrika, südlich der Sahara sowie im Nahen Osten und in Nordafrika. Doch in der Fülle von Informationen, denen wir heute ausgesetzt sind, scheinen die Statistiken das individuelle Leiden der Betroffenen eher zu verschleiern, als dass sie wirklich zu aktiver Solidarität führen.

> ***„Der biblische Spruch „so lange die Erde steht, soll nicht aufhören Saat und Ernte, Frost und Hitze" bekommt im Zeitalter der Erderwärmung eine ganz neue inhaltliche Dimension. Im Hinblick auf die weltweite Ernährungs- und Energiesicherung sowie den Klimaschutz ergibt sich für die Landwirtschaft eine große Herausforderung in ethischer Verantwortung."***

Die Bekämpfung von Hunger und Armut ist eine Aufgabe, die nur mit Hilfe einer funktionierenden Landwirtschaft angegangen werden

> *Die Bekämpfung von Hunger und Armut kann nur mit Hilfe einer funktionierenden Landwirtschaft angegangen werden.*

kann. Denn die Mehrzahl der weltweit hungernden bzw. mangelernährten Menschen lebt in ländlichen Gebieten der Erde. Und so hängt gerade in Ländern mit hohem Anteil der Landwirtschaft am Bruttosozialprodukt das Maß der Armutsminderung besonders am qualitativen Wachstum der Landwirtschaft. Um diese zu fördern, ist es notwendig, die regionalen bzw. nationalen Aufgaben in den Blick zu nehmen, aber auch die globalen Zusammenhänge zu berücksichtigen, in die der Agrarsektor weltweit eingebunden ist.

Seit längerem weisen die Erfahrungen aus der entwicklungspolitischen Zusammenarbeit darauf hin, dass Reformen die jeweilige Landbewirtschaftung und ihre Strukturen vor Ort nachhaltig verändern müssten. Dazu gehören etwa Reformen der Landverfassung, um langfristig gesicherte Landnutzungsrechte besonders für die Kleinbauern zu schaffen, oder eine Agrarmarktpolitik in den betroffenen Ländern, die die Chancen kleinbäuerlicher Erzeuger verbessert. Es gilt, gerade diese kleinbäuerlichen Produzenten sowie Erzeugergemeinschaften, z. B. mit Hilfe von Kleinkrediten, zu stärken. Für die Überwindung des weltweiten Hungers ist

Weltweit hungern 830 Mio. Menschen oder leiden an Mangelernährung.

aber nicht nur regionales Handeln vor Ort und politisches Agieren im internationalen Maßstab notwendig, sondern das Bewusstsein dafür, dass die Weltgemeinschaft füreinander und für die zukünftigen Generationen Sorge zu tragen hat. Dazu gehört auch die Verantwortung der heimischen Landwirtschaft.

Aus globaler Sicht wird daher der gegenwärtige Agrarenergieboom hinterfragt. Es bahnt sich eine Flächenkonkurrenz zwischen food (Nahrung), feed (Futter) und fuel (Bioenergie) an. Eine Konkurrenz zwischen „vollen Tellern“ und „vollen Tanks“ wird befürchtet. Wir Wohlstandsbürger des Nordens essen uns ebenso reichlich wie gedankenlos satt, fahren schnelle Autos, heizen uns ein, genießen das Leben – ein Tanz auf dem Vulkan? Die künftigen Wohlstandsschwellenländer wie Brasilien, Indien und China folgen unserem „lifestyle“, finden ihre nachholende wirtschaftliche und technische Entwicklung nach unserem Vorbild nur angemessen, werden immer Auto-mobiler und entdecken auch den Genusswert des Fleisches. Doch auch Rinder, Schweine und Geflügel wollen erst gefüttert werden, bis sie auf dem Teller landen. Auch dazu braucht es Äcker in Konkurrenz zum Nahrungsgetreide und den boomenden Energiepflanzen. Und so stellt sich plötzlich aus entwicklungspolitischer Sicht die Frage, was den Menschen bleibt, die an Biosprit für das Auto, Biogas für „grünen Strom“ gar nicht denken, weil sie noch nicht einmal genügend Feldfrüchte vom Acker für ihre Nahrung haben? Soll von diesen Feldern durch Energieimporte, z. B. Palmöl, der Komfort für unseren Wohlstand weiterhin geliefert werden?

> ***„Es bahnt sich eine Konkurrenz zwischen „vollen Tellern“ und „vollen Tanks“ an. Aus globaler Sicht wird daher der gegenwärtige Agrarenergieboom hinterfragt.“***

Zahlreiche Stellungnahmen kommen zum Thema Bioenergie daher heute zu dem Ergebnis, dass der Beitrag unserer heimischen Landwirtschaft zur Energiesicherung differenzierter wahrzunehmen ist, als dies in Verlautbarungen und politischen Aktionsprogrammen oftmals erfolgt. Das Sondergutachten des Sachverständigenrates für Umweltfragen, unterschiedliche Studien des Bundesumweltamtes sowie der OECD und nicht zuletzt der UN-Energierat mit seiner Bioenergiestudie sowie die Klimabilanzstudie des Nobelpreisträgers Crutzens kommen zu dem Ergebnis, dass nach schöpfungsethischer, sozialethischer wie wirtschaftsethischer Prüfung eine eindeutige Wertepriorität der Welternährungssicherung („food first“) erfolgen muss. Wegen des Anbaus von Bioenergie darf kein Mensch hungern müssen. Dies wurde auch im Votum des UN-Sonderberichterstatters für das Recht auf Nahrung, Prof. Dr. Jean Ziegler, deutlich, der sogar für ein fünfjähriges weltweites Anbauverbot von Biotreibstoffen plädiert.

Bedingungen zur Energieerzeugung auch der heimischen Landwirtschaft

Gleichwohl kann auch die heimische Landwirtschaft unter bestimmten Bedingungen einen Beitrag zur Energieerzeugung leisten. Auch Energie stellt „Lebensmittel“ dar, und das kann durchaus eine sinnvolle Ergänzung agrarischer Produktions- und Dienstleistungsfunktionen gerade in Zeiten des globalen Klimaschutzes sein: ökologisch verträglich, eingebunden in regionale Wirtschafts- und dezentrale Energiekreisläufe. Eindeutiger Vorrang für die Bioenergieerzeugung ist die Verwertung von Rest- und Abfallstoffen aus der Land- und Forstwirtschaft, wie tierische Exkremente, Restholz oder sonstige Reststoffe. Darüber hinaus gibt es noch weitere Nut-

Nachhaltigkeitsbilanzierung von energetischer Biomassenutzung

Zur ethischen Verantwortung energetischer Biomassenutzung gehört eine Nachhaltigkeitsbilanzierung aus ökologischer, ökonomischer und sozialer Sicht. Unverzichtbar sind dabei:

- die Beurteilung der energetischen Nutzung im Hinblick auf ihre Umweltauswirkungen: die Reduzierung treibhausrelevanter Klimaemissionen, die Erhaltung der Artendiversität und Bodengesundheit (Verhinderung von Überdüngung und Stickstoffeinträgen in Grund- und Oberflächengewässer, Versauerung von Böden, Pestizideinträge und Flächenumbrüche);
- die Kosteneffizienz im Hinblick auf den Subventionsbedarf einzelner energetischer Nutzungswege und der CO_2-Verminderungskosten;
- die sozialen Folgewirkungen des Anbaus, der Gewinnung und des Vertriebs von Bioenergie im Hinblick auf die Förderung regionaler und dezentraler Wirtschaftskreisläufe, dem Ausbau sozioökonomischer Partizipationspotenziale vor Ort (z. B. durch Genossenschaften) und der Sicherung von Sozialstandards zur Verhinderung von unwürdigen Arbeits- und Lebensbedingungen, wie z. B. die Vertreibung von Kleinbauern im Interesse der Errichtung von großflächigen Energieplantagen. Aktuell hat deshalb auch die Bundesregierung zum Import von Biotreibstoffen eine Nachhaltigkeitsverordnung auf den Weg gebracht.

Der Beitrag der heimischen Landwirtschaft zur Energiesicherung ist differenziert zu beurteilen.

zungspotenziale durch die Verwertung von organischen Rest- und Abfallstoffen z. B. aus der Lebensmittelindustrie oder dem kompostierbaren Haushaltsmüll, welcher durch die Landwirtschaft genutzt werden kann – sei es thermisch durch Verbrennung oder auch im Rahmen von Biogasanlagen.

Neues landwirtschaftliches Berufsethos: das unternehmensethische Leitbild der Nachhaltigkeit

Mit der Nachhaltigkeitsdiskussion hat sich auch in der Wirtschaft eine neue Form von Dialog- und Managementorientierung als Unternehmensverantwortung („accountability", „corporate responsibility") entwickelt, welche weit über das Vorzeigen beispielhafter Aktivitäten hinausgeht, sondern einen werteorientierten Handlungsrahmen einzelner Unternehmen beinhaltet, mit dem sich auch die Unternehmerpersönlichkeit identifizieren kann. Eine Ethik nachhaltiger Unternehmenskultur mit strategischen Ansätzen zur Mitarbeiterführung oder Mitarbeiterbeteiligung (soziale Nachhaltigkeit), wirtschaftlicher Zukunftssicherung (wirtschaftliche Nachhaltigkeit) sowie durch Kennziffern des Umweltschutzes, wie beispielsweise die Reduzierung des Flächen- und Energieverbrauchs oder klimaschädlicher Emissionen (ökologische Nachhaltigkeit) stehen dabei im Zentrum.

> ***Mit der Nachhaltigkeitsdiskussion hat sich auch eine neue Form von Dialog- und Managementorientierung als Unternehmensverantwortung entwickelt. Eine Ethik nachhaltiger Unternehmenskultur steht dabei im Zentrum. Gleichwohl sind Ethik und Ökonomie kein Gegensatz, weil Ethik erst die Berechenbarkeit für wirtschaftliches Handeln schafft.***

Solche unzweifelhaft wichtigen Indikator-Konzepte wurden auch von der DLG im Rahmen des Projektes Nachhaltigkeitsstandard erarbeitet. Sie sollten jedoch nicht ausschließlich in technischer Orientierung behandelt werden, sondern bedürfen einer ethischen Reflektion. Es geht um die Aufstellung von Werteprioritäten und ethisch-moralischen Maßstäben, welche globale Wohlfahrt und soziale Gerechtigkeit über ausschließliche Wachstumssteigerung und materiellen Wohlstand stellen, also um Grundwerte, welche einen zwischenmenschlichen Umgang auch bei widerstreitenden Interessen und Zielkonflikten der Nachhaltigkeit überhaupt erst ermöglichen. Gleichwohl sind Ethik und Ökonomie kein Gegensatz, weil Ethik erst die Berechenbarkeit für wirtschaftliches Handeln schafft, ergänzt und damit auch den ordnungspolitischen Rahmen verbessert.

Auch in der Landwirtschaft hat sich das unternehmensethische Leitbild der Nachhaltigkeit etabliert. Begründet wird dies mit der agrarkulturellen Erfahrung bäuerlichen Wirtschaftens in Generationenverantwortung, Langfristigkeit und der Einbindung in geschlossene Stoffkreisläufe des Naturhaushaltes.

Solche Anknüpfungspunkte moderner nachhaltiger Landwirtschaft an traditionelle, jahrhundertealte bäuerliche Überlebensstrategien werden auch im Ökumenischen Agrarwort der Deutschen Bischofskonferenz und des Rates der Evangelischen Kirche in Deutschland zur „Neuorientierung für eine nachhaltige Landwirtschaft“ angesprochen, wenn es heißt: „Im Wald soll nicht mehr Holz geschlagen werden als nachwächst. Dem Boden sollen nicht mehr Nährstoffe entnommen werden, als ihm zurückgegeben werden kann. Das Vieh soll so gehalten werden, dass sein Wohlbefinden und Bestand auf Dauer gesichert bleiben. Der Hof soll in möglichst gutem Zustand als langfristige Produktionsstätte weitergegeben werden. Er ist mit seinen Menschen, seinem Boden, seinen Tieren und Pflanzen Bezugspunkt für ein Denken in langen Generationsketten. In der tiefen Verbundenheit mit ihm konkretisiert sich die Verantwortung für die Zukunft.“ (Seite 29) Damit ist die Landwirtschaft sogar als Vorreiter und Vorbild für eine dauerhaft naturverträgliche Wirtschafts- und Lebensweise der Nachhaltigkeit, gar

2003 erschien unter dem Titel „Neuorientierung für eine nachhaltige Landwirtschaft“ eine gemeinsame Broschüre von der Deutschen Bischofskonferenz und der Evangelischen Kirche in Deutschland.

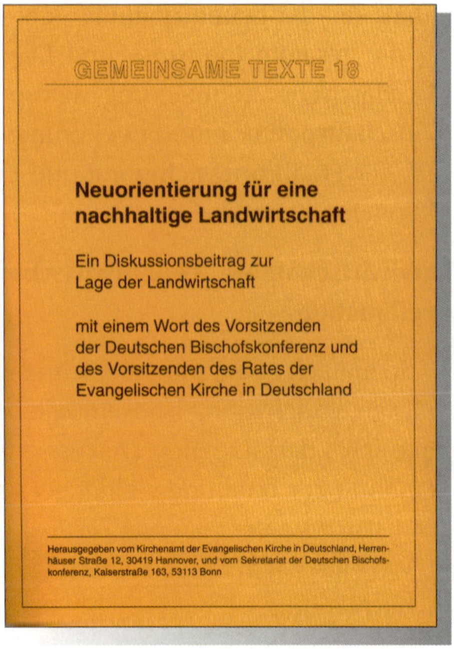

als musterbildend für unsere moderne Industrie- und Dienstleistungsgesellschaft herausgestellt.

Mit dieser ethischen Orientierung erhält das Berufsbild der Landwirtschaft neben dem quantitativen Maßstab des finanziellen Lebensunterhaltes zusätzlich qualitativ eine neue Sinnebene des Lebensinhaltes. Zu sehr hat sich der Agrarsektor in den letzten Jahren ausschließlich auf seine Wirtschaftsfunktion orientiert: die Produktion von Nahrungsmitteln, agrarischen Rohstoffen und damit die Integration in das agrarwirtschaftliche System aus vor- und nachgelagerten Bereichen („Agribusiness“).

Zunehmend wird aber auch die Raumfunktion der Landwirtschaft deutlich: der Beitrag zur Erhaltung und Pflege einer vielfältigen, attraktiven Kulturlandschaft, die Ermöglichung der Nutzung von Naturhaushalt und Naturgrundlagen. Damit verbunden sind auch unverzichtbare ökologische Funktionen im Hinblick auf die nachhaltige Nutzung natürlicher Ressourcen, die Bodennutzung durch Naturbewirtschaftung mit Wasserhaushalt, natürlichen Stoffkreislauf-Prozessen, dem Erhalt von Biotop- und Artenvielfalt und einer naturnahen Landschaftsgliederung. Zunehmend wird auch die besondere Sozialfunktion der Landwirtschaft deutlich im Hinblick auf die Ermöglichung räumlich-regionaltypischer Identifikation als Träger von Kultur und Heimat sowie Lebens-

> ***„Landwirtschaft ist Vorreiter und Vorbild für eine dauerhaft naturverträgliche Wirtschafts- und Lebensweise der Nachhaltigkeit und musterbildend für unsere moderne Industrie- und Dienstleistungsgesellschaft.“***

stil als Teil der Lebensqualität nicht nur für die ländlichen Räume, sondern für die gesamte Industrie- und Dienstleistungsgesellschaft. Daraus erfährt die klassische Reduzierung agrarpolitischer Verantwortung als sektorale Wirtschaftspolitik eine Erweiterung in gesamtgesellschaftlicher Verantwortung für Ernährungssicherung und Lebensqualität im nationalen und internationalen Kontext.

Landwirtschaft als „Lebenswirtschaft“ – Lebensqualität aus ethischer Legitimation

So einfach es ist, die unterschiedlichen Aufgaben der Landwirtschaft aufzulisten, so schwierig ist es, mögliche Zielkonflikte zu lösen. Dies zeigt sich angesichts der aktuellen Diskussion um die optimale Nutzung agrarischer Standorte zur Erfüllung vielfältiger Funktionen:

- Wo eine nachhaltige Sicherung der Ernährung für eine wachsende Weltbevölkerung,
- dabei einem immer größer werdenden Anteil der Weltbevölkerung ihren Fleischkonsum zu ermöglichen,
- die ökologischen Ausgleichsfunktionen wie Umwelt-, Wasser-, Arten- und Bodenschutz zu gewährleisten,
- einen Beitrag zur Reduzierung der CO_2-Belastungen vorzunehmen,
- die fossilen Energiequellen zu schonen und
- Landwirtschaft als unmittelbare Lebensquelle und heimatliche Verortung für die Menschheit erleb- und erfahrbar zu machen.

> ***„Die „Lebensqualität“ rückt als Maßstab der Legitimation von Nachhaltigkeit in den Blickpunkt der Auseinandersetzung über Landwirtschaft und Lebenswirtschaft.“***

Damit erweist sich Landwirtschaft als „Lebenswirtschaft“ in vielfältiger Funktionsbeanspruchung und Zielerwartung. Eine klare Antwort und Prioritätensetzung ist dabei nur in einem breit angelegten gesellschaftlichen Wertediskurs möglich. Dabei wird deutlich, dass der Begriff der Lebensqualität als Maßstab der Legitimation von Nachhaltigkeit in den Blickpunkt der Auseinandersetzung rückt. Eine Reihe von Kriterien kann dazu herangezogen werden wie

- Verfügung über erforderliche Güter und Dienstleistungen in gerechter Verteilung,

- Sicherung von Gesundheit,
- Persönlichkeitsentfaltung durch Erziehung,
- Erwerbstätigkeit und deren Qualität,
- Zeitdisposition, insbesondere Freizeit,
- Umweltsicherung,
- persönliche Sicherheit und Rechtsstaatlichkeit,
- Chancenmöglichkeit und Partizipation am gesellschaftlichen Leben,
- Sinnorientierung der eigenen Lebensexistenz sowie
- Gewaltfreiheit und Frieden.

Auch die Landwirtschaft wird im Hinblick auf ihren Beitrag zur Lebensqualität an ihrer ethischen Verantwortung gemessen. Insbesondere die Aspekte Gesundheitssicherung, Umweltsicherung, Verfügung über Güter und Dienstleistungen in gerechter Verteilung sind dabei Anliegen, welche die Landwirtschaft als Lebenswirtschaft erfahrbar werden lassen. Ob Lebensqualität in nachhaltiger Orientierung sich am bisherigen Lebensstandard der westlichen Industriegesellschaft grundsätzlich und langfristig orientieren kann, bleibt jedoch höchst zweifelhaft. Wenn nach Lebensqualität gefragt wird, stellt sich im Hinblick auf die ethischen Herausforderungen – orientiert an dem Grundrecht der Menschenwürde – die Frage, ob alternative Entwicklungsmodelle über die Einengung auf die Intensitätssteigerung in der Landwirtschaft hinaus entwickelt werden müssten.

Zunächst sind die Zielkonflikte, welche mit den begrenzt vorhandenen Nutzungspotenzialen weltweit einhergehen, zu benennen: zwischen Nahrungssicherung, Energieerzeugung, Futtermittelerzeugung, Erhalt der Biodiversität von Flora und Fauna. Darüber hinaus bedarf es eines Diskurses über gesellschaftliche Werte und Leitbilder, welche das heutige Wirtschaftsmodell permanenter Wachstumssteigerung im Hinblick auf ihre globale Übertragbarkeit hinterfragen: noch nie in der Menschheitsgeschichte war der Energieverbrauch für Ernährung, Produktionsprozesse und Mobilität so hoch, wie er für die heutigen Industriegesellschaften kennzeichnend ist. Solch ein unter dem Leitbild der Nachhaltigkeit zu nennender „maßloser Energieverbrauch" ist nur in einem kurzen überschaubaren Zeitrahmen für eine kleine Gruppe von Menschen möglich gewesen: nämlich seit dem Zweiten Weltkrieg für die Industrieländer Westeuropas und Nordamerikas.

Seitdem größere Bevölkerungsanteile an diesem Energieverbrauch partizipieren wollen, wie gegenwärtig China, Brasilien und Indien, stößt man an die Grenzen der agrarischen wie energetischen Tragfähigkeit der Erde. Sollte die gesamte Menschheit diesem „lifestyle" eines „maßlosen" Energieverbrauchs folgen, so würde der verfügbare Nutzungsrahmen absolut gesprengt – mit gravierenden Folgen für die Zukunftsfähigkeit nachfolgender Generationen und Sicherung des Weltfriedens. Selbst ein noch so optimaler technischer Fortschritt mit landwirtschaftlichen Intensitätssteigerungen kann den absoluten Energieverbrauch im Hinblick auf das letzte Szenario nicht decken.

Es sind daher andere Strategien erforderlich, um die globale Verteilungsgerechtigkeit unter dem ethischen Gebot der Lebensqualität neu zu ordnen. Dafür bedarf es eines gesellschaftlichen Wertewandels im Hinblick auf

- **Effizienzstrategien:** Wird die Energie heute tatsächlich wirkungsvoll und ökonomisch eingesetzt?
- **Konsistenzstrategien:** Ist der heutige Energieverbrauch in unserem Lebensstil für die gesamte Menschheit tragend?
- **Substitutionsstrategien:** Wo könnten energetische Potenziale ersetzt werden, wie die aktuelle Diskussion um die Biomassenutzung aufweist?
- **Suffizienzstrategien:** Ist das Paradigma des ständigen materiellen Wachstums durch ein Leitbild des „weniger ist mehr" in einer entschleunigten Gesellschaft mit höherer Lebensqualität eine Alternative?

Verbraucherethik und Moralprofile beim Konsum – die neuen Werteorientierungen

Der gesamtgesellschaftliche Diskurs über die Lebensqualität der Zukunft steht erst am Anfang. Erste Anzeichen weisen jedoch darauf hin, dass sich ein Wertewandel abzeichnet, in dessen Folge in den Industriegesellschaften Innovationsbedürfnisse unabhängig von technisch-ökonomischer Ausrichtung entstehen.

Längst hat sich die Einsicht durchgesetzt, dass Lebensqualität mehr ist als materieller Wohlstand. Grundsätzlich ist die Lebensqualität in Gefahr, wenn Menschen, ganze Völker und Gesellschaften in Verhältnissen leben müssen, welche im Widerspruch stehen zu den ethischen Werten unserer Kultur. Gefährdung der Umwelt (Klimaerwärmung, Zerstörung der Artenvielfalt, Destabilisierung des Ökosystems), kriegerische Auseinandersetzungen (Gewalt und Terror) sowie die Kluft zwischen Arm und Reich stehen dem Ziel einer Lebensqualität konträr gegenüber. Weltweite Armut, Hunger, Kindersterblichkeit, schlechte hygienische Verhältnisse, prekärer Gesundheitszustand und fehlender Zugang zu Wasser, der Mangel an Bildung ökologischer Instabilität (Trockenheit, Unwetter, Überschwemmungen) sind die ersten Hinweise auf eine globale „Lebensqualitäts-Katastrophe".

Der moralisch-ethische Aspekt tritt immer stärker in den Vordergrund. In zwei Vorträgen wurden diese Fragen vielbeachtet auf den DLG-Lebensmitteltagen 2007 thematisiert.

Prof. Dr. Ulrike Detmers, *Mitgesellschafterin Mestemacher-Gruppe, Gütersloh*

Markenprofil, Produktprofil, Moralprofil

Mit einer starken Marke auf Erfolgskurs

Die Großbäckerei Mestemacher ist Weltmarktführer für langhaltbare Pumpernickelbrote und Vollkornspezialitäten. Die ballaststoffreichen Produkte werden in 87 Länder der Erde exportiert. Das traditionsreiche Unternehmen hat sich dank seines strategischen Innovationsmanagements, das sukzessive neue Produktfelder und Absatzkanäle erschließt, sowie durch hohe Qualitätsstandards und durch soziales Engagement als Bestandteil des ganzheitlichen Kommunikationsauftritts als Markenartikel mit einem unverwechselbaren Profil im Markt etabliert.

Im Bild: Das Führungstrio der Mestemacher-Gruppe (v.l.n.re.): Fritz, Albert und Ulrike Detmers.

121

Vor diesem Hintergrund ist eine gesellschaftliche Auseinandersetzung über ethische Verantwortung der Ernährungs- und Energiesicherung durch die Landwirtschaft als Lebenswirtschaft dringend geboten:

- Was macht „gutes" Leben und sinnvolle Lebenserfahrung für Menschen aus?
- Wie definiert sich eine sozial gerechte Gestaltung von Gesellschaften, welche sich dem Wohl aller, den Nächsten wie den Fernsten verpflichtet fühlt?
- Wo werden individuellen Freiheits- und Gestaltungsbedürfnissen Grenzen gesetzt, wenn sie sich gegen das Gemeinwohl richten?

Damit verbunden ist eine ethische Orientierung, welche Verantwortungslosigkeit, Rücksichtslosigkeit und kurzfristige Vorteilsmaximierung in den Blickpunkt gesellschaftlicher Werteorientierung rücken. Zu der grundsätzlichen Frage nach der Lebensqualität gehört dabei unvermeidlich eine ethische Diskussion über unseren materiellen Konsum und das damit verbundene Verbraucherverhalten. Nicht von ungefähr wird daher auch innerhalb der Konsum- und Werbepsychologie vom Moralprofil des Konsums gesprochen, wie es zuletzt gerade auch bei den DLG-Lebensmitteltagen 2007 deutlich wurde. Der klassische Eignungs- oder Gebrauchswert von Lebensmitteln, der sich an Haltbarkeit, Preis- und Zeitaufwand für Einkauf, Zubereitung und Verzehr richtete, wird zunehmend ersetzt durch neue Werteorientierungen.

Im Spiegel unternehmensethischer Verantwortung der Landwirtschaft zeigt sich auch eine ethische Verantwortung des Verbrauchers, welcher nach konkreten Leitbildern fragt:

- Was ist ein problematischer Konsum im Hinblick auf Umwelt, soziale Arbeits- und Lebensverhältnisse?
- Welche Handlungsoptionen gibt es alternativ?
- Nach welchen Werten richte ich meine Verbraucherentscheidung aus?
- Wo ergeben sich Zielkonflikte?
- Wie werden Handlungsalternativen grundsätzlich bewertet und konkret umgesetzt?

Die Wertigkeit von Lebensmitteln

Der **Genusswert** umfasst die Eigenschaften, die man beim Verzehr mit seinen Sinnen wahrnimmt, also Aussehen, Geruch, Geschmack, Konsistenz und Temperatur.

Der **Gesundheitswert** als ernährungsphysiologische Qualität ist gekennzeichnet durch wertgebende und wertmindernde Inhaltsstoffe.

Der **psychologische Wert** beruht auf der individuellen Beurteilung, ob man Genuss empfindet.

Der **soziokulturelle Wert** richtet sich nach gesellschaftlichen Normen und Werten (Prestige) oder auch Tabus.

Der **ökologische Wert** misst sich am Verbrauch von Energie, Rohstoffen und Wasser, am Aufwand an Verpackungen, deren Entsorgung sowie an der Menge der Schadstoffemissionen, die bei der Erzeugung und beim Transport anfallen.

Der **politische Wert** orientiert sich an vielfältigen Aspekten, welche eine ganzheitliche Erfassung von Qualitätsmerkmalen einschließlich der Erzeugungsbedingungen und ihrer Konsequenzen in Beziehung zur Dritten Welt und sozialen wie politischen Zielen beinhalten.

Ähnlich wie eine unternehmensethische Verantwortung für die Landwirtschaft eine Wertefundierung ergibt, bringt auch eine Ethik nachhaltigen Konsums dem Verbraucher Vorteile: das Moralprofil am Markt ermöglicht eine inhaltliche Identifikation mit der Marktleistung als Chance für Solidarerfahrung: „ein gutes Gefühl“ im Dienste einer „guten Sache“, z. B. Gesundheit, Umwelt, Dritte Welt, Tierschutz, Klimaschutz.

Für die Landwirtschaft ergibt sich daraus auch eine ethisch orientierte Marktchance, auch wenn diese heute nur als eng begrenztes Segment erscheinen mag. Langfristig wird die Landwirtschaft sich jedoch durch gesellschaftsethische Anfragen und daraus resultierende politische Handlungsableitungen (Gesetze, Verordnungen) zunehmend auf ihre eigene unternehmensethische Verantwortung besinnen müssen, um sich gegenüber zu starken politischen Reglementierungen zu behaupten und für ihr Tun weiterhin gesellschaftliche Akzeptanz zu erhalten.

Dr. Clemens Dirscherl

ist seit 1991 Geschäftsführer des Evangelischen Bauernwerks in Waldenburg-Hohebuch und zugleich seit 2004 Beauftragter der Evangelischen Kirche in Deutschland (EKD) für Landwirtschaft und agrarsoziale Fragen.

Der 49-Jährige stammt aus Ludwigshafen. Er studierte Soziologie, Politik- und Wirtschaftswissenschaften sowie Geografie in Mainz, Wien und Freiburg. Nach dem Studienabschluss in Sozialökonomie war er zwei Jahre wissenschaftlicher Mitarbeiter für Agrar- und Entwicklungssoziologie und -geografie an der Universität Freiburg und nach seiner Promotion drei Jahre bis 1991 Assistent für Land- und Agrarsoziologie und landwirtschaftliches Beratungswesen am Institut für Sozialökonomie der Agrarentwicklung an der TU Berlin.

1991 wurde ihm die Geschäftsführung des in der südwestdeutschen Agrarwirtschaft und im ländlichen Raum bekannten Evangelischen Bauernwerks in Hohebuch übertragen und zugleich leitender Agrarreferent der württembergischen Landeskirche. Aufgrund seiner breiten und fundierten Ausbildung ist sein Wissen in vielen Gremien stark gefragt. So ist er unter anderem seit 1993 Mitherausgeber der EKD-Zeitschrift „Kirche im ländlichen Raum“ und war Mitglied des Gesellschaftsdiskurses zur grünen Gentechnik der Akademie für Technikfolgenabschätzung in Baden-Württemberg und war in 2002/2003 Vertreter der EKD bei der Diskursrunde grüne Gentechnik des Bundesministeriums für Verbraucherschutz, Ernährung und Landwirtschaft.

Seit 2005 ist er Mitglied im Kuratorium der Agrarsozialen Gesellschaft (ASG) in Göttingen und Lehrbeauftragter für Agrarsoziologie an der Fachhochschule in Nürtingen sowie seit 2006 Mitglied der Deutschen Tierschutzkommission des Bundesministeriums für Ernährung, Landwirtschaft und Verbraucherschutz.

Carl-Albrecht Bartmer, *Präsident der DLG, Frankfurt am Main*

Prinzip Verantwortung am Beispiel Landwirtschaft

Knappe Ressourcen effizienter einsetzen

Mit dem Jahr 2007 stehen wir vor einer grundlegend neuen Agrarwelt. Gobal erleben wir den dramatischen Übergang von einer Überschusssituation in eine Welt ungeahnter Knappheiten. Eine Preisrallye bei fast allen wichtigen Agrarprodukten ist die Ursache für einen fundamentalen Stimmungswandel. Prallgefüllte Interventionsläger gehören der Vergangenheit an. Global konnte trotz einer um vier Prozent besseren Getreideernte zum wiederholten Mal die Produktion nicht mit der Nachfrage Schritt halten. Der weltweite Getreidevorrat am 30. Juni 2008 wird das niedrigste Niveau der letzten 50 Jahre erreichen!

Diese Entwicklung hat natürlich auch in der Landwirtschaft Konsequenzen:

1. Der Freude der Ackerbaubetriebe steht ein dramatischer Futterkostenanstieg der Veredelungsbetriebe gegenüber. Nicht einmal variable Kosten deckende Preise in der Schweinehaltung führen zu Kapazitätseinschränkungen. Steigende Fleischpreise sind allerdings mittelfristig vorprogrammiert, weil der Futterkostenanstieg ein globales Phänomen ist, denn keiner kann billiger füttern! Und Fleisch wird immer mehr gebraucht, dafür sorgt die steigende Nachfrage in Ost und Fernost.

2. Der Anstieg der Lebensmittelpreise beschäftigt seit Monaten die Öffentlichkeit sowie Verarbeitung und Handel. Allerdings empfiehlt sich ein Blick auf die Fakten: Ein bisher nirgendwo realisierter 50%iger Anstieg von Lebensmittelpreisen würde inflationsbereinigt gerade zu Preisen von 1980 führen. Trotzdem zeigt die erregte Diskussion, wie sensibel die Verbraucher auf einen Anstieg der Kosten für Lebensmittel reagieren. Das unterstreicht die historisch fundamentale Rolle von Landwirtschaft in einer Volkswirtschaft, die nur durch wenige Jahrzehnte Agrarüberschüsse unterbrochen war.

3. Eine verschlechterte Rentabilität bzw. gestiegene Opportunitätskosten bei Bioenergieinvestitionen, die sich durch verteuerte Agrarrohstoffe bei unverändertem Umsatz ergeben (EEG, Rohöläquivalent bei Biokraftstoffen), hat auch bei diesen Betrieben zu Ernüchterung geführt.

Stehen wir tatsächlich auf den Agrarmärkten der Zukunft vor neuen Knappheiten? Vermutlich nicht, denn die sich abzeichnenden Engpässe sind selbst gemacht. Wir nutzen nämlich die Potenziale unserer Gunststandorte in der Mitte Europas, die Potenziale der Köpfe unserer Unternehmer und Ingenieure in den Forschungs- und Entwicklungs-Laboratorien nicht in ausreichendem Umfang. Wir schützen uns ängstlich vor den Risiken der Zukunft, statt mutig die Veränderung zu gestalten.

„Klasse und Masse“ sind notwendig

Die gesamte Agrarbranche muss sich der neuen Herausforderung „Knappheit“ stellen. Dabei geht es nicht in erster Linie um ihre zukünftige Wettbewerbsfähigkeit. Es geht vielmehr um unseren gesamtwirtschaftlichen Beitrag zu einer ausreichenden Ressourcenverfügbarkeit. Erhöhung der Effizienz ist die einzig vernünftige Konsequenz, damit die Potenziale des knappsten aller Faktoren, der landwirtschaftlichen Nutzfläche, tatsächlich ausgeschöpft werden können.

Ein Politikkonzept „Klasse statt Masse" hat die Wirklichkeit überholt. Den Beweis, dass „Klasse" und „Masse" sich gegenseitig ausschließen, hat übrigens noch keiner erfolgreich geführt. Wir brauchen in der Landwirtschaft Spitzenklasse, wir brauchen höchste Qualität nachhaltig erzeugt. Wir brauchen aber auch ausreichende Mengen! Das ist die logische Folge für einen globalen Gunststandort Mitteleuropa, der mit Recht auf seine weltweite Verantwortung hinweist. Deshalb muss unser Anspruch sein: „Masse" mit „Klasse".

„Wir brauchen in der Landwirtschaft Spitzenklasse, wir brauchen höchste Qualität nachhaltig erzeugt. Wir brauchen aber auch ausreichende Mengen!"

Nachhaltig Agrarrohstoffe bester Qualität in größerem Umfang zu produzieren, ist auch ein Thema für den ökologischen Landbau, gerade weil seine Produkte sich hoher Konsumentenwertschätzung und steigender Nachfrage erfreuen. Weil Betriebsumstellungen angesichts knapper Fläche schwierig werden, müssen auch ökologische Betriebe mehr ernten. Dafür brauchen sie Innovationen und moderne Technologien. Ökologischer Landbau ist ein wichtiger und von den Konsumenten gewollter Baustein einer qualitativ hochwertigen Lebensmittelversorgung. Ein Baustein, der seine Grenzen hat, wie Dr. Jacques Diouf, Generaldirektor der Welternährungsorganisation FAO, hervorhebt. Ökologischer Landbau allein kann die Ernährung der Weltbevölkerung nicht sichern.

Auch die Bioenergieerzeugung muss sich selbstverständlich dem Maßstab Ressourceneffizienz stellen, von der Erzeugung der Agrarrohstoffe bis zur Energiekonversion. Nicht der Ruf nach dem Staat, sondern beste Technik gepaart mit optimiertem Management führen zu höchsten Wirkungsgraden und geringsten CO_2-Vermeidungskosten. Das sind die Kriterien, an denen sich die Zukunftsfähigkeit dieser jungen Branche messen muss.

Wer mehr „Masse" mit „Klasse" herstellen will, muss auch über die Intensität seiner Produktion nachdenken. Das beinhaltet mehr als den Stickstoffeinsatz und eine zusätzliche Fungizidmaßnahme. Eine „200-Euro/t-Landwirtschaft" rechtfertigt größere unternehmerische Sorgfalt, Einsatz von modernen, leistungsfähigeren Technologien vom Saatgut bis zur Landtechnik, aber auch bessere Kenntnis über die physiologischen Prozes-

„Intensität ist mehr als Stickstoff und Fungizide."

se in Feld und Stall. Eine angemessene Intensität ohne eine leistungsfähige Agrarforschung ist unmöglich.

Die wesentlichen gesellschaftlichen Zukunftsfragen

Die Landwirtschaft steht vor großen Herausforderungen, weil dieser Wirtschaftssektor die Kompetenz zur Lösung gesellschaftlicher Zukunftsfragen hat.

- Wie kann die Versorgung einer schnell wachsenden Weltbevölkerung gesichert werden? Nach Schätzungen der FAO benötigen wir 55 Prozent mehr Nahrungsmittel als heute allein bis zum Jahr 2030.
- Wo finden die am stärksten wachsenden Länder ein ausreichendes Angebot an Rohstoffen für den Aufbau ihrer dynamischen Volkswirtschaften?
- Wie sichern und erhöhen die Wachstumsländer den Lebensstandard, um ihre Entwicklung abzusichern?
- Wer beherrscht letztlich die Konflikte, die sich schon heute im Wettlauf um Ressourcen abzeichnen? Dabei dürfte die Hausse auf den Rohstoffmärkten noch die harmloseste Variante zukünftiger Verteilungskämpfe sein.

Eine unternehmerische Landwirtschaft kann Antworten auf diese Fragen geben, weil sie modern und technologieoffen ist und deshalb auf begrenzter Fläche mehr Biomasse erzeugen kann. Der Agrarwirtschaft wächst neue gesellschaftliche Anerkennung zu. Wenn wir unsere gestiegene Verantwortung auch wahrnehmen, kann diese öffentliche Zustimmung auch dauerhaft sein.

> ***»Die moderne Landwirtschaft ist in der Lage, auf begrenzter Fläche mehr Biomasse zu erzeugen. Daher wächst der Agrarwirtschaft eine neue gesellschaftliche Verantwortung zu.«***

Die neue Verantwortung der Agrarwirtschaft

Verantwortung heißt:

1. **Wir müssen die knappen Ressourcen effizienter einsetzen.** Effizienz bedeutet bei veränderten Preisverhältnissen eine angepasste optimale spezielle Intensität an Produktionsfaktoren und Betriebsmitteln. Der Einsatz von Arbeit, Boden, Kapital, auch Humankapital, ist neu zu justieren, auch der von Vorleistungen wie Saatgut, Dünger und Pflanzenschutz.

2. Die externen Effekte wie die Umweltwirkungen müssen in diesen Justiervorgang mit einbezogen werden. Ohne Bewahrung der Lebensgrundlagen, ohne Schutz von Boden, Wasser, Luft und ohne Biodiversität werden wir nicht erfolgreich die genannten gesellschaftlichen Zukunftsfragen lösen können.

> ***„Es wird weitaus teurer sein, Schäden an der natürlichen Lebensgrundlage zu reparieren, als sie vorher zu vermeiden.“***

Im Gegenteil. So wie der frühere Weltbank-Chefökonom Sir Nicholas Stern im Vorjahr in seiner weltweit höchste Aufmerksamkeit findenden Studie die deutlich höheren Kosten zur Reparatur von Klimaänderungsfolgen im Vergleich zum Klimaschutz nachgewiesen hat, so ist auch anzunehmen, dass es weitaus teurer wird, Schäden an der natürlichen Lebensgrundlage zu reparieren, als sie vorher zu vermeiden.

Damit ergibt sich ein weites Feld mit spannenden Fragen zwischen Wissenschaft, Praxis und Politik zu Themen im Überschneidungsbereich von Landwirtschaft, Nachhaltigkeit, Umwelt und Naturschutz. Zu diesen Fragen brauchen wir einen offenen, wissensorientierten Diskurs.

Welches sind einige dieser Fragen?

- Finden wir einen Konsens, wenn es um die Flächenproduktivität und die Intensität in der Landwirtschaft geht? Etwa bei der Frage nach dem Einsatz von leistungsfähigem Saatgut, Dünger, Pflanzenschutzmitteln, Kapital und Arbeitskraft?

- Gelten in der Landwirtschaft noch die alten Entscheidungsschemata einer „100-Euro/t-Agrarwelt“?

- Hat sich die Gesellschaft tatsächlich von der Sicherheit überquellender Interventionslager verabschiedet? Hat sie realisiert, dass an deren Stelle gähnende Leere getreten ist?

- Müssen gesellschaftliche Ziele der Vergangenheit angesichts des Klimawandels, des Wachstums der Weltbevölkerung, des Nahrungs- und Energiehungers neu abgewogen werden?

Es gilt hier eine neue Balance zu finden zwischen den Ansprüchen an die Versorgungssicherheit mit lebensnotwendigen Ressourcen einerseits und der Sicherung unserer natürlichen Lebensgrundlage andererseits.

Was bedeutet höhere Intensität wirklich?

Wir sollten dabei auch kritisch hinterfragen, ob eine intensivere Landwirtschaft tatsächlich gleichzusetzen ist mit höheren Nährstoffbelastungen in Flüssen und Grundwasser, Pflanzenschutzmittelrückständen in Agrarprodukten, Bodenverdichtungen, eingeschränkter Biodiversität usw.

Höhere Intensität bedeutet viel mehr als Stickstoff und zusätzliche Fungizidmaßnahmen. Höhere Intensität bedeutet zunächst:

- Mehr Sorgfalt und Exaktheit des Landwirtes. Intensität gibt es nur mit einer Forschung, die sich neben den Grundlagen verstärkt an der Anwendung ihrer Erkenntnisse orientiert. Ein leistungsfähiges Versuchswesen, aber auch umfängliche Nutzung von externer Produktions- und Wirtschaftsberatung sind Kriterien von Intensität.

> ***„Höhere Intensität bedeutet zunächst mehr Sorgfalt und Exaktheit des Landwirtes.“***

- Die Entwicklung und Nutzung von technischem Fortschritt ist einer der Schlüssel für höhere Ressourceneffizienz und Schonung des natürlichen Lebensraums. Zum Beispiel in der Landtechnik, deren Fortschritte die bedarfsorientierte optimale Platzierung von Saat, Dünger und Pflanzenschutz bei gleichzeitiger Minimierung von Feldüberfahrten und Bodendruck ermöglicht.

- Fortschritt bei der Entwicklung von Pflanzenbehandlungsmitteln sichert Mehrertrag durch weniger Schädlinge, Konkurrenz und gesündere Pflanzen, moderne Technologien der Pflanzenzucht ermöglichen die Reduktion von Pflanzenschutzmitteln und eröffnen Möglichkeiten für bessere Inhaltsstoffe und abgesicherte Mehrerträge.

Wir brauchen dringend Mehrertrag, weil wir schon zehn Jahre von der Substanz leben. Nur so werden wir auf Dauer den steigenden Bedarf nach Nahrungsmitteln, Futter sowie biogenen Rohstoffen decken können. Mehrertrag ist kein abstraktes Ziel, beim Mehrertrag geht es neben dem wirtschaftlichen Erfolg des Landwirts um eine essentielle gesellschaftliche Anforderung, weil wir die Weltvorräte an Getreide in den letzten Jahren im Schnitt um eine Tonne pro Sekunde abgebaut haben.

> ***„Wir brauchen dringend Mehrertrag, weil wir schon zehn Jahre von der Substanz gelebt haben. So können wir auf Dauer nicht den Bedarf nach Nahrungsmitteln, Futter und biogenen Rohstoffen decken.“***

Mehrertrag schafft übrigens erst

den Raum für die Verwirklichung anderer Ziele wie z. B. den Natur- und Landschaftsschutz.

Agrarforschung: eine strategische Schlüsselwissenschaft

Ein breit angelegtes und hoch effektives Forschungswesen hat Deutschland in die heutige hervorragende Wettbewerbsposition gebracht. Vollkommen unverständlich, aber Tatsache ist der ungezielte und somit ungesteuerte Abschmelzungsprozess im Bereich der Agrarwissenschaften in den letzten Jahren. Unbesetzte Lehrstühle, Mittelknappheit und problematische Forschungsausrichtung drohen den „Agrarbrain" auszutrocknen, der im Moment eigentlich mit höchster Intensität Zukunftsfragen bearbeiten müsste. Der Erfolg unserer Systeme ist auch ein Erfolg der Köpfe und Innovationen, die aus einer unabhängigen Forschung kommen. In einem Land, wo mit Vordenkern wie Justus Liebig, Johann Heinrich von Thünen und dem DLG-Gründer Max Eyth Visionäre einer innovativen Landwirtschaft beheimatet sind, muss in eine effiziente und effektive Agrarforschung investiert werden, öffentlich wie privat.

Dies geschieht aber nicht nur aus der gesellschaftlichen Anforderung, sondern aus der Erkenntnis über die strategische Schlüsselwissenschaft der kommenden hundert Jahre.

Technologieführerschaft erhalten und ausbauen

Deutschland ist weltweit Technologieführer, insbesondere in der Landtechnik und aktuell im Bereich der Bioenergienutzung. Ein Erfolgsfaktor für die Wettbewerbskraft der Agrar- und Ernährungswirtschaft sind die mittelständische Struktur und verantwortungsvolles Unternehmertum. Für die neuen Anfor-

Justus Liebig

Johann Heinrich von Thünen

Max Eyth

Vordenker wie Liebig, Thünen und Eyth stehen für innovative Agrarforschung. Wir brauchen jetzt wieder solche Vordenker zur Bewältigung der Zukunftsfragen.

> ***„Aus der Erkenntnis, dass Agrarforschung eine der strategischen Schlüsselwissenschaften der kommenden 100 Jahre ist, muss in eine effektive und effiziente Agrarforschung öffentlich und privat investiert werden.“***

derungen brauchen wir Rahmenbedingungen, in denen Unternehmer Freiheit zum verantwortungsvollen Wirtschaften erhalten, statt sich mit staatlichen Markteingriffen, Bürokratie und dafür gewährten Honorierungen zu beschäftigen. Wir haben die innovativen Köpfe, die das Agribusiness am Standort Deutschland zu einer Zukunftswerkstatt für die globale Agrarwirtschaft machen können. Wir brauchen die Chance eines „freedom to farm“, dann werden wir ungenutzte Potenziale heben und zukünftig nicht Knappheiten verkünden, sondern durchaus stolz berichten, dass wir die neuen Herausforderungen beherrschen.

Carl-Albrecht Bartmer

Der Landwirt Carl-Albrecht Bartmer aus Löbnitz a.d. Bode (Sachsen-Anhalt) ist seit Januar 2006 Präsident der DLG. Mit 44 Jahren war er bei der Wahl auf der Wintertagung 2006 in Berlin der jüngste DLG-Präsident in der DLG-Geschichte und gehört zur jüngeren Unternehmergeneration, die sich seit Jahren stark in und für die DLG engagieren.

Mit Pioniergeist hat er in den letzten 16 Jahren den aus dem Jahre 1735 stammenden Familienbesitz in Löbnitz a. d. Bode wieder zu einem erfolgreichen Unternehmen mit dem Schwerpunkt Ackerbau geformt.

Bartmer war Vorsitzender des DLG-Fachzentrums Land- und Ernährungswirtschaft und Vorsitzender des DLG-Ausschusses für Betriebsführung, ist Mitglied des Gesamtausschusses und gehört seit sechs Jahren dem DLG-Vorstand an. Er entstammt einer Familie, in der Unternehmertum und aktive Mitarbeit in der DLG Tradition sind.

Nach Abitur, landwirtschaftlicher Lehre und Agrarstudium in Göttingen schloss sich eine Verwaltertätigkeit auf einem Saatzuchtbetrieb in Schleswig-Holstein an. Regelmäßige Weiterbildung in Sachen Management und Unternehmensführung gehören für ihn zum Muss eines modernen Unternehmers ebenso wie internationale Ausrichtung. Der Erfahrungsaustausch mit Unternehmern aus dem Ausland und aus anderen Branchen hat für ihn daher einen hohen Stellenwert. Bartmer vertritt die DLG bereits seit mehreren Jahren auch auf europäischer Ebene.

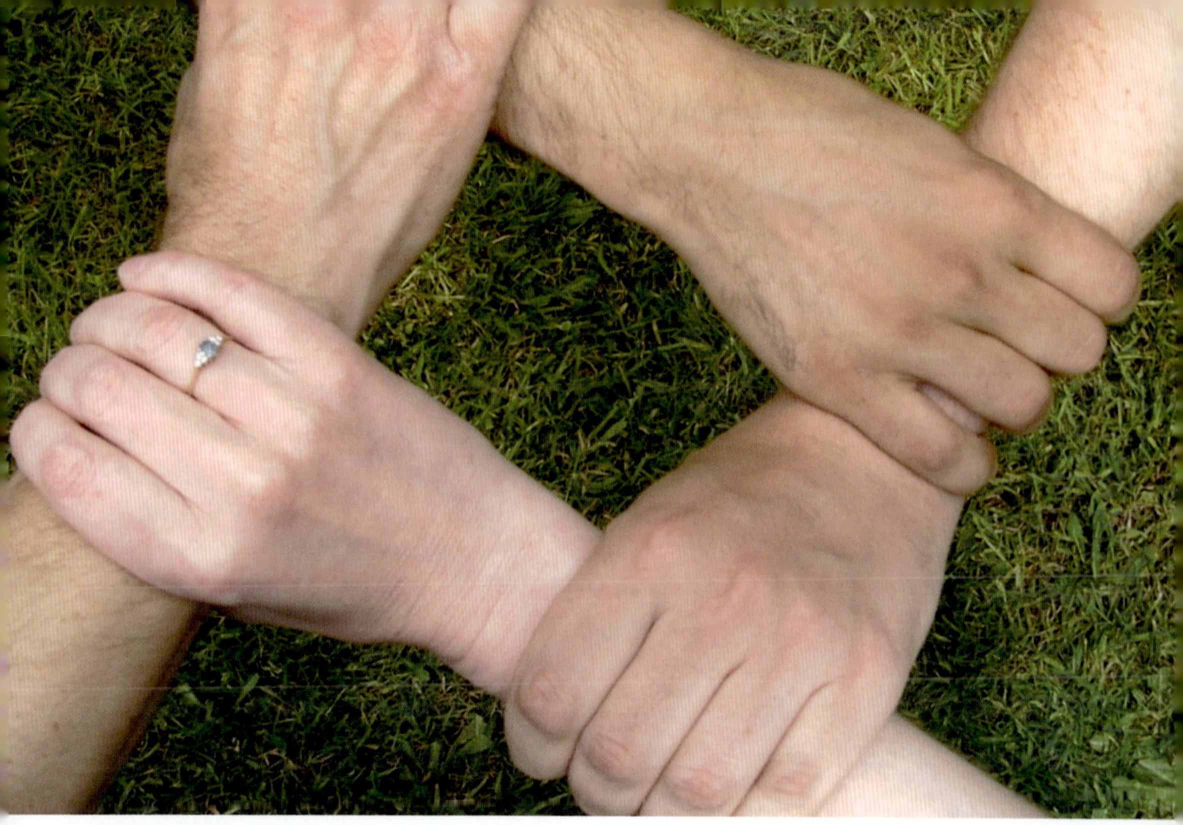

Angelika Baur, *Diplom-Ingenieurin, Umweltwissenschaftlerin und Organisationsberaterin, future e.V. – verantwortung unternehmen, Berlin*

Handlungsfeld Corporate Social Responsibility

Ein Konzept für verantwortliche Unternehmensführung

Corporate Social Responsibility – abgekürzt CSR – kann als verantwortliches unternehmerisches Handeln übersetzt werden.

Eine verantwortliche Unternehmensführung orientiert sich an den Grundgedanken einer nachhaltigen Wirtschaftsweise mit einer langfristigen Perspektive in die Zukunft. Nachhaltig zu wirtschaften bedeutet, soziale Aspekte und Umweltgesichtspunkte gleichberechtigt mit wirtschaftlichen Interessen zu berücksichtigen. Nur so kann nachfolgenden Generationen ein intaktes ökologisches, soziales und ökonomisches Gefüge hinterlassen werden. Verantwortliche Unternehmensführung ist mehr als die Erzielung von wirtschaftlichem Erfolg. Sie bezieht ebenso soziale und gesellschaftliche Gesichtspunkte mit ein. Das Konzept von Corporate Social Responsibility gibt Unternehmen eine Orientierung, welche Themen im Sinne einer verantwortlichen Unternehmensführung zu berücksichtigen sind.

Die Wurzeln von CSR gehen bis ins 19. Jahrhundert zurück, als verantwortliche Unternehmer durch freiwillige Leistungen die Wohn- und Lebensbedingungen der Arbeitnehmer, z. B. durch den Bau von Wohnsiedlungen und Krankenhäusern, verbesserten. Damit wurde eine Steigerung der Arbeitsmoral und eine sinkende Fluktuation erreicht. Seit Ende der 1970er Jahre entwickelte sich der Umweltschutz zu einem wichtigen gesellschaftlichen Thema. In der Folge entstand in den 1990er Jahren das Leitbild Nachhaltigkeit als eine politische Strategie der Ressourcenschonung und sozialen Verantwortung. Eine nachhaltige Entwicklung soll menschliches Handeln stärker auf Generationengerechtigkeit und globale Gerechtigkeit hin ausweiten.

Zu Beginn des 21. Jahrhunderts hat die Europäische Kommission die freiwillige Verantwortung von Unternehmen zu einem neuen Politikansatz weiterentwickelt, der Corporate Social Responsibility (CSR).

Das Konzept von Corporate Social Responsibility (CSR)

Die Europäische Kommission hat CSR als einen Rahmen definiert, der „den Unternehmen als Grundlage dient, auf freiwilliger Basis soziale Belange und Umweltbelange in ihre Unternehmenstätigkeit und in ihre Wechselbeziehungen mit den Stakeholdern zu integrieren".

> ***„Durch die Freiwilligkeit schafft Corporate Social Responsibility ein neues Handlungsfeld, ein Feld des Experimentierens und der Innovation."***

Mit diesem Ansatz einer freiwilligen Übernahme von Verantwortung setzt die EU auf die Förderung einer neuen Verantwortungskultur in den Unternehmen und nicht auf das Instrument einer staatlichen Regulierung. CSR geht über die Erfüllung umwelt- und sozialrechtlicher Vorgaben hinaus. Durch die Freiwilligkeit schafft Corporate Social Responsibility ein neues Handlungsfeld, ein Feld des Experimentierens und der Innovation. Es markiert eine veränderte Wahrnehmung der gesellschaftlichen Verantwortung.

Es geht um die Integration sozial-ökologischer Themen in das Kerngeschäft der Unternehmenstätigkeit und in die Beziehung zu den Stakeholdern.

Abbildung 1:

Unternehmen und ihre Stakeholder

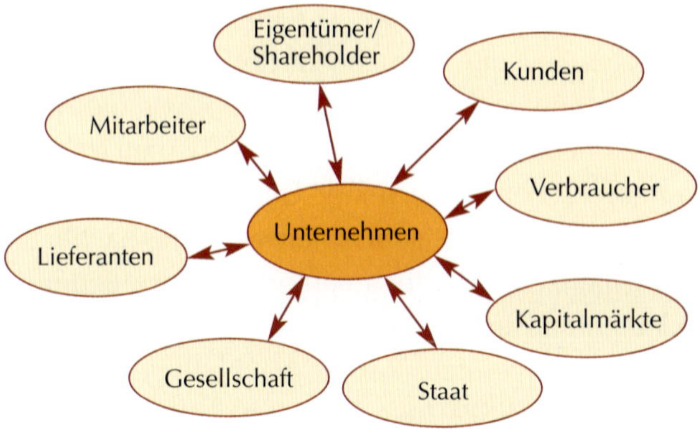

Als Stakeholder gelten neben den Eigentümern (Shareholdern) die Mitarbeiterinnen und Mitarbeiter mit ihrem Anspruch auf Beschäftigung, Weiterbildung und Sicherheit. Weiterhin fordern Kunden z. B. Qualität und Zuverlässigkeit und Lieferanten ausgewogene Vertragsbedingungen. Der Staat kommt mit der Forderung nach Steuergeld. Verbände, Parteien oder Medien vertreten die Ansprüche der Gesellschaft. Auch für die Kapitalmärkte wird CSR immer bedeutender. Das wird an der Auflage von Nachhaltigkeitsfonds und der Tätigkeit von Rating-Agenturen ersichtlich.

Stakeholder erkennt man daran, dass sie Ansprüche an das Unternehmen haben und umgekehrt das Unternehmen auch an sie. Es gilt das Unternehmen in seinem gesamten sozial-ökonomischen Zusammenhang zu betrachten mit dem Ziel, die unterschiedlichen Anspruchsgruppen in Einklang zu bringen. Das bedeutet, dass Unternehmen alle relevanten Anspruchsgruppen/Stakeholder identifizieren und deren Ansprüche an das Unternehmen klären müssen. Aufgrund dieser Analyse können die entsprechenden Themen ausgewählt und dann in die Geschäftstätigkeit integriert werden. Diese Integration in die Geschäftsprozesse ist der entscheidende Schritt, an dem zu erkennen ist, ob CSR-Themen als einmalige Aktionen erledigt oder als ein kontinuierlicher Bestandteil der Unternehmensführung betrachtet werden.

Mit einer freiwilligen Einbeziehung von sozial-ökologischen Belangen in die Unternehmensführung zeigen Unternehmen Verantwortung und tragen zu einer nachhaltigen Entwicklung bei. Nicht nur die Stakeholder profitieren von einem gezielten CSR-Engagement, sondern auch das Unternehmen, denn das Ergebnis einer gelungenen Umsetzung von CSR ist ein Wertzuwachs für alle Beteiligten.

CSR-Themen für Unternehmen

Das CSR-Engagement bietet heute schon ein breit gefächertes Themenspektrum, das vermutlich in Zukunft noch größer werden wird. Verstärkt in den Blickpunkt rücken in letzter Zeit die Themen Korruptionsbekämpfung, Einhaltung der Menschenrechte, eine nachhaltige Lieferkette sowie die Familienfreundlichkeit von Unternehmen. Auf welche konkreten Themen sich ein Unternehmen konzentrieren sollte, hängt von seiner Geschäftstätigkeit, seinem Wirkungskreis und der Branche ab. So ist beispielsweise die nachhaltige Energienutzung bei einem Finanzdienstleister aufgrund des eher niedrigen Energiebedarfs weniger bedeutend als in der Lebensmittelindustrie.

Der von der Bundesregierung eingesetzte Rat für Nachhaltige Entwicklung empfiehlt einen Austausch über CSR-Themen innerhalb der Branchen sowie den Ausbau von Netzwerken und Datenbanken zu Best-Practice-Beispielen. Unternehmerische Verantwortung betrifft das Handeln im globalen Markt genauso wie im eigenen Land auf lokaler und regionaler Ebene.

Bei der Ausgestaltung des CSR-Konzeptes sollten Unternehmen fünf wesentliche Themenbereiche beachten:

1. Betrieblicher Umweltschutz
2. Interessen der Mitarbeiterinnen und Mitarbeiter
3. Sozial-ökologische Aspekte in der Zulieferkette
4. Ökologische Produktverantwortung
5. Verbraucherschutz und Kundeninteressen

Betrieblicher Umweltschutz

Der betriebliche Umweltschutz – ein ökologisches CSR-Handlungsfeld – ist in Deutschland mittlerweile in den meisten Unternehmen etabliert. Die Verpflichtung zu kontinuierlichem Umweltschutz sollte in den Unternehmensleitlinien und der Unternehmenskultur verankert sein. Mit der Implementierung eines Umweltmanagementsystems nach ISO 14001 oder EMAS wird garantiert, dass alle umweltrelevanten Betriebsbereiche systematisch erfasst, bewertet und kontinuierlich verbessert werden. Durch die Ermittlung von betrieblichen Stoff- und Energieströmen können die Umweltauswirkungen festgestellt und verfolgt sowie Verbesserungspotenziale aufgezeigt werden. Denn Abfalltrennung, Ressourcenschonung und Optimierung des Energieeinsatzes sind und bleiben täglich aktuelle Themen. Durch umweltbewusste Prozessoptimierungen sind neben mehr Effizienz und Effektivität oft auch enorme Kosteneinsparungen zu erzielen.

Mit der Aufnahme von ökologischen Kriterien in die Beschaffungsrichtlinien werden die Anforderungen an Lieferanten und Dienstleistungsunternehmen weitervermittelt.

Interessen der Mitarbeiterinnen und Mitarbeiter

Die Mitarbeiter als sehr wichtige Stakeholder des Unternehmens stellen im Wesentlichen folgende Anforderungen:

- Beschäftigungssicherung und Beschäftigungsförderung
- Arbeitnehmervertretung
- Weiterbildungsmöglichkeiten
- Angebote zur Gesundheitsförderung und Gesunderhaltung
- Chancengleichheit zwischen Männern und Frauen
- Integrationsmaßnahmen für ausländische Beschäftigte
- Familienfreundliche Personalpolitik

Eine Erfolg versprechende Herangehensweise besteht darin, eine „Win-win"-Situation herzustellen, d. h. die Interessen des Unternehmens und gleichermaßen die Interessen der Arbeitnehmer zu berücksichtigen.

Als Maßnahmen zur Beschäftigungsförderung sind die Schaffung von Berufsausbildungsplätzen auch über den eigenen Bedarf hinaus und die

Unternehmenskultur beginnt am Arbeitsplatz: Mitarbeiter sollten als wichtige Stakeholder im Unternehmen angesehen werden.

Übernahme von Auszubildenden zu nennen sowie flexible Arbeitszeitmodelle.

Zur Sicherung des Arbeitsplatzes und Förderung der Mitarbeiter sind geeignete Weiterbildungsmaßnahmen anzubieten, um durch weiterführende Qualifizierung den Anschluss an moderne Technologien und Managementpraktiken zu gewährleisten. Neben der ergonomischen Gestaltung des Arbeitsplatzes können Gesundheitsprogramme in Zusammenarbeit mit Krankenkassen oder Unterstützung von Angeboten für Betriebssport und Gesundheitstraining als Maßnahmen zur Gesunderhaltung von Mitarbeitern eingeführt werden.

Die Verbesserung der Chancengleichheit zwischen Männern und Frauen sowie auch für ausländische Beschäftigte kann durch den Aufbau geeigneter Personalentwicklungsprogramme angestrebt werden. Außerdem ist die CSR-Thematik auch in die Qualifizierung und Förderung von Führungskräften zu integrieren. Denn eine CSR-orientierte Unternehmensführung wird dadurch sichtbar und glaubwürdig, dass Führungskräfte die Werte und Einstellungen praktizieren und vorleben. Beispielsweise kann ein Indiz für die Familienfreundlichkeit eines Unternehmens die Anzahl an Frauen und Männer in Führungspositionen sein, die Elternzeit in Anspruch nehmen.

Bei zunehmendem Fachkräftemangel ist die Vereinbarkeit von Familie und Beruf ein wichtiger Gesichtspunkt, um neue Mitarbeiter zu gewinnen oder auch langfristig ans Unternehmen zu binden. Durch Angebote für den Wiedereinstieg nach der Elternzeit, eine familienbewusste Arbeitsorganisation, Kinderbetreuungsmöglichkeiten und flexible Arbeitszeiten können Modalitäten gefunden werden, von denen beide Seiten profitieren.

> ***„Bei zunehmendem Fachkräftemangel ist die Vereinbarkeit von Familie und Beruf ein wichtiger Gesichtspunkt, um neue Mitarbeiter zu gewinnen oder auch langfristig ans Unternehmen zu binden."***

Die Familienfreundlichkeit von Unternehmen kann mit dem Audit „berufundfamilie" extern überprüft werden. Die gemeinnützige Hertie-Stiftung hat die Durchführung dieses Audits gefördert, dem sich seit über zehn Jahren Unternehmen und auch einige Bundesministerien freiwillig unterzogen haben.

Das Unternehmensnetzwerk „Erfolgsfaktor Familie", initiiert vom Bundesfamilienministerium und dem Deutschen Industrie- und Handelstag, bietet Unternehmen eine Plattform, sich über das Thema Familienfreundlichkeit zu informieren und auszutauschen. Hier finden sich auch viele gute Beispiele aus Unternehmen, die ihr Angebot und ihren Service für Familien darstellen. Dies reicht von einer Kindernotfallbetreuung, einem Wäschebügelservice für Familien bis hin zum „take-away-food" aus der Betriebskantine.

Arbeitsbedingungen und Ökologie in der Zulieferkette

Verantwortliche Unternehmensführung macht nicht an den Grenzen des eigenen Unternehmens halt, sondern fordert auch Verantwortung für alles, das ins eigene Haus kommt. Sie sind gefordert, mit den Lieferanten Vereinbarungen zu treffen, die neben Qualitätsanforderungen auch ökologische und soziale Kriterien mit einbeziehen. Eine nachhaltige Lieferkette beginnt mit der Betrachtung der Bedingungen für die Rohstoffproduktion, den Transport, die Verarbeitung, den Handel und reicht bis zur Ladentheke.

Um hier Nachhaltigkeit in die Praxis umzusetzen, ist eine Kooperation entlang der Lieferkette hilfreich. Den Nutzen solcher Kooperation hat ein Projekt von future e.V. in der Textilbranche bewiesen. Durch gezielte und gesteuerte Kommunikation wurde eine verbesserte Zusammenarbeit entlang der textilen Kette erreicht, die Vereinbarungen zu ökologischen Standards zur Folge hatte.

Wird mit Lieferanten außerhalb der westlichen Industrieländer zusammengearbeitet, so ist die Frage, ob dort die Anwendung international anerkannter Mindestsozialstandards (ILO) sichergestellt ist. Hier geht es um Themen wie niedrige Löhne, hohe Arbeitsstundenzahl, fehlende Arbeitnehmervertretungen, mangelnde Sicherheit am Arbeitsplatz, Gesundheitsschäden oder Kinderarbeit.

Ähnlich zum Codex Alimentarius für eine gute Managementpraxis der Herstellungsbedingungen in der Ernährungsbranche gibt es bereits Verhaltenskodizes zu Sozialstandards (Code of Conduct). Verhaltenskodizes werden entweder für das eigene Unternehmen entwickelt und auf die Lieferanten übertragen oder in einer Branche eigens für die Zulieferkette erarbeitet. Der Vorteil einer Branchenlösung liegt mit hohem Wirkungsgrad und großer Reichweite klar auf der Hand.

„*Ähnlich zum Codex Alimentarius für eine gute Managementpraxis der Herstellungsbedingungen in der Ernährungsbranche gibt es bereits Verhaltenskodizes zu Sozialstandards (Code of Conduct).*"

Die Lebensmittelkonzerne Chiquita und Del Monte haben einen eigenen Code of Conduct verabschiedet, der sich an Zulieferer richtet und definierte soziale Kriterien einfordert. Auch beim Einkauf von Kaffee oder Tee zeigen

Kennzeichnungen wie Transfair oder Gepa an, dass soziale und häufig auch ökologische Kriterien bei Handel und Herstellung berücksichtigt werden.

Ökologische Produktverantwortung

Unter CSR fällt ebenfalls der Einbezug von ökologischen Anforderungen in die Produktgestaltung. Unter integrierter Produktpolitik und -verantwortung wird die Erfassung der Umweltauswirkungen eines Produktes in sämtlichen Lebensphasen von der Entwicklung über die Gewinnung der Rohstoffe, der Herstellung bis zur Entsorgung verstanden. Dazu sollen alle an der Wertschöpfungskette eines Produktes beteiligten Akteure kooperieren und ihre jeweilige Verantwortung wahrnehmen.

Für alle wichtigen Nahrungsmittel tierischer und pflanzlicher Herkunft sind Qualitätsnormen, Gütevorschriften oder Handelsklassen festgelegt, deren Einhaltung durch amtliche Kontrollorgane überwacht wird. Jedoch werden zunehmend besondere Standards für umwelt- und tiergerechte Produktionsweisen oder die Herkunft von Produkten als Kriterien aufgenommen und durch ausgewiesene Labels sichtbar gemacht. Für den Verbraucher weisen Labels, wie z. B. Neuland, Bio nach EG-Öko-Verordnung oder das Herkunftszeichen Altmühltaler Lamm oder UNSER LAND, auf das Einhalten definierter Produktanforderungen hin.

Die Schweisfurth-Stiftung sieht bereits jetzt eine zunehmende Beachtung der sozial-ökologischen Verantwortung von Unternehmen bei Verbrauchern sowie einen wachsenden Einfluss bei Kaufentscheidungen von Produkten.

Verbraucherschutz und Kundeninteressen

Ein für die Ernährungsbranche essentielles CSR-Thema ist der Verbraucherschutz und die Sicherheit der Lebensmittel. Die Lebensmittelskandale der letzten Jahre, wie BSE beim Rindfleisch, Gammelfleisch, Nitrofen im Tierfutter, krebsverdächtiges Acrylamid in Back- und Frittierwaren oder Pestizidrückstände in Obst und Gemüse, haben die Verbraucher sensibilisiert. Information und Transparenz, so lautet der Anspruch und die Erwartung der Verbraucher und Kunden an die Unternehmen. Es werden Informationen über alle Inhaltsstoffe und über sozial-ökologische Fragestellungen im Zusammenhang mit der Produktherstellung verlangt.

Die Kennzeichnung von Inhaltsstoffen – wie Allergenen oder Substanzen, die mit gentechnisch veränderten Organismen (GVO) hergestellt wurden – ist ein relevantes Thema, zu dem sich Unternehmen positionieren sollten. Erwartet wird eine Informationsoffenheit, sowohl auf Produktetiketten und -broschüren als auch bei Anfragen von Konsumenten und Institutionen.

Mündiger Konsument: Verbraucher werden beim Kauf von Lebensmitteln immer kritischer.

So empfiehlt es sich für größere Unternehmen, im Rahmen von CSR einen offenen Dialog mit entsprechenden Nichtregierungsorganisationen (NGOs) zu führen. Potenzielle Gesprächspartner sind hier Bürgerinitiativen, Umweltverbände oder beispielsweise die Verbraucherrechtsorganisation foodwatch e.V., die gemeinnützig und unabhängig Verbraucherinteressen vertritt. Auch die Durchführung von Kooperationsprojekten mit NGOs sind, wie Erfahrungen aus der Chemiebranche zeigen, ein Weg, gemeinsam nach Lösungen zu suchen.

„Auch die Durchführung von Kooperationsprojekten mit NGOs sind, wie Erfahrungen aus der Chemiebranche zeigen, ein Weg, gemeinsam nach Lösungen zu suchen.“

Die Kommunikation mit den Kunden verdient einen hohen Stellenwert, besonders der Dialog mit unzufriedenen Kunden. Deshalb sollten Unternehmen über definierte Service- und Qualitätsstandards für den Umgang mit Kundenbeschwerden verfügen und diese nachweislich umsetzen.

Die Stiftung Warentest hat einen umfassenden Kriterienkatalog zur Untersuchung der sozial-ökologischen Unternehmensverantwortung herausgegeben. Diese Kriterien ermöglichen eine aussagekräftige, nachvollziehbare und vergleichende Untersuchung und Bewertung von Unternehmen hinsichtlich der Wahrnehmung ihrer unternehmerischen Verantwortung. Die Stiftung führt Befragungen von Unternehmen durch und veröffentlicht die Ergebnisse.

CSR – Verantwortung im Umfeld

Unternehmen können auch über ihre eigentliche Geschäftstätigkeit hinaus Verantwortung in ihrem Umfeld wahrnehmen. Ergänzend zu den genannten CSR-Themen sind Spenden-, Sponsoring- oder Stiftungsaktivitäten sowie die Förderung des freiwilligen gemeinnützigen Einsatzes von Mitarbeitern zu zählen.

Das finanzielle Sponsoring richtet sich an vielfältige Adressen, seien es kulturelle oder gemeinnützige Projekte, der lokale Fußballverein oder humanitäre Hilfsorganisationen.

Die ehrenamtliche Arbeit (Corporate Volunteering) wird in Deutschland bisher eher als Privatsache betrachtet. Jedoch haben einige Großunternehmen mit Initiativen zur Förderung der ehrenamtlichen Tätigkeit bereits gute Erfolge erzielt. Das Engagement findet meistens in den Bereichen Soziales, Sport oder Schule statt. Zur Förderung der freiwilligen Tätigkeit gehört auch meistens eine finanzielle Unterstützung von entsprechenden Projekten durch das Unternehmen. Karitatives oder ehrenamtliches Engagement gehört nicht zum Kerngeschäft eines Unternehmens und ist deshalb kein primäres CSR-Thema.

Verankerung von CSR im Unternehmen

In Deutschland sind die vergleichsweise anspruchsvollen sozial- und umweltschutzrechtlichen gesetzlichen Rahmenbedingungen ein starker Treiber für einen kontinuierlichen Verbesserungsprozess in Unternehmen. Der freiwillige Einbezug von sozial-ökologischen Anforderungen aller relevanten Stakeholder ist deshalb als eine konsequente Weiterentwicklung zu sehen. In vielen Unternehmen sind die Grundlagen zur Umsetzung eines umfassenden CSR-Konzeptes vorhanden. Jedoch hat die breite Mehrzahl der Unternehmen die umfassende Verantwortung noch nicht strategisch im Management verankert.

Abbildung 2:

Management von CSR durch Integration in die Geschäftsprozesse

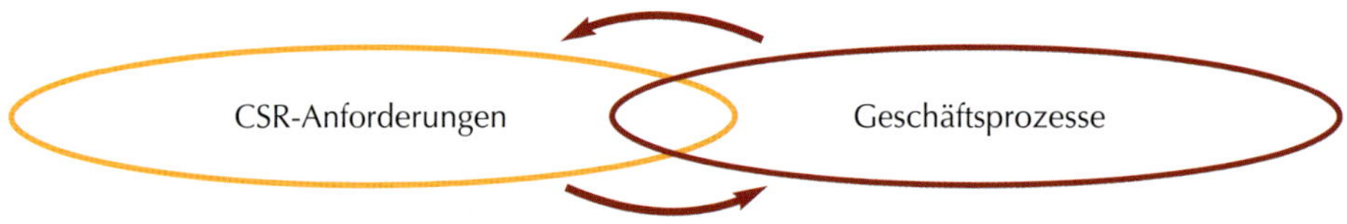

In den Unternehmen bedarf es eines systematischen Managements aller CSR-Anforderungen, die dann auch in die Geschäftsprozesse des Unternehmens integriert sein müssen. Voraussetzung dafür ist die Verankerung von CSR in der Unternehmensstrategie. Für die Umsetzung von CSR ist das klare und dauerhafte Bekenntnis der Unternehmensführung unverzichtbar. Wenn CSR mehr sein soll als Imagepflege, müssen unternehmensspezifische ökologische, soziale und ethische Werte verbindlich in Strategie und Ziele des Unternehmens integriert werden.

Zur Umsetzung von CSR im Unternehmen empfiehlt sich folgende Vorgehensweise:

1. Identifikation des Handlungsbedarfs
2. Auswahl von CSR-Schwerpunkten
3. Verankerung im Unternehmen
4. Berichterstattung und Kommunikation mit Stakeholdern

Ausgangspunkt ist die Absicht des Unternehmens, CSR strategisch zu nutzen. Das unternehmerische Eigeninteresse, mit CSR die Marktchancen zu nutzen und zugleich als sozialer Partner aktiv zu sein, steht im Vordergrund. So wird als Erstes der Handlungsspielraum und -bedarf mit Blick auf den betriebswirtschaftlichen, ökologischen und gesellschaftlichen Nutzen identifiziert. Folgende Fragen sollte sich ein Unternehmen stellen:

- Welche strategischen Ziele sollen mit CSR erreicht werden?
- Wie groß ist der Handlungsspielraum am Standort?
- Wie kann CSR die Geschäftstätigkeit des Unternehmens unterstützen?
- Was sind die Erwartungen der wichtigsten Stakeholder?

Aus den identifizierten Handlungsfeldern sind nun Schwerpunkte auszuwählen, die mit den CSR-Zielen gut zu vereinbaren sind, relevant für die Branche sind, der Größenkategorie oder internationalen Aufstellung des Unternehmens gerecht werden sowie dem Spielraum des Unternehmens Rechnung tragen.

Eine Hilfestellung für Unternehmen zur Ermittlung des Handlungsbedarfs und Identifizierung der CSR-Themen ist der future-ZukunftsCheck (Abb. 3, nächste Seite). Anhand dieses Checks kann das Unternehmen selbst eine Bewertung der aktuellen Situation in puncto Nachhaltigkeit vornehmen. Das Ergebnis ist eine Darstellung der Stärken und Verbesserungspotenziale. Damit lassen sich nun CSR-Handlungsfelder konkret festlegen.

Abbildung 3:

future-ZukunftsCheck

- Der future-ZukunftsCheck ist ein Instrument zur Selbst-Bewertung von Unternehmen.
- Er bietet eine systematische Bestandsaufnahme im Hinblick auf Nachhaltigkeit und CSR-Aktivitäten.
- Der interne Diskussionsprozess im Unternehmen wird durch future begleitet und moderiert.
- Die Darstellung der Ergebnisse erfolgt in Form einer Spinnengrafik.

Zur Verankerung von CSR im Unternehmen sind geeignete Maßnahmen zu den identifizierten CSR-Themen abzuleiten. Für die Umsetzung dieser Maßnahmen müssen klare Zuständigkeiten festgelegt werden. Alle Maßnahmen müssen den kontinuierlichen Verbesserungszyklus mit „planen – durchführen – überprüfen – verbessern" durchlaufen. Die Umsetzung ist idealerweise in den Rahmen eines Managementsystems eingebunden.

Unternehmen gewinnen nicht nur durch die Optimierung ihrer Geschäftsprozesse, sondern auch, wenn die Stakeholder (z. B. Verbraucher, Kunden, Partner, Mitarbeiter) ihr Engagement honorieren. Darum ist Glaubwürdigkeit und Verlässlichkeit von Informationen zur unternehmerischen Verantwortung wichtig.

Das Unternehmen profiliert sich durch den Einbezug von CSR-Themen in die Unternehmenspolitik und festigt dadurch die Beziehungen zu den Stakeholdern und die Identifikation mit dem Unternehmen. Durch den Dialog mit Stakeholdern können ökologische und soziale Risiken erkannt und damit minimiert werden.

Die Kommunikation mit internen und externen Stakeholdern ist ein wesentlicher Bestandteil des CSR-Prozesses.

Fazit

Im Rahmen des CSR-Konzeptes will die Politik Unternehmen anregen und unterstützen, diese gesellschaftliche Herausforderung anzunehmen. Denn mit der Globalisierung hat sich der Einfluss von Unternehmen auf die Entwicklung der Volkswirtschaften erhöht. Daher sieht die Öffentlichkeit heute Unternehmen mehr und mehr in der Pflicht, gesellschaftlich verantwortlich zu handeln.

Das Konzept von Corporate Social Responsibility (CSR) ist ein politischer

Ansatz und setzt einen übergreifenden Rahmen für verantwortliche Unternehmensführung. CSR basisiert auf Freiwilligkeit und Eigeninitiative.

Unternehmen sind aufgefordert, ihre wichtigen CSR-Handlungsfelder herauszufinden und in ihre Geschäftstätigkeiten zu integrieren. CSR muss, um erfolgreich zu sein, strategisch verankert und in ein systematisches Management eingebunden werden.

So erweist sich CSR als ein starker Innovationsmotor und leistet einen wesentlichen Beitrag zur langfristigen Wettbewerbs- und Zukunftssicherung.

Angelika Baur

ist Diplom-Ingenieurin, Umweltwissenschaftlerin und Organisationsberaterin. Nach zehn Jahren Tätigkeit in der Industrie und an wissenschaftlichen Institutionen ist sie seit zwölf Jahren selbstständig in eigener Firma, dem Netzwerk Management Consulting.

Seit 2000 leitet Sie außerdem das Berliner Büro von future e.V., einem Unternehmensverbund, der es sich zur Aufgabe macht, das Leitbild der Nachhaltigkeit für Unternehmen zu konkretisieren und Instrumente zur Umsetzung in die Praxis zu entwickeln.

Ihre Arbeitsschwerpunkte sind die Beratung zu nachhaltiger Unternehmensführung und Umsetzung von CSR, Einführung von Managementsystemen nach IFS, ISO 9000 und ISO 14001, die Begleitung von Unternehmen bei Veränderungsprozessen, wie Unternehmensnachfolge oder Umstrukturierungen, sowie das Coaching von Führungskräften.

Dagmar Freifrau von Cramm, *Fachjournalistin und Mitglied im Präsidium der Deutschen Gesellschaft für Ernährung (DGE), Freiburg im Breisgau*

Glaubwürdigkeit und Verantwortung im Fokus

Trends und Herausforderungen

Glaubwürdigkeit und Verantwortung sind große Worte. Beides sind keine Einbahnstraße, sondern ein Kommunikationsprozess zwischen Lebensmittelproduzenten und -handel auf der einen Seite und dem Verbraucher auf der anderen. Jeder von uns ist Verbraucher – doch wir unterscheiden uns darin erheblich mehr voneinander als die Unternehmen im Lebensmittelbereich. Als Food-Journalistin habe ich Verbraucher als Leser, die mir ständig Feedback geben, was sie interessiert, die mich kritisieren oder aber auch zur Kritik auffordern – stellvertretend. Dabei handelt es sich um sehr unterschiedliche, inhomogene Zielgruppen.

Wie kompetent ist der Verbraucher?

Der Verbraucher verliert zunehmend die Kompetenz im Umgang mit Grundlebensmitteln. Besonders deutlich wird das bei Gemüse, das in der Zubereitung Arbeit und Know-how verlangt. Kaum einer weiß noch, wie man frische Erbsen zubereitet – die meisten würden die Schoten auf dem Wochenmarkt für Bohnen halten.

Aber auch beim Fleisch kann man diesen Kompetenzverlust an der Theke erleben – leider oft auf beiden Seiten. Entsprechend werden zunehmend Fleischteile vermarktet, die kurz gebraten werden – wo „nichts schief geht", wie Filet, Steak, Kotelett. Der Rest wandert in die Wurst oder wird zu Hackfleisch. Innereien gar werden zu exotisch-elitären Spezialitäten, wie der Leser-Kochwettbewerb von Wolfram Siebeck in der ZEIT beweist, der 2006 Innereien zum Thema hatte. Intellektuelle Hobbyköche als Kompetenzinseln in der Verbraucherwüste? Die zunehmende Palette an Gewürzen, an exotischen Früchten und Gemüse, an Hülsenfrüchten, Reissorten, Nüssen, Trockenfrüchten oder Tees im gehobenen Preissegment spricht dafür. Gourmetkataloge haben ein eindrucksvolles Angebot hochpreisiger Spezialitäten. Auch die Beliebtheit von Wochenmärkten, die sich oft auf den Samstag oder den Mittwochnachmittag beschränken, spricht für eine gewisse Genießer-Elite.

Die Nationale Verzehrsstudie zeigt aber eine optimistische Einschätzung der eigenen Kochkenntnisse, die der Iglo-Forum-Studie von 1995 in nichts nachsteht.

Abbildung 1:

Häufigkeit des Einkaufs in ausgewählten Einkaufsstätten in Abhängigkeit vom Haushaltsnettoeinkommen

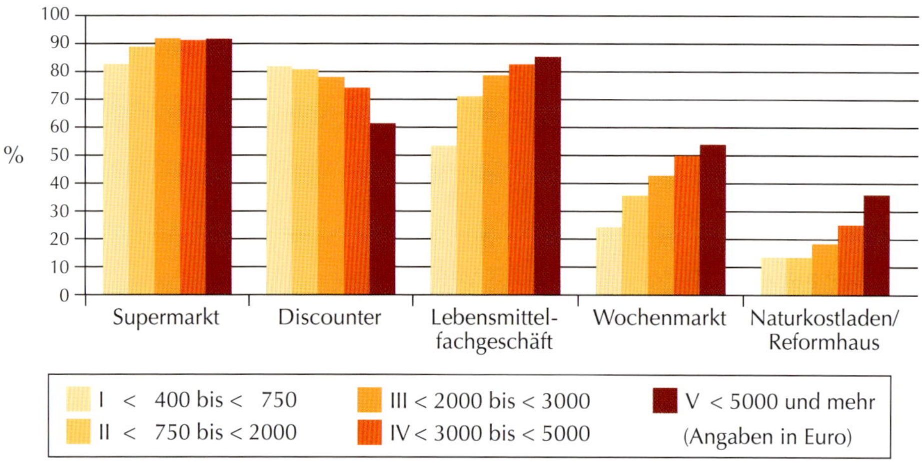

Quelle: NVS 2

Abbildung 2:

Selbsteinschätzung „sehr gut kochen/gut kochen" nach Geschlecht und Altersgruppen (Jahre)

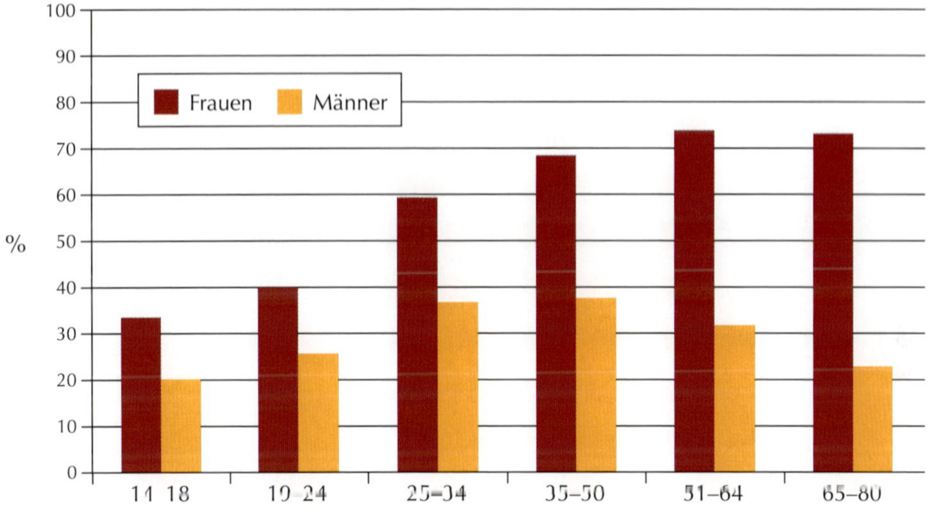

Quelle: NVS 2

Andererseits beweisen gerade Kinder eine enorme Produktkenntnis, wenn es um Süßigkeiten, Getränke oder Cerealien geht. Für sie auch sinnvoll, weil hier sind sie die Entscheider. Eine Studie über die Produktkenntnisse von Vorschulkindern (3–6 Jahre) zeigt: Bei den Logos wird das McDonald's-Logo am häufigsten (72 Prozent) erkannt (Kinderschokolade 58 Prozent, Nutella 50 Prozent), bei den Markencharakteren ist die Milka-Kuh mit 63 Prozent am bekanntesten (Ronald McDonald 59 Prozent, Haribo Goldbär 57 Prozent). Die Produktkenntnisse von Grundschulkindern (6–10 Jahre) sind wie folgt (siehe Abb. 3, nächste Seite):

Das McDonald's- und Nutella-Logo werden gleich häufig von 97 Prozent der Kinder erkannt (Paula 80 Prozent, Monte 79 Prozent).

Erwachsene, die nicht wissen, wie man aus Kartoffeln Puffer macht, kennen alle Fixprodukte und haben ihre Favoriten. Gleiches gilt für Instant-Terrinen oder Milchprodukte. Die Vielfalt von neuen exotischen Gerichten im Convenience-Bereich ist sozusagen die Fortsetzung des Trends in der Masse. Die weiß wahrscheinlich nicht, wie sie eine Ingwerknolle oder Zitronengras zubereitet. Aber sie ahnen, wie es schmeckt.

Mit anderen Worten: Wir ziehen uns mit zunehmender Convenience Verbraucher heran, die nicht nur nicht kochen, sondern die auch die Qualität von originären Zutaten nicht mehr beurteilen können. Dies wiederum steigert die Nachfrage nach Convenience: ein Teufelskreis von schwinden-

Abbildung 3:

Logo-Bekanntheit bei Kindern (Prozent), Top 10

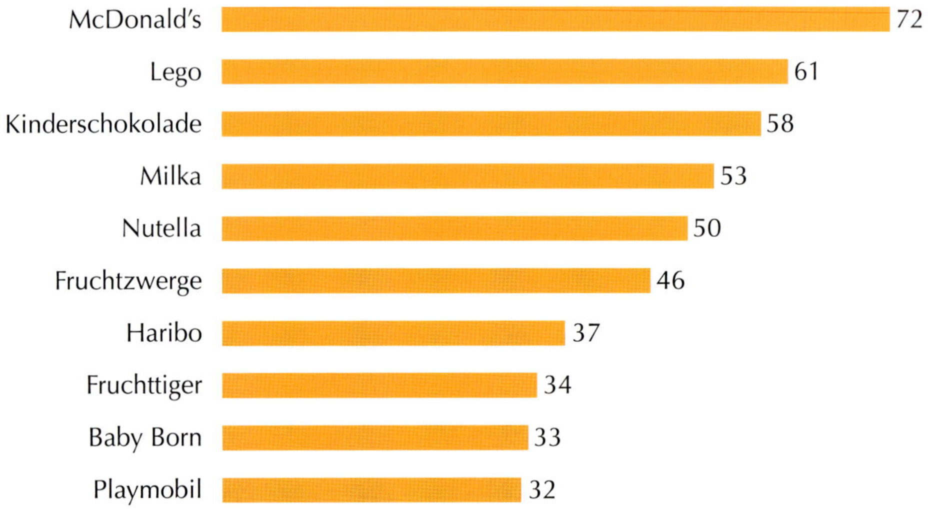

Quelle: icon Kids & Youth Kinderwelten 2006

den Kenntnissen, steigender Abhängigkeit von und Ansprüchen an die Industrie.

Folge dieser abnehmenden Kompetenz ist zunehmende Hilflosigkeit und Abgabe der Verantwortung an die Lebensmittelindustrie. Das Bedürfnis nach Sicherheit wächst überdimensional – oft über den gesunden Menschenverstand hinaus. Die abnehmende Kompetenz des Verbrauchers hat dramatische Konsequenzen für das Ausmaß der Verantwortung, die der Lebensmittelindustrie zugewiesen wird. Mit anderen Worten: je abhängiger der Verbraucher von der Industrie wird, desto größer werden die Ansprüche an Sicherheit und Qualität. Die Industrie als „Vorkoster" der Nation!

Abbildung 4:

Teufelskreislauf Convenience

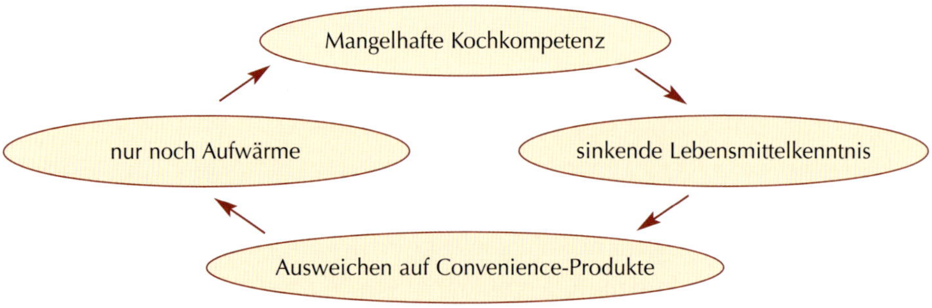

Wie kritisch ist der Verbraucher?

Die Masse der Verbraucher ist vertrauensvoll bis gutwillig. Laut einer BEUC-Studie (Europäisches Büro der Verbraucherorganisation) aus 2005 vertrauen 70 Prozent der Deutschen den Angaben der Hersteller (Claims). Im europäischen Durchschnitt waren dies nur 53 Prozent, in Dänemark sogar nur 33 Prozent. Verbraucher gehen davon aus, dass schon alles mit rechten Dingen zugeht. Je schlechter ausgebildet, desto blinder das Vertrauen.

Gleichzeitig gibt es eine zunehmende Professionalisierung der Kritiker.

Diese kritische Minderheit beherrscht die Medien nach dem Gesetz: „only bad news is good news". Der Markt wird bedient nach allen Regeln der Kunst, und diese Organisationen repräsentieren und bedienen den kritischen Verbraucher. Denn der einzelne Verbraucher verfügt selten über das Know-how, Produkte und Prozesse zu beurteilen. Sowohl die Stiftung Warentest als auch – völlig unberechtigt – Ökotest genießen höchste Glaubwürdigkeit beim Verbraucher. Greenpeace und Foodwatch gewinnen an Zulauf und finden Interesse. Parallel wächst das Maß an Produkttests, die Medien als Infotainment – seien es Zeitschriften oder TV-Sender – produzieren, und zwar in ganz unterschiedlicher Qualität. Dabei geht es nicht immer um Enthüllung von Skandalen, sondern auch um Hilfe bei Konsumentscheidungen oder auch einfach um Unterhaltung.

Im Allgemeinen bedient TV trotz Schleichwerbung-Skandalen eher die kritische Fraktion. Sendungen wie Stern TV, Frontal oder Anne Will laden

Abbildung 5:

Kenntnis ausgewählter Qualitäts- und Gütesiegel nach Geschlecht

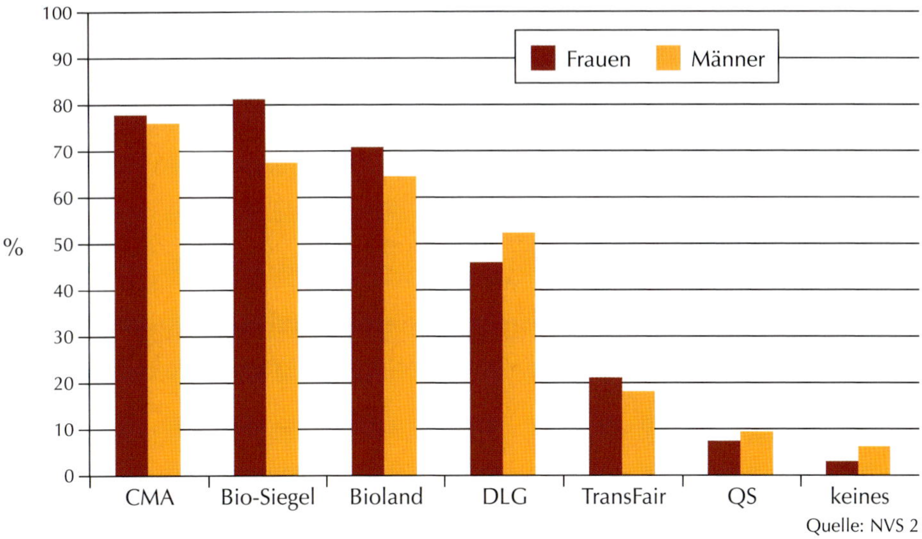

Quelle: NVS 2

gerne als Experten eingeschworene Kritiker ein, die hart zur Sache gehen. Es gibt also analog zur Feinschmeckerelite eine kritische, semiprofessionelle Elite, die hart zur Sache geht und grundsätzlich einen kritischen Standpunkt vertritt. Doch auch innerhalb der Verbraucher gibt es extrem kritisch eingestellte Gruppen.

Da sind die jungen Eltern, die alles richtig machen wollen, extrem unsicher sind und entsprechend alles ganz genau und mit Brief und Siegel haben möchten. Ähnlich kritisch sind alle, die mit diesen jungen Eltern zu tun haben: Hebammen, Erzieher, Lehrer. Diese Gruppen verstärken sich gegenseitig in ihrer Anti-Haltung.

Dazu kommen die politisch umweltbewussten Verbraucher, die grundsätzliche Vorbehalte gegenüber der Massenproduktion haben. Eine weitere kritische Elite sind die Feinschmecker à la Slow Food, die aus ganz anderen Gründen die Industrie kritisieren. Mit anderen Worten: Den kritischen Verbraucher per se gibt es nicht, vielmehr einen Vielklang von kritischen Stimmen.

Was erwartet der Verbraucher vom Produzenten?

So bunt wie die Verbraucher sind auch ihre Erwartungen. Es ist ein ganzer Strauß von Dingen, die sie von Lebensmittelproduzenten erwarten. Einige hält er für Selbstverständlichkeiten, andere sind erst in jüngster Vergangenheit in den Fokus gerückt. Doch handelt es sich größtenteils um Dinge, die der Verbraucher selbst nicht kontrollieren kann. Er rechnet mit der Ehrlichkeit der Lebensmittelindustrie und ist auf sie angewiesen. Die Relevanz der einzelnen Punkte kann je nach Verbrauchergruppe sehr verschieden sein.

- Geschmack

In einer Befragung der Zeitschrift Eltern – einer besonders sensiblen Zielgruppe – lag Geschmack an erster Stelle (Tab. 1). Wunderbar – wenn es nicht häufig im Widerspruch mit den vielen anderen Wünschen stehen würde. Und wenn Geschmack nicht auch sehr individuell wäre und ein großes Maß an Kompetenz erfordern würde. So war die Avocado in Deutschland zunächst ein Flop, weil viele Verbraucher sie unreif kosteten und nicht wussten, wie sie zu würzen war. Ähnliches gilt für viele neuartige und exotische Lebensmittel: Es kostet einen enormen Aufwand, die Verbraucher auf den Geschmack zu bringen. Denn wenn etwas nicht schmeckt, dann ist der Hersteller dafür verantwortlich! Und gekauft wird es dann auch nicht mehr. Andererseits gibt es den „mere exposure effect“: einmal Maggi, immer Maggi. Oder Pommes oder

Tabelle 1:

Antworten auf die Frage: Worauf legen Sie bei Ihrer Ernährung/bei der Ernährung Ihrer Kinder besonderen Wert?

	sehr wichtig	wichtig	weniger wichtig	gar nicht wichtig
Geschmack	71,3	28,1	0,3	0
Frische der Lebensmittel	57,8	40,1	2,0	0
Gesundheit (z. B. Vitamin- und Mineralstoffgehalt	50,1	47,0	2,8	0
Herkunft der Lebensmittel	15,3	47,6	32,9	4,2
schnelle Zubereitung	15,2	43,1	36,1	5,5
Preis der Lebensmittel	13,6	51,6	32,1	2,1
biologischer Anbau	9,1	33,3	48,9	8,5
Kaloriengehalt	6,9	43,5	42,5	6,7

Angabe in Prozent – gerundet

Quelle: Eltern 2004

Chips oder Burger. Geschmacksprägung findet durch die pure Gewohnheit statt – hier trägt die Industrie tatsächlich eine große Verantwortung im Sinne von Geschmacksbildung.

- Frische (MDH)

Bei fast allen Umfragen rangiert Frische ebenfalls ganz weit vorn. Sie ist die magische Größe, die entscheidend ist. Dabei müsste jedem klar sein, dass Frische bei langen Transportwegen von Handelsware niemals den Grad erreichen kann wie der Gemüsegarten vor dem Haus. Entsprechend störanfällig ist diese Größe. Schon der Umgang mit dem Mindesthaltbarkeitsdatum zeigt das. Ist es abgelaufen, wird die Ware nicht mehr akzeptiert bzw. als gefährlich betrachtet. Eine differenzierte Betrachtung von Frische setzt warenkundliche Kompetenz voraus, die unterscheidet zwischen einem Bund Petersilie, das tatsächlich schnell abbaut, einem Joghurt, der durchaus länger seine Qualität behält, oder einem Stück Rindfleisch, das erst nach einiger Zeit des Abhängens top ist. Da der Verbraucher diese Kompetenz oft nicht mehr hat, verlässt er sich auf das Mindesthaltbarkeitsdatum und verzeiht nicht, wenn damit Schindluder getrieben wird, wie z. B. das Umetikettieren.

- Das drin ist, was drauf steht

Das beginnt bei dem Gewicht und hört noch lange nicht beim Herkunftssiegel oder bei der Zutatenliste auf. In der Regel verlässt sich der Verbraucher auf die Angaben auf der Packung. Schließlich hat er ohnehin keine Chance, sie zu überprüfen. Das erledigen die staatlichen Kontrollorgane für ihn. Ob die Angaben so abgefasst sind, dass er etwas damit anfangen kann, steht auf einem anderen Blatt. Was nützt es, wenn auf Kinder-Cerealien die RDAs für Erwachsene stehen? Und dazu nirgendwo erklärt sind? Wenn Bezug auf Größen genommen wird, die kein Verbraucher kennt? Wenn Angaben eher verschleiern als informieren? Schon die Bezeichnung „natürliche Aromastoffe" ist ein Versprechen, das mehr verspricht, als es tatsächlich einhält. Und wenn der Verbraucher dann aufgeklärt wird, dass natürliches Erdbeeraroma aus Sägespänen hergestellt wird, ist er in seinen Erwartungen enttäuscht. Wer einmal über die Bedeutung des Wortes „natürlich" nachdenkt, muss ihm Recht geben. Mehr Ehrlichkeit statt Verschleierung wäre hier angebracht.

- Gelingen

  Der Konsument fordert vom Hersteller nichts weniger als „Gelinggarantie". Übrigens auch von Rezepten in Kochbüchern. Der Verlag Gräfe und Unzer hat das erkannt und eine goldene Garantieplakette auf alle Bücher geklebt: Bei Misslingen gibt es Ersatz! Ein großer Erfolg, der selten zu Ersatzforderungen führt, aber die Kommunikation zum Leser eindeutig belebt hat. Genau diese Gelinggarantie erwerben die Käufer auch mit Fix-Produkten, mit Halbfertig- und Fertiggerichten. Das zu erfüllen, ist ausgesprochen schwierig, denn sobald die Ware den Produktionsort verlässt, beginnt sie ihr Eigenleben und ist dem teilweise ahnungslosen Käufer ausgeliefert. Die Anweisungen auf den Packungen versuchen ein Misslingen zu vermeiden. Was sicher nicht immer gelingt. Ob das am Verbraucher liegt oder an der Beschreibung, sei dahingestellt.

- Sicherheit/Freiheit von schädlichen Inhaltsstoffen

  Eigentlich eine Selbstverständlichkeit! Und doch fördern Lebensmittelkontrollen immer wieder Verstöße an den Tag, gibt es Skandale und kriminelle Verstöße. Gleichzeitig wartet die Ernährungsforschung mit neuen Erkenntnissen auf, die bislang unverdächtige Inhaltsstoffe wie Cumarin in Zimt oder Acrylamid in Pommes, Chips und Keksen zu Risiken werden lassen. Dieser Bereich ist für Lebensmittelproduzenten sicher der sensibelste. Hier erwartet der Verbraucher Zuverlässigkeit – und kein stillschweigendes Übergehen zur Tagesordnung.

  Generell sind die Frauen bei dieser Frage skeptischer und schätzen mehr Bereiche als riskant ein als Männer. Ausnahmen: Verdorbene Lebensmittel, natürliche Giftstoffe und Cholesterin sind drei Aspekte, die Männer riskanter einschätzen als Frauen.

Die subjektive Risikoeinschätzung

Die subjektive Risikoeinschätzung aller NVS II-Teilnehmer im Bereich Lebensmittelqualität/Ernährung wurde mit der Frage: „Welche Dinge sind Ihrer Meinung nach besonders riskant für Menschen in unserem Land?" erfragt. Dabei ergab sich folgende Reihenfolge:

1.	Pestizid-/Insektizid-Rückstände	78 Prozent
2.	Verdorbene Lebensmittel	73 Prozent
3.	Tierarzneimittel-/Hormon-Rückstände	68 Prozent
4.	Zu viel und zu einseitig essen	66 Prozent
5.	Schimmelgifte	66 Prozent
6.	Bestrahlte Lebensmittel	54 Prozent
7.	Gentechnologisch veränderte Lebensmittel	53 Prozent
8.	Alkohol	42 Prozent
9.	Lebensmittelzusatzstoffe	39 Prozent
10.	Cholesterin	38 Prozent
11.	Natürliche Giftstoffe	28 Prozent
12.	Unverarbeitete, rohe Lebensmittel	27 Prozent
13.	Biotechnologisch veränderte Lebensmittel	24 Prozent
14.	Ascorbinsäure	9 Prozent
15.	Keines davon	1 Prozent
16.	Weiß nicht	4 Prozent

- Gesundheitsfördernde Zusammensetzung

  Das ist die nächste Stufe: Nicht nur unschädlich soll die Ware sein, sondern sie soll gut tun. Der große Markt der Pro- und Präbiotika, Anreicherungen – kurz Functional Food – nähren diesen Wunsch. Die Health Claims werden ein Übriges tun, um den Anspruch einer satten Gesellschaft auf wohltuende Wirkung von Lebensmittel steigen zu lassen. Für manche Produkte wie Olivenöl, Fisch oder Nüsse wundervoll – für andere etwas schwierig, denn die meisten Lebensmittel haben positive und negative Seiten. Im Grunde geht es um Mengen.

Der Verbraucher möchte vom Produzenten Hilfestellung für die richtige Entscheidung. Im Moment sieht es nicht danach aus, dass er sie bekommt. Zu unterschiedlich sind hier die Interessen und zu stark der Einfluss der Lobby. Das zeigt das aktuelle Hickhack um die Lebensmittelkennzeichnung. Obwohl Verbraucher klar für die Ampel votieren, wird sie nicht umgesetzt. Und obwohl es wissenschaftlich klar definierte Referenzwerte auf EU-Ebene gibt, wie bei uns die der DGE, werden die GDA-Werte der CIAA zugrunde gelegt. Das ist eine industrienahe Vereinigung, die eigene politische Ziele verfolgt, die für die gesunde Ernährung des Verbrauchers nicht unbedingt optimal sind.

- Fairness: Corporate Responsibility

  Das ist ein neues Spielfeld – in den USA ganz vorne und auch bei uns auf dem Vormarsch. Denn die Verbraucher möchten es wohl gerne günstig haben – aber nicht um jeden Preis! Die Skandale um Lidl haben gezeigt, dass es sehr wohl Auswirkungen auf die Kaufentscheidung des Verbrauchers hat, wenn Firmen sich nicht an einen bestimmten Kodex halten. Zu beurteilen ist das für ihn kaum – Gerüchte können bereits eine Menge kaputt machen.

  Der Erfolg von „fair" gehandelten Produkten zeigt, dass ein Teil der Konsumenten bereit ist, dafür auch zu bezahlen. Gerade Lebensmittel sind von diesem Anspruch viel stärker betroffen als z. B. die Textilindustrie. Schließlich hat der einzelne schnell das Gefühl, einem Armen in der Dritten Welt buchstäblich etwas wegzuessen. Auch der Umgang mit regionalen Produzenten wird registriert, wie der Kampf um den Milchpreis zeigte.

Abbildung 6:

So würde die „Ampel" auf einer Packung Cornflakes mit Nüssen aussehen:

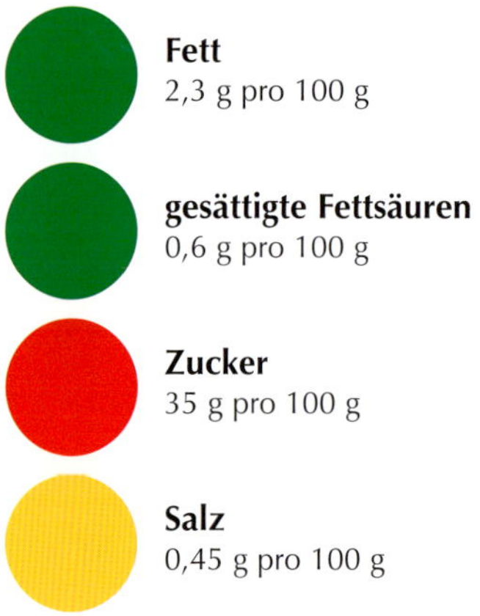

- Umweltschonende Produktionsmethoden

  Die größte Überraschung für Lebensmittelproduzenten und -handel war der Siegeszug von Bioprodukten. Entgegen allen pessimistischen Prognosen sind die Verbraucher tatsächlich bereit, unter bestimmten Bedingungen für Lebensmittel mehr auszugeben. Zugegeben: Es brauchte dazu einen Anschub, den damals Renate Künast gegeben hat. Aber der Erfolg zeigt, dass es gefährlich ist, den Verbraucher zu bevormunden und ihm in vorauseilendem Gehorsam bestimmte Produkte erst gar nicht anzubieten. Verstädterung, Klimaveränderung und der Rückgang bäuerlicher Betriebe wird den Wunsch nach sanfter Produktion in Zukunft eher noch wachsen lassen.

- Tierschutz

  Das gilt auch für den Umgang mit Tieren, wie die Debatte um die Legebatterien gezeigt hat. Auch der Erfolg des MSC-Siegels (Marine Stewartship Coucil) spricht für den Wunsch des Verbrauchers, nicht auf Kosten der Kreatur zu leben. Der tatsächliche Anteil an Vegetariern fällt dabei kaum ins Gewicht: Laut NVS sind es insgesamt gerade mal 1,6 Prozent der Verbraucher. Allerdings schwerpunktmäßig junge Frauen. Das kann durchaus Auswirkungen auf die nächste Generation haben, wenn diese Frauen Kinder bekommen. Doch auch und gerade Fleisch- und Fischesser befinden sich heute unter einem stärkeren Rechtfertigungszwang und möchten deshalb mit gutem Gewissen genießen.

- Gutes Preis-Leistungs-Verhältnis

  Auch eine Selbstverständlichkeit – und sicher der heimliche Meinungsmacher unter den Erwartungen der Verbraucher. Hier bedarf es eigentlich keiner Kontrolle. Der Markt regelt diesen Punkt tatsächlich von ganz alleine. Wenn es nicht zu Absprachen kommt, zur Monopolbildung und Konzentration, wie sie momentan im Handel zu beobachten ist.

- Echte Vielfalt – echte simplicity

  Der Verbraucher möchte einerseits die volle Auswahl. Das beginnt beim Mehl und endet noch lange nicht beim Brot. Sicher mag er auch Backmischungen. Aber er möchte entscheiden können. Hier gibt es echte Interessenkonflikte, denn die Lebensmittelindustrie hat weniger Interesse daran, Mehl Type 550 oder 1050 zu verkaufen – mit Brotbackmischungen ist eine andere Spanne zu erzielen. Wohin das schlimmstenfalls führt, zeigt der Besuch in einem amerikanischen Supermarkt. Einfache Lebensmittel sind dort kaum zu haben – dafür muss man viel Geld in einem „Organic"-Laden hinlegen – wenn überhaupt!

Die großen Krisen

Das, was das Vertrauen der Verbraucher in die Lebensmittelindustrie am meisten gefährdet und erschüttert, sind die großen Skandale. Um nur einige Beispiele zu nennen, eine unvollständige Chronologie der letzten Jahrzehnte:

Unvollständige Chronologie der Skandale der letzten Jahre

1985
Flüssigei-Skandal bei Birkel

1988
Hormon-Skandal beim Kalbfleisch
Hoher Schadstoff-Gehalt in Nordseefischen
Dioxin in Milchtüten aus Karton

1989
Listeriose-Bakterien in französischem Weichkäse
Listeriose-Bakterien in Leberpasteten

1992
Glykol im Wein

1993
Etikettenschwindel beim Obst und Gemüse

1994
Pestizide im Tee
Pestizide in der Babynahrung

1995
Streptomycin im Bienenhonig
Frischfisch stark mit Keimen belastet

1996
Nikotineinsatz in der Hühnerhaltung
Gepanschter Apfelsaft im Handel

1999
Normales Getreide als Bio-Getreide verkauft

2000
Fungizide und Pestizide auf Paprika aus Spanien
BSE-Skandal in Europa

2001
Antibiotika-Einsatz in Schweinezucht
Chloramphenicol in Shrimps
Verdorbener Räucherlachs

2002
Hohe Acrylamid-Belastung der Nahrung
Synthetisches Hormon im Schweinefleisch
Verdorbenes Geflügelfleisch im Handel

2004
Überlagerte Fleischwaren umetikettiert verkauft

2005
Pestizide in Früherdbeeren
Schlachtabfälle als Fleisch verkauft
Obst und Gemüse extrem mit Pestiziden belastet
2006
Mit Glycerin gepanschter spanischer Wein entdeckt
Benzol in Fruchtsaftgetränken
Gammelfleischskandal
Gefährliches Cumarin in Cassia-Zimt
2007
Vergammeltes Dönerfleisch entdeckt
2008
Uran im deutschen Trinkwasser

Die Ursachen dieser Skandale sind vielfältig. In vielen Fällen ging und geht es um Geld, um noch niedrigere Produktionspreise, um noch ausgeklügeltere Methoden, „aus Scheiße Bonbons zu machen". Nichts hat das Verhältnis zwischen Industrie und Konsumenten schwerer beschädigt als dieser Verrat. Dabei hat sich tatsächlich der Verbrauch nach einiger Zeit wieder erholt: Ernährungsgewohnheiten sitzen tiefer als das kurze Gedächtnis von Skandalen. Freilich haben viele Unschuldige, nicht zuletzt die Landwirte, dafür büßen müssen.

Doch es gibt so etwas wie ein kollektives Gedächtnis für gebrochene Versprechen und Betrug – deshalb traut der Käufer wohl im konkreten Fall dem Hersteller seiner Lieblingssalami zu, gut und gerecht zu produzieren, weil er ja sonst die Salami nicht essen könnte. Aber pauschal betrachtet er die Lebensmittelindustrie, den Handel und die Landwirtschaft mit Argwohn. Deshalb wird er auch jede Skandalmeldung begierig aufgreifen – die Skandale sind in seinem Bewusstsein verankert und an diese gemachte Erfahrung wird angeknüpft, sie wird bestätigt. Das macht diese Verstöße und Sündenfälle so gefährlich fürs große Ganze. Denn der Verbraucher differenziert nicht. Wie soll er auch?

Der Verbraucher begegnet der Lebensmittelindustrie in der Regel kritisch.

Vertrauen versus Kontrolle: Siegel und Garantien

Die Konsequenz aus Skandalen ist die Zunahme von Siegeln und Garantien, von Tests und Hitlisten. Ganz plakativ ist das QS-Siegel, das ja als Reaktion auf die BSE-Krise entstanden ist. Es kontrolliert in bisher nicht erreichter Gründlichkeit die gesamte Produktionskette, vom Futter und seiner Produktion über Züchter, Mäster, Schlachterei bis in die Produktion, und der Clou: bis in den Handel. Tatsächlich ist das bei Verbrauchern nicht angekommen. Das zeigen zumindest einschlägige Befragungen.

Das hat verschiedene Gründe: Zum einen wirken die Siegel am besten, die für den Verbraucher ganz klar von einer unabhängigen, kritischen Institution verliehen werden. Die Stiftung Warentest genießt hier die größte Bekanntheit und Glaubwürdigkeit. Wer die Untersuchungsmethoden kennt, muss sagen: zu Recht. Ökotest dagegen testet ja nur in einem kleinen Spektrum der Kriterien – trotzdem ist sein Urteil für den Verbraucher in hohem Maße valide. Gewinner auf dem Markt der Siegel ist das Ökozeichen, das mit einem sehr großen Etat bekannt gemacht wurde, das aber auch von seinen Vorschusslorbeeren zehrt und auf einen echten Bedarf stieß. Ebenfalls gut abgeschnitten hat das CMA-Gütsiegel mit 76 Prozent (NVSII). Auch das ist mit einem großen Etat ausgestattet und macht ja auch nur ein relativ kleines Versprechen. Das ist für den Verbraucher plausibel und wird verstanden.

Der Ozean der übrigen Siegel dagegen ist kontraproduktiv und grenzt an babylonische Siegelverwirrung. Folge: Der Verbraucher macht zu und nimmt sie nicht wahr. Wie viele Etats mit diesen Einzelsiegeln und -garantien verbrannt wurden, ist schwer abzuschätzen. Einzelinteressen leiten hier viele Hersteller fehl. Doch gibt es eine Alternative?

Das Dilemma der Großen – die Chance der Kleinen

Die großen Gewinner der Vertrauenskrise sind die kleinen, regionalen Produzenten. Slow Food ist da nur die Spitze des Eisberges. Der Bauer von nebenan mit seinem Hofladen, der Gärtner mit seinem Stand auf dem Wochenmarkt, die Konfitüren-Manufaktur und die kleine Ölpresse erfreuen sich höchster Wertschätzung. Selbst wenn ihre Hygienestandards sich nicht mit denen eines Großbetriebes messen können. Brauchen sie ja auch nicht. Doch klar ist: Diese kleinen, feinen Betriebe können nicht die Bevölkerung flächendeckend versorgen. Sie sind eher für den Feinschmecker- und Luxusbedarf zuständig, denn diese Produktionsmethoden haben ihren Preis. Und die Großen? Sie haben Probleme, da mitzuhalten. Denn gerade die Konzerne, die von der Globalisierung profitieren, leiden auch unter ihr. Sie beziehen ihre Ware da, wo sie am besten und günstigsten zu haben ist. Womöglich vom anderen Ende der Welt.

Das ist für den Verbraucher nicht mehr nachzuvollziehen und auch für die Unternehmen selbst nur noch schwer zu kontrollieren. Die Verunreinigung mit genmanipuliertem Reis ist nur ein Beispiel für viele. Deshalb lassen die Unternehmen aus Gründen der Qualitätssicherung den Reis, der von Lieferanten aus dem Ausland stammt, freiwillig in neutralen Laboratorien überprüfen. Da es bei Lieferanten aus den USA immer wieder zu Verunreinigungen mit genmanipuliertem Reis kommt, wird auf diese verzichtet und weltweit auf andere Lieferanten gesetzt. Die Großen brauchen also noch mehr, noch gründlichere Kontrollen und müssen sich trotzdem an der Qualität der Kleinen messen lassen. Vor allem müssen sie diese Kontrollen kommunizieren. Wie McDonald's das im Moment versucht zu tun.

Wie viel Qualität ist möglich bei maximalen Gewinnerwartungen?

Ein weiteres Problem bei der Realisierung von Qualität und Sicherheit bei gleichzeitiger Preiswürdigkeit ist die steigende Gewinnerwartung. Der „shareholder value“ hat die Erwartungen in die Höhe getrieben. Wie viel Gewinn lässt sich mit Lebensmitteln machen? Ohne dass die Qualität leidet. Ohne dass dem Verbraucher das Fell über die Ohren gezogen wird? Ich bezweifle, dass diese Marge bei Grundnahrungsmitteln oder Lebensmitteln des täglichen Bedarfs zu erzielen ist. Nicht, wenn alle anderen Wünsche des Verbrauchers tatsächlich umgesetzt werden.

Brauchen wir neue Richtlinien?

Amerikanische Lebensmittelkonzerne haben strikte Guidelines, die für unsere europäischen Verhältnisse teilweise seltsam anmuten. Und schließlich gibt es Richtlinien genug. Die Basis sind die DACH-Referenzwerte für die Nährstoffzufuhr der DGE. Sie sind im Auftrag der Bundesregierung erstellt unter Berücksichtigung der herrschenden Studienlage und der Ernährungsgewohnheiten in diesem Land. Das spricht im Übrigen dagegen, die RDA – recommended daily allowances – aus den USA als Basis für die Nährstoffzufuhr zu nehmen, was Multis gerne tun. Und was zur Verwirrung beiträgt. Wir haben zusätzlich die Daten der NVS – daraus ergeben sich bestimmte Problempunkte im Ernährungsverhalten und -zustand der Bevölkerung, wie z. B. das Übergewicht.

Anfang September traten europaweit einheitliche Rückstandshöchstgehalte (Grenzwerte) für Pflanzenschutzmittel in Kraft. Richtlinien für Gemeinschaftsverpflegung im Bereich Schule, Kita, Senioren und Krankenhaus wurden oder werden gerade von der DGE im Auftrage des Ernährungsministeriums erarbeitet. Klar: im Bereich Massenverpflegung und -produktion wird man nicht ohne Richtlinie auskommen können. Sie werden also zunehmen. Doch Richtlinien allein reichen nicht. Sie müssen umgesetzt und kontrolliert werden. Und wenn sie nicht erfüllt werden, dann muss das zum Ausschluss bzw. ernsthaften Sanktionen führen. Davon sind wir aber weit entfernt. Die meisten Richtlinien bewegen sich im Bereich Selbstverpflichtung und sind entsprechend intransparent und wackelig.

Die Macht des Einzelnen/Internet

Doch so ohnmächtig wie zu früheren Zeiten ist der Verbraucher nicht mehr. Im Gegenteil: Web-Blogs und Foren, youtube und Testberichte können Anbietern das Gruseln lehren. Im Moment findet eine breite Demokratisierung der Verbraucherkommunikation statt – in Form einer Machtverteilung von oben nach unten. Es gibt keine Geheimnisse mehr – alles kommt ans Licht. Und zwar auch Verstöße gegen Fairness und Anstand, Fehlverhalten bei Reklamationen und Pannen. Natürlich gibt es auch richtige Hetzjagden, inszenierte Glaubwürdigkeit und gekaufte Testimonials. Doch das Internet ist wie eine Hydra – unmöglich zu beherrschen und zu manipulieren. Es ist wirkungsvoller als jede Richtlinie, unberechenbarer und detailversessen. Das ist die Herausforderung der Zukunft. Gut, wer sich darauf einstellt.

Mehr Einfluss für Verbraucherkommunikation und Ernährungsfachleute

In Unternehmen sind sie wenig respektiert und im Vergleich zum Marketing zahnlose Tiger, weil sie keinen Etat haben: die Verbraucherkommunikation, die Ernährungsfachleute und Kontroller. Doch wer in Zukunft im Internet keine unangenehmen Überraschungen erleben will, sollte dieses Verbindungsglied zu den Verbrauchern und zur Wissenschaft ernst nehmen und seine Möglichkeiten wirklich ausschöpfen. Denn Lebensmittel erfordern einen anderen Ethos als Glühbirnen. Es spielt eine Rolle, ob ich Fischstäbchen oder Streichhölzer verkaufe. Denn die Fischstäbchen verleiben sich die Käufer ein – es gibt nichts – außer Medikamente – das so die Sicherheitszone des Einzelnen überspringt. Die Firma Frosta hat das verstanden und arbeitet damit sehr erfolgreich. Auch die Unternehmen, die Säuglingsnahrung produzieren, nehmen ihre Kunden sehr ernst und wenden sich ihnen in eigenen Portalen zu. In Zukunft wird dort erfolgreich sein, wer sich authentisch präsentiert, wer die Verbraucher wirklich ernst nimmt und wer auch bereit ist, sein eigenes Produkt und sein eigenes Unternehmen selbstkritisch zu betrachten.

Fazit

Den Verbraucher schlechthin gibt es nicht. Es klaffen große Kompetenzunterschiede zwischen schlecht ausgebildeten, sozial Schwachen und gut ausgebildeten, teilweise kritischen Feinschmeckern. Deshalb sind auch Wünsche und Ansprüche verschieden. Dabei brauchen gerade die sozial Schwachen Unterstützung, weil sie ungleich stärker von ernährungsmitbe-

Der aid-Ernährungsführerschein macht Lebensmittelkunde lebendig.

dingten Krankheiten wie Adipositas, Diabetes, Metabolischem Syndrom betroffen sind und weil ihnen ein großer Teil der nötigen Kompetenz fehlt, sich entsprechend zu ernähren. Die Regierung stellt gerade auch für diese Gruppe den nationalen Aktionsplan auf – wer sonst sollte deren Interessen vertreten? Auf der Gegenseite gewinnt die kritische „Ess-Elite" Einfluss über Foren und Blogs.

Beide Gründe sprechen dafür, in Unternehmen sehr sorgsam die Verbraucherinteressen zu berücksichtigen. Ich plädiere für mehr Anstand, mehr Ehrlichkeit, mehr Verantwortungsbewusstsein.

Zusätzlich wünsche ich mir mehr gemeinschaftliche Aktivitäten der Ernährungsindustrie im Bereich Ernährungsbildung. Und zwar frei von Markeninteressen. Peb ist ein Anfang, aber verhältnismäßig mager ausgestattet. Hier müsste man klotzen, nicht kleckern und nicht wieder Materialien produzieren, sondern in Manpower investieren. So wie das in sehr bescheidenem Umfang mit den Fachfrauen für Kinderernährung in BW und Sachsen gemacht wird oder beim Ernährungsführerschein des aid. Auch Edeka Minden unternimmt Anstrengungen, Ernährungsaufklärung in seinen Filialen zu etablieren. Doch diese Initiativen haben es innerhalb der Unternehmen immer noch schwer. Es wird Zeit, sie besser auszustatten und zu würdigen. Denn unmündige, inkompetente Verbraucher schaden langfristig der Lebensmittelindustrie, weil ihnen die Wertschätzung von Lebensmitteln verloren geht.

Dagmar Freifrau von Cramm

ist eine der bekanntesten Food-Journalistinnen in Deutschland. Die studierte Ernährungswissenschaftlerin und gelernte Redakteurin hat seit über 20 Jahren ein eigenes Redaktionsbüro in Freiburg im Breisgau und publiziert zu den Themen Ernährung, Gesundheit, Familie und Gastlichkeit.

Ihre Bücher wurden inzwischen in mehr als zehn Sprachen übersetzt. Ihre Medienkompetenz belegen über 3 Mio. verkaufte Bücher und ihre regelmäßige Präsenz im Fernsehen.

Die gefragte Expertin und Ratgeberin ist zudem Mitglied im Wissenschaftlichen Präsidium der Deutschen Gesellschaft für Ernährung (DGE). Das Politik-Magazin „Cicero" setzte sie 2008 auf die Liste der 100 Vordenkerinnen Deutschlands.

II. Strategien und Perspektiven

Renate Kühlcke, *Chefredakteurin der afz – allgemeine fleischer zeitung, Frankfurt am Main*

Regeln, Prinzipien und Werte stecken den Kurs ab

Mit konsequenter Marktorientierung schärft die Fleischwirtschaft ihr Profil

„Auch das noch! Wird Grillen bald Luxus?“ So regte sich Deutschlands auflagenstärkste Tageszeitung auf, als sich in diesem Sommer erste Aufwärtsregungen bei der Entwicklung des Endverbraucherpreises für Schweinefleisch abzeichneten. Die Empörung zeigt nur zu eindringlich: Die Bedeutung des Preises als dominierendes Kaufkriterium nimmt nicht ab, ganz im Gegenteil: Verbraucher sind preissensibler denn je. Und nicht nur das: Sie waren noch nie so anspruchsvoll wie heute. Ängste vor Inflation und Einkommensverluste schüren diese Einstellung. Für die Unternehmen der Fleischwirtschaft, ganz gleich ob handwerklich oder industriell aufgestellt, ist es an der Zeit, diese Herausforderung als Chance zu verstehen und ihre Positionierung im Zusammenspiel mit dem Verbraucher gegebenenfalls neu auszurichten.

Der Verbraucher soll beim Lebensmittelkauf nicht allein auf den günstigsten Preis achten. Und Händler, die ihre Kunden mit Billigpreisen ködern, entziehen sich an anderer Stelle häufig ihrer sozialen Verantwortung. Für Schwarz-Weiß-Malerei bekannt, zeichnet der Chef der Gewerkschaft Nahrung-Genuss-Gaststätten (NGG), Franz-Josef Möllenberg, mit diesem Statement gleichwohl ein scharfes Bild des Dilemmas zwischen Verbraucheranspruch und -wirklichkeit, Händlermacht und -missbrauch. An den Lebensmittelhersteller und seine Verantwortung stellt die Gesellschaft als fundamentales Glied in der Wertschöpfungskette noch einmal höhere Anforderungen. In der öffentlichen, vor allem aber in der veröffentlichten Meinung steht die Fleischbranche hier unter besonderer Beobachtung.

„In der öffentlichen, vor allem aber in der veröffentlichten Meinung steht die Fleischbranche hier unter besonderer Beobachtung.“

Essen mit gutem Gewissen

Auch wenn es den deutschen Durchschnittsverbraucher nicht gibt, eine charakteristische Eigenschaft eint das Königreich der Kunden: Die tiefe Verunsicherung über Qualität und Unbedenklichkeit von Lebensmitteln, insbesondere von solchen tierischen Ursprungs, bedingt eine extreme, teils verzerrte Risikowahrnehmung.

Mit der Einstellung des Verbrauchers zur Wertigkeit von Lebensmitteln beschäftigen sich unzählige Studien. Ernährungsphysiologische Tiefenanalysen werden betrieben, ökologisch korrekte Überlebenspakete geschnürt und im Fernsehen wird gekocht, bis der Bildschirm qualmt. Die Nürnberger Meinungsforscher von der GfK haben ermittelt, dass etwa ein Drittel der Verbraucher in den alten EU-Ländern bereit ist, mehr für Lebensmittel zu bezahlen, wenn diese nach ethischen Kriterien produziert werden. „Essen mit gutem Gewissen“ beschreiben die Demoskopen diesen Anspruch, der geprägt ist von Werten wie Gesundheit, regionale Herkunft und Ökologie, Fairness zwischen Produzenten und Händlern sowie transparenten Produktionsprozessen. Menschen würden sich bei der Auswahl von Nahrungsmitteln immer mehr daran orientieren, ob diese ihrem persönlichen, körperlichen und seelischen Wohlbefinden zuträglich sind, so die Demoskopen. Sie leiten daraus den Schluss ab: Lebensmittel sind Waren, über deren Herkunft, Qualität, Zusammensetzung und Inhaltsstoffe sowie Herstellung die Verbraucher mehr wissen wollen als über andere Konsumgüter.

> ***„Lebensmittel sind Waren, über deren Herkunft, Qualität, Zusammensetzung und Inhaltsstoffe sowie Herstellung die Verbraucher mehr wissen wollen als über andere Konsumgüter.“***

Dass der Kunde Produkte von gemeinwohlorientierten Unternehmen bevorzugt, zeigt eine im Mai vergangenen Jahres von TNS Emnid durchgeführte Umfrage. Danach zählt in Deutschland beim Kauf von Alltagsprodukten nicht nur das Preis-Leistungs-Verhältnis und die gute Qualität. Für etwa 20 Prozent der Käufer ist mindestens einer der folgenden Punkte kaufentscheidend: faire Bedingungen gegenüber Mitarbeitern, faire Handelsbedingungen, soziales oder ökologisches Engagement von Unternehmen. Laut Umfrage würde jeder dritte Befragte das Produkt eines Herstellers mit besonderem Engagement einem preislich und hinsichtlich seiner Produkteigenschaften gleichwertigen Produkt vorziehen. Jeder Vierte nennt auf die Frage, wann er ein Unternehmen als besonders verantwortungsbewusst bezeichnen würde, Themen rund um die Arbeitsplatzsicherung. Auch Umweltschutz beziehungsweise Schadstoffreduzierung stehen ganz oben auf der Liste (22 Prozent). Neben der Zielsetzung spielt zudem die Art der Umsetzung eine Rolle: Überzeugend sind solche Ambitionen nur, wenn sie konsequent und nachprüfbar sind und dem eigenen Land zugutekommen.

Aktuell wächst – nach veröffentlichter Meinung – das Interesse an der CO_2-Bilanzierung von Lebensmitteln. Schlagworte wie Klimawandel und Ozonloch haben ihre Spuren hinterlassen. Im Mai 2007 sagten 70 Prozent der Verbraucher der Managementberatungsagentur Accenture, sie wollten wissen, wie viel Kohlendioxid für Produktion und Transport eines Produkts anfällt. Neun von zehn Verbrauchern wünschen sich mehr Produkte aus der Region, die keine langen Transportwege hinter sich haben (89 Prozent). Besonders ausgeprägt ist das Nachhaltigkeitsbewusstsein bei den über 60-Jährigen. 79 Prozent von ihnen würden eine Kennzeichnung begrüßen, die die CO_2-Bilanz eines Produkts transparent macht. Fast jeder der so genannten Best-Ager legt danach Wert auf Lebensmittel, die aus der Umgebung stammen (97 Prozent), und das Umweltimage des Händlers beeinflusst knapp 80 Prozent der Befragten in dieser Altersgrup-

> ***„Besonders ausgeprägt ist das Nachhaltigkeitsbewusstsein bei den über 60-Jährigen.“***

Eine klimaneutral produzierte und transportierte Bratwurst präsentierte die Ökoland GmbH Nord aus Wunstorf auf der BioFach 2008 in Nürnberg. Die Superwurst wird aus ökologisch erzeugtem Fleisch nach den Bioland-Richtlinien hergestellt und ist vom Bauernhof bis zur Ladentheke nach dem Stopp-Climate-Change-Standard zertifiziert. Unvermeidliche Treibhausgase bei Verarbeitung und Auslieferung gleicht das Unternehmen durch den Kauf von Klimazertifikaten aus.

pe. Weniger überraschend sind folgende Umfrageergebnisse: Frauen achten besonders auf Bio und Nachhaltigkeit. Die 14- bis 29-Jährigen setzen hingegen andere Prioritäten in ihrem Alltag. Sie gelten als „Nachhaltigkeitsmuffel mit Potenzial“. Eine Frage des Geldbeutels scheint die Einstellung zu Nachhaltigkeit jedenfalls nicht zu sein, so die Statistiker.

Fairtrade ist angesagt – in der Nische

Fairtrade ist angesagt und doch eine Nische. Produzenten und Handel sind natürlich bemüht, dem wachsenden ökologischen Konsumbewusstsein mit entsprechenden Produkten entgegenzukommen und aktiv zu handeln. Im europäischen Ausland haben Supermarktketten wie Walmart, Tesco, Carrefour und Marks & Spencer schon reagiert. Für Frankreich und Großbritannien wurden Systeme entwickelt, um die Umweltfreundlichkeit der gesamten Produktkette zu dokumentieren. Der „Carbon footprint“, also die CO_2-Bilanz für die Produkt- und Verpackungsherstellung, ist das bekannteste Beispiel. Auch Gesetzgeber zeigen inzwischen Initiativen: In den Niederlanden, Dänemark und Belgien sind gesonderte Steuern für erhöhte CO_2-Werte bei Verpackungen bereits umgesetzt beziehungsweise in der Diskussion. Auch der deutsche Lebensmittelhandel wird mittelfristig immer genauer überlegen, wo die ökologischen

working with the Carbon Trust
100g CO2

Stärken und Schwächen seines Sortiments liegen, und seine Lieferanten in die Pflicht nehmen. Strukturell bedingt könnte das Fleischer-Fachgeschäft hier eine gute Nasenlänge voraus sein, die Voraussetzungen sind gegeben.

> ***„Der deutsche Lebensmittelhandel wird mittelfristig immer genauer überlegen, wo die ökologischen Stärken und Schwächen seines Sortiments liegen, und seine Lieferanten in die Pflicht nehmen.“***

Abgesehen von der Gutmensch-Nische offenbart sich das reale Anspruchsdenken des Verbrauchers beim alltäglichen Einkauf: Die Franzosen lieben die Vielfalt, die Engländer den Service und die Deutschen den Preis. Kein Wunder also, dass beim deutschen Discounter die Kassen klingeln, während der Handel insgesamt einen teils dramatischen Umsatzeinbruch beklagt? Dass preisaggressiven Handelstypen im derzeitigen wirtschaftlichen Umfeld kaum etwas entgegenzusetzen ist, greift bei weitem zu kurz. Konzept- und Strategiearbeit wird zu oft vernachlässigt, stattdessen wird den Aldi-Preisen hinterhergelaufen. Schwer zu akzeptieren, aber belegbar ist: Die Gründe für den Erfolg der Discounter liegen tiefer, in einem positiven Image und der anerkannten Produktqualität. Dies belegt Aldi mit verlässlicher Regelmäßigkeit, indem seine Eigenmarken in vergleichenden Warentests seit zwanzig Jahren immer wieder gute oder sehr gute Beurteilungen erreichen. Außerdem hat Einkaufen bei Aldi für viele inzwischen Kultstatus, der marketingtechnisch geschickt unterstützt wird durch Fanclubs und Bücher wie „Aldidente“.

Erfolg ist langfristig gesehen sicher keine reine Preisfrage, sondern viel mehr das Ergebnis eines ausgeklügelten Marketings, das Qualität und Wettbewerbsfähigkeit geschickt auslotet, ohne auf den kurzfristigen Sog des Billigsten zu setzen. Bei der Suche nach dem richtigen Profil spielt der Mehrwert des jeweiligen Produkts – wie Herkunft, Qualität, Genuss und Geling-garantie – eine überragende Rolle. Ihn gilt es aber auch tagtäglich unter Beweis zu stellen, gegenüber dem Kunden zu kommunizieren und natürlich auch zu leben. An der professionell mit Fachkräften geführten Bedientheke in Handwerk und Handel gelingt die Kommunikation von Produktqualität und Service im Idealfall besser als am SB-Regal. Die stärkste Macht der Information geht immer noch vom gesprochenen Wort aus. Ob intelligente Etiketten in absehbarer Zeit annähernd Gleiches leisten können, bleibt abzuwarten.

> ***„Die stärkste Macht der Information geht immer noch vom gesprochenen Wort aus.“***

Der schmale Grat zwischen Aufrichtigkeit und Marketing-Gag

Bewusst sozial verantwortlich zu handeln, gehört für den Unternehmer der Fleischwirtschaft traditionell zum guten Ton. Nicht nur zu Weihnachten werden Spendengelder für den guten Zweck gesammelt, gesellschaftliche Projekte großzügig gefördert oder Stiftungen ins Leben gerufen. „Gerade Mittelständler praktizieren soziale und ökologische Verantwortung aus einem natürlichen Selbstverständnis als gute Unternehmensbürger", heißt es anerkennend im 2001 erschienenen Grünbuch der EU zur Corporate Social Responsibility (CSR). Hier ist CSR als ein Konzept definiert, „das den Unternehmen als Grundlage dient, auf freiwilliger Basis soziale und umweltrelevante Belange in ihr Handeln und in die Wechselbeziehungen mit den Betroffenen zu integrieren".

Gutes zu tun, darüber zu reden und davon zu profitieren ist legitim sowie ein probates Mittel der Unternehmenspolitik – aber auch ein schmaler Grat zwischen Aufrichtigkeit und Marketing-Gag. Das soziale Engagement von Unternehmerpersönlichkeiten ist bis ins 19. Jahrhundert zurück verfolgbar, als Werner Siemens sich Gedanken um das Schicksal seiner Arbeiter machte, die Pensions-, Witwen- und Waisenkasse gründete und den Neun-Stun-

Soziale Verantwortung beginnt am Arbeitsplatz.

den-Arbeitstag einführte. Relativ jung hingegen ist der strategische Aspekt in der Diskussion um die Unternehmensverantwortung für die Umwelt. Gerade in Zeiten gesättigter Märkte entdecken Firmen und Verbraucher solches Engagement als neues Differenzierungsmerkmal.

Handeln Unternehmen von heute sozial und ökologisch korrekt? Gehen sie fair mit ihren Mitarbeitern um? Investieren sie in Aus- und Weiterbildung? Das sind die Fragen, die die Vertreter der Verbraucherinteressen immer öfter in das Zentrum ihrer Aufklärungsarbeit stellen, um dem (noch) mangelnden Bewusstsein der Deutschen für nachhaltig produzierte Waren auf die Sprünge zu helfen. So berücksichtigt auch die Stiftung Warentest seit einigen Jahren Fragestellungen zur gesellschaftlichen Unternehmensverantwortung in ihrem Prüfkriterienkatalog. 2007 wurden erstmals Kochschinken beziehungsweise deren Hersteller CSR-getestet. Untersucht wurden dabei gleich 29 Kriterien zur Verantwortung für Soziales und Umwelt. Fazit: Alle untersuchten Kochschinkenproduzenten halten die gesetzlichen Vorgaben ein, tun aber – bis auf wenige Ausnahmen – auch nicht mehr. Bemängelt wird die fehlende Rückverfolgbarkeit bis zum Ferkel und die begrenzte Verantwortung für andere Beteiligte in der Produktionskette. Die Bio-Produzenten punkten in der CSR-Bewertung durch ihre Einflussnahme auf die gesamte Kette bis hin zur tiergerechten Haltung. Sie können die Warentester von ihrem Engagement gegenüber Tier und Umwelt überzeugen. Konventionellen Produzenten hingegen wird unterstellt, ihnen sei es oft egal, woher die Schweine kämen. Hauptsache das verarbeitete Fleisch sei billig.

Leitbild schärft Image und Selbstsicherheit

Keine Frage, neben Hygiene- und Umwelt-Leitlinien werden sich die in der Fleischwirtschaft tätigen Manager mit entsprechenden Selbstverpflichtungen zur Unternehmensverantwortung auseinandersetzen, diese niederschreiben und leben müssen. Auch wenn die Stiftung Warentest mit ihrem CSR-Anspruch einen anderen Eindruck erweckt, zurzeit gibt es weder für die Berichterstattung noch für die Überprüfbarkeit der Aussagen einheitliche Standards. Erst mit der internationalen Norm ISO 26000 wird ein Leitfaden zur Verfügung stehen. Er soll helfen, innerhalb der gesamten Zulieferkette nachzuweisen, dass auf allen Stufen sozial verantwortlich gehandelt wird. Die damit mögliche belastbare Überprüfung bringt ein wichtiges Stück Glaubwürdigkeit, die das Prüfkriterium CSR zu einer tragenden Säule der Imagepolitik eines Unternehmens wachsen lassen kann.

Wer weiß, wo er steht, weiß eher, wo er hin will – diesem einfachen Leitsatz folgt eine professionelle Standortbestimmung grundsätzlich. Ein

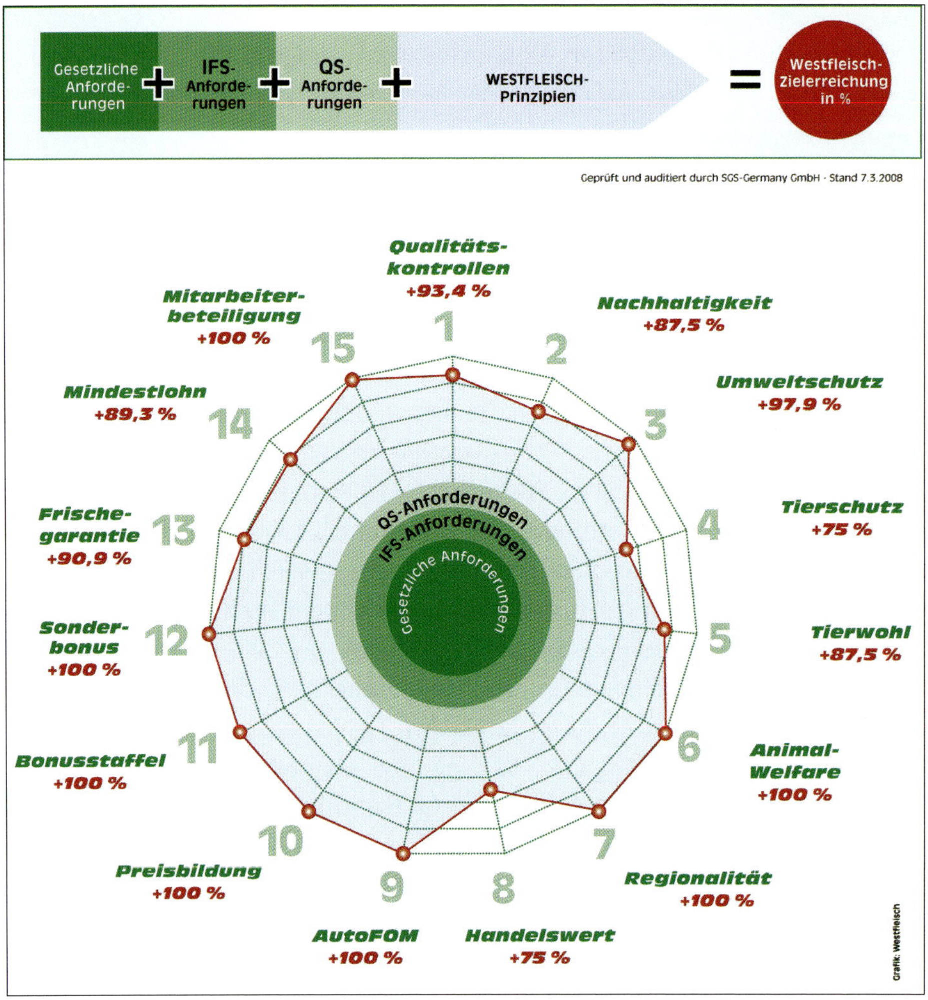

Westfleisch: Nachhaltigkeit als zentraler Bestandteil des Unternehmensleitbildes.

genossenschaftlicher Fleischverarbeiter hat sich vor einem Jahr dieser Aufgabe gestellt und die Themen Nachhaltigkeit, ökologische und soziale Verantwortung in sein Unternehmensleitbild integriert, das bis dahin fokussiert war auf die Claims Transparenz, Herkunftssicherheit und Rückverfolgbarkeit.

Eindeutige inhaltliche Signale setzt auch das noch junge Branchenleitbild des deutschen Fleischerhandwerks, deren Umsetzung an der Basis derzeit vorangetrieben wird. „Selbstbewusst und stolz stehen die Fleischer, Metzger und Schlachter in ganz Deutschland hinter ihren mit meisterlicher Fertigkeit und Sachverstand hergestellten Produkten", heißt es in der Präambel. Dass das Profil des Fleischerhandwerks in Öffentlichkeit und Politik längst nicht immer als markantes Unterscheidungsmerkmal wahrgenommen wird, hat den Deutschen Fleischer-Verband auf den Plan gerufen, um klare Akzente zur Stärkung der Selbstsicherheit seiner Mitgliedsbetriebe zu setzen. In Zeiten, in denen schnell eine ganze Branche unter Generalverdacht geraten kann, gilt es, das Imageprofil deutlich zu schärfen. In den Innungsbetrieben vor Ort wird der Leitbild-Gedanke nun in den kommenden Jahren Fuß fassen müssen. Ideal verknüpfen lässt sich dieses Grundgesetz des Fleischerhandwerks mit der schon in weiten Teilen gelebten „f"-Marken-Philosophie. Bundesweit haben die 5500 „f"-Marken-Betriebe ihren Mitbewerbern die eindeutige Positionierung ihres Produktions- und Verkaufsbereichs als Fleischer-Fachgeschäft voraus. Seit einigen Jahren steht die „f"-Marke für Exklusivität. Sie genießt patentrechtlichen Schutz und darf nur von jenen verwendet werden, die dazu berechtigt sind.

> ***„Dass das Profil des Fleischerhandwerks in Öffentlichkeit und Politik längst nicht immer als markantes Unterscheidungsmerkmal wahrgenommen wird, hat den Deutschen Fleischer-Verband auf den Plan gerufen, um klare Akzente zur Stärkung der Selbstsicherheit seiner Mitgliedsbetriebe zu setzen."***

Das sind fleischerhandwerkliche Betriebe, die einer Innung angehören, die wiederum einer Landesinnung angeschlossen ist. Die Unternehmer müssen einen Lizenzvertrag unterzeichnen, der die Kriterien beschreibt und außerdem vor Missbrauch schützt. Es steht dem Handwerk gut zu Gesicht, dass dieses äußere „f"-Zeichen mit dem 2007 vorgestellten Leitbild seine innere, emotionale Prägung bekommt – ein Profil, das seine unverwechselbaren Konturen durch die Kooperation mit der Landwirtschaft, das meisterliche Können, die Kommunikation mit dem Kunden im Verkauf und die Verantwortung für die Region erhält. Der unmittelbare Kontakt zum Kunden ist und bleibt die zentrale Stärke der Fleischer-Fachgeschäfte.

Ein scharfes Profil setzt auch eine klare Positionierung im politischen Raum voraus. Hier sind letztlich die zahlreichen Fachverbände der Branche gefordert, mit einer Stimme auf sich und die Belange der Branche aufmerksam zu machen. Die wirtschaftlichen Rahmenbedingungen machen den regional arbeitenden Familienbetrieben das Leben schließlich ebenso schwer wie den global agierenden Unternehmen der Fleischwirtschaft. Wenn auch industrielle und handwerkliche Fleischwarenhersteller natürliche Wettbewerber sind, aus der grundsätzlichen Interessengleichheit heraus wandelt sich gar nicht selten eine Konkurrenzsituation in eine Kooperation.

> ***„Wenn auch industrielle und handwerkliche Fleischwarenhersteller natürliche Wettbewerber sind, aus der grundsätzlichen Interessengleichheit heraus wandelt sich gar nicht selten eine Konkurrenzsituation in eine Kooperation.“***

Dass solches Agieren beiden Seiten zugutekommen kann, dafür steht das Beispiel Thüringen, wo ein Industriebetrieb sich frühzeitig EU-weit die Namensrechte für Thüringer Spezialitäten sicherte, diese aber auch den Fleischerhandwerksbetrieben im Land zugänglich macht.

Hinter jedem Namen steht ein Versprechen

Jeder Firmen- und Produktname ist ein Versprechen und Bestandteil der Unternehmensverfassung; ein Ehrenwort, das jeden Tag aufs Neue gegeben werden muss. Eine Verbindlichkeit, die nur mittels langjähriger Qualitätspflege im Bewusstsein etabliert und nur zu schnell durch das geringste Fehlverhalten verspielt werden kann. Eine konsequent daran ausgerichtete Marktorientierung verlangt nach Regeln, Prinzipien und Werten. Sie erst machen eine entsprechende Positionierung im Wettbewerbsumfeld überzeugend. Die Fleischbranche mit ihren weitgehend familiengeführten Betrieben steht hier speziell unter öffentlicher Beobachtung. Es ist an ihr, offen den Markt zu analysieren und Angebotslücken ehrenhaft zu schließen. Die kritische Auseinandersetzung mit Zielgruppen und deren Neudefinition ist angesagt. Um anders zu sein als andere, ist gegebenenfalls eine außergewöhnliche Spezialisierung der Produktpalette der richtige Weg in einem immer enger werdenden Markt. Nur auf Produktqualität und auditierte Lebensmittelsicherheit zu setzen, bedeutet austauschbar zu sein. Schließlich ist Qualität heute etwas Selbstverständliches. Die wertorientierte Führungskultur mit ihrer ethischen und sozialen Verantwortung gegenüber Mitarbeitern und Gesellschaft macht letztendlich den Unterschied. Es zahlt sich demnach sehr wohl aus, wenn um der Moral willen sogar auf Geld verzichtet wird.

Die emotionale Qualität ist der Schlüssel

Tierschutz, Umwelt- und Sozialstandards werden die Fleischwirtschaft in absehbarer Zeit verstärkt beschäftigen. Verbraucher legen nicht mehr nur Wert auf Frische, Qualität und Sicherheit von Fleisch und Wurst. Vielmehr werden sie künftig den Produktionsbedingungen verstärkt Augenmerk schenken und Aspekte des Tierschutzes, der Gentechnik, der Umwelt und der Sozialstandards mit in ihre Kaufentscheidung einfließen lassen. Die

Chance für die Fleischwirtschaft: Die emotionale Qualität kommunizieren.

Wertschätzung für das Produkt Fleisch zu steigern und damit auch die Chance, eine höhere Wertschöpfung innerhalb des Produktionsprozesses realisieren zu können, hängt unmittelbar mit diesen Fragen zusammen. Die Fleischbranche ist gefordert, bezüglich dieser Fragen geschlossen Qualitätssignale zu senden und wertorientiertes Denken voranzutreiben. Die landwirtschaftliche Vorstufe steht da nicht weniger in der Pflicht. Innerhalb der Wertschöpfungskette Fleisch muss es gelingen, gemeinsame Zielgrößen für die Nachhaltigkeit zu erarbeiten, ohne die Kostensituation aus dem Auge zu verlieren. Letztlich kann ja nur die Verbesserung der Wertschätzung von Fleisch und Wurst zielführend sein.

Dass der Kommunikationsaufwand zwischen den Stufen und bis zum Verbraucher nicht nur zunimmt, sondern auch mehr Selbstbewusstsein verlangt, zeichnet sich ab. Allerdings ist der Verbraucher ebenso gefordert, bei seinen Einkäufen über die Preiswürdigkeit hinaus zu bedenken, unter welchen Bedingungen Fleisch und Wurst hergestellt werden. Produkte mit emotionaler Qualität, also Waren, die eine Geschichte erzählen, sind bestens geeignet, Verbraucherbedürfnisse zu befriedigen, und bescheren einer Branche wichtige Sympathiepunkte. Transparenz, Offenheit und Ehrlichkeit gilt es zu leben und zu kommunizieren. Da darf es nicht schrecken, wenn eine alle Dimensionen und Auswirkungen der Lebensmittelproduktion berücksichtigende Kennzeichnung gefordert wird. Naturnahe Produktionsweise, artgerechte Tierhaltung, Fairness zwischen Produzenten und Konsumenten und die Verantwortung für zukünftige Generationen ist schließlich in der Fleischwirtschaft längst Praxis. Es muss gelingen, die Verbraucher mit ins Boot zu nehmen.

> ***„Innerhalb der Wertschöpfungskette Fleisch muss es gelingen, gemeinsame Zielgrößen für die Nachhaltigkeit zu erarbeiten, ohne die Kostensituation aus dem Auge zu verlieren."***

Allen Marketingstrategien zum Trotz, kann es in Zukunft nicht darum gehen, simple Absatzwerbung für Fleisch und Wurst zu betreiben. Vielmehr gilt es, für diese sensible Produktgruppe positive Emotionen und ehrliches Interesse zu wecken. Ein erster Schritt wäre, wenn der Handel auf seine Schweinebauchanzeigen verzichtet. Schließlich ist der Preis das einfältigste Marketinginstrument mit der kürzesten Reaktionszeit. Diese Phase, die ein Mitbewerber zur Nachahmung einer Niedrigpreisstrategie braucht, lässt sich intelligent verlängern, um nachhaltig Werte zu schaffen. Die Fleischwirtschaft gehorcht samt und sonders Regeln, Prinzipien und Werten und folgt dabei den Signalen ihrer Kunden, um diese möglichst optimal zu bedienen. Der zukünftige Kurs ist damit abgesteckt.

Renate Kühlcke

ist seit Juli 2006 redaktionell Gesamtverantwortliche der fleischwirtschaftlichen Fachmedien in der Verlagsgruppe Deutscher Fachverlag in Frankfurt am Main.

In ihrem Verantwortungsbereich erscheinen die Titel afz – allgemeine fleischer zeitung, Fleischwirtschaft, Fleischwirtschaft International und FBG Forum sowie das deutsch- und englischsprachige Online-Angebot www.fleischwirtschaft.de. Zeitgleich übernahm die Oecotrophologin die Chefredaktion der afz, der Wochenzeitung für Einkäufer und Entscheider aus Fleischerhandwerk, Fleisch- und Fleischwarenindustrie sowie Lebensmittelhandel.

Nach dem Studium der Ernährungswissenschaften in Gießen begann Renate Kühlcke 1982 ihr Volontariat in der afz-Redaktion, wurde 1991 stellvertretende afz-Chefredakteurin und stieg 1999 bis Juni 2006 zusätzlich zu ihren damaligen Aufgaben in die Chefredaktion der Monatstitel Fleischwirtschaft und Fleischwirtschaft International ein.

Prof. Dr. habil. Gerold Rahmann und Dr. Rainer Oppermann,
Johann Heinrich von Thünen-Institut (vTI), Institut für Ökologischen Landbau, Westerau

Öko-Lebensmittel – Wo geht es hin?

Die Nische verlassen und die Unschuld verloren

Wie die gesamte Lebensmittelwirtschaft, so steht auch die Welt der ökologischen Landwirtschaft vor vielen Herausforderungen. Dieses sind die Sicherstellung der Ernährung einer immer noch zunehmenden Weltbevölkerung, die Gesundheit der Menschen, der Klimawandel, die Erhaltung genetischer Ressourcen, die Globalisierung, die Verstädterung und damit veränderte Werte und Normen (Tierschutz) sowie eine „Ent-Biologisierung der Gesellschaft“ und nicht zuletzt die Erhaltung attraktiver vielfältiger Landschaften und die Bewahrung ländlicher und besonders agri-kultureller Traditionen.

Im Kontext dieser Problemvielfalt mutet die ökologische Lebensmittelproduktion unangemessen an. Sie scheint ein Luxus exklusiver Gesellschafts- bzw. Personengruppen – insbesondere der westlichen Welt – zu sein. Trotzdem kann und will sich der ökologische Landbau dieser Verantwortung und damit der Diskussion nicht entziehen.

Wo steht der Ökolandbau?

Die Produktion

In über 100 Ländern der Erde wurde 2007 auf mehr als 32 Mio. ha zertifizierter Öko-Landbau betrieben (Willer & Yussefi 2008). Auf rund 40 Mrd. US-Dollar wird der weltweite Handel mit Bio-Produkten für das Jahr 2007 beziffert (www.organicmonitor.com), bei jährlichen Steigerungsraten von mehr als zehn Prozent.

In Deutschland wurden Ende 2007 5,1 Prozent (865.336 ha) der gesamten landwirtschaftlichen Nutzfläche von fünf Prozent (18.703 Betriebe) aller landwirtschaftlichen Betriebe ökologisch bewirtschaftet (BLE 2008). Damit

Abbildung 1:

Ökologisch bewirtschaftete Fläche in Deutschland

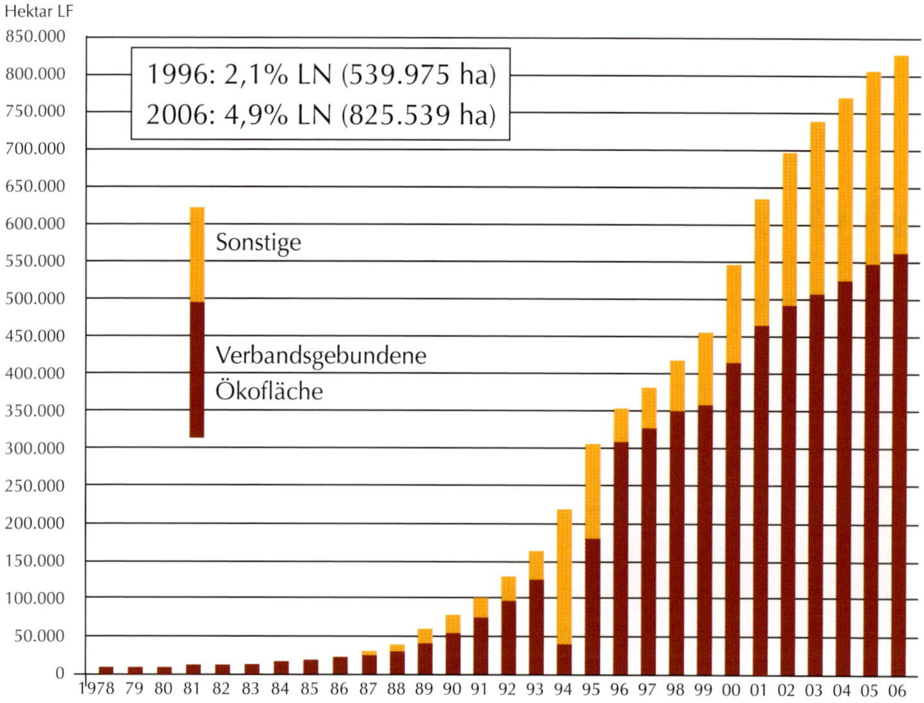

Quelle: Bundesanstalt für Landwirtschaft und Ernährung (BLE), Statistisches Bundesamt, Bund ökologische Lebensmittelwirtschaft (BÖLW)

befindet sich Deutschland im europäischen Mittelfeld (Abbildung 1). Der Marktanteil bei Lebensmitteln lag Ende 2007 bei rund drei Prozent (5,3 Mrd. Euro) (ZMP 2008). Über 48.000 Lebensmittel von über 2.700 Unternehmen tragen das Biosiegel (www.biosiegel.de), das die ökologische Produktion nach 2092/91/EWG garantiert. Insgesamt sind 26.820 Unternehmen (Erzeuger, Verarbeiter, Importeure und Händler) bei der Bundesanstalt für Landwirtschaft und Ernährung (BLE) für den Ökolandbau zertifiziert. Rund 50 Prozent der „Rohstoffe" aller in Deutschland verkauften Bioprodukte stammen aus dem Ausland. Deutschland exportiert verarbeitete Biolebensmittel und ist nach den USA der wichtigste Biomarkt (Willer & Yussefi 2008).

Auch wenn der ökologische Landbau nicht alle Probleme der Welt lösen kann, so ist er jedoch in der Lage, einen wichtigen Beitrag zu leisten. In Low-input-Systemen insbesondere in ärmeren Gebieten der Erde kann er Produktionssteigerungen erreichen und Mehrwerte schöpfen (FAO 2007). Er erhält die Biodiversität und sichert hohe Lebensmittelqualität, besonders in Gesellschaften mit wenig ausgeprägten Kenntnissen im Einsatz von Pestiziden, Tierarzneimitteln und Kunstdüngern.

Abbildung 2:

Ökologisch bewirtschaftete Fläche und Anzahl Betriebe 1978–2006

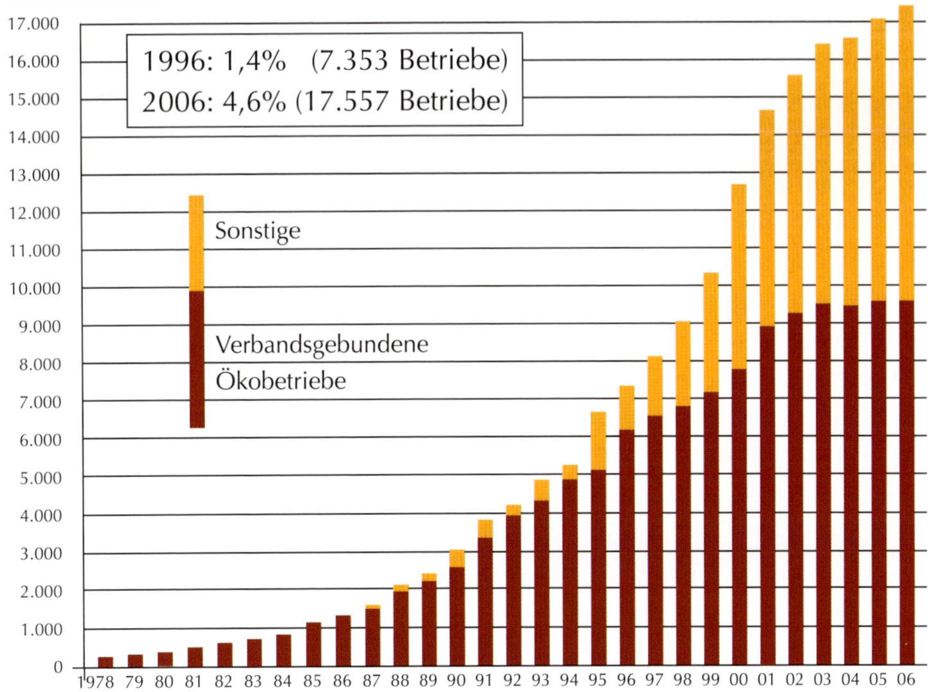

Quelle: Bundesanstalt für Landwirtschaft und Ernährung (BLE), Statistisches Bundesamt, Bund ökologische Lebensmittelwirtschaft (BÖLW)

Abbildung 3:

Wirtschaftliche Situation des Ökolandbaus: Gewinn pro AK

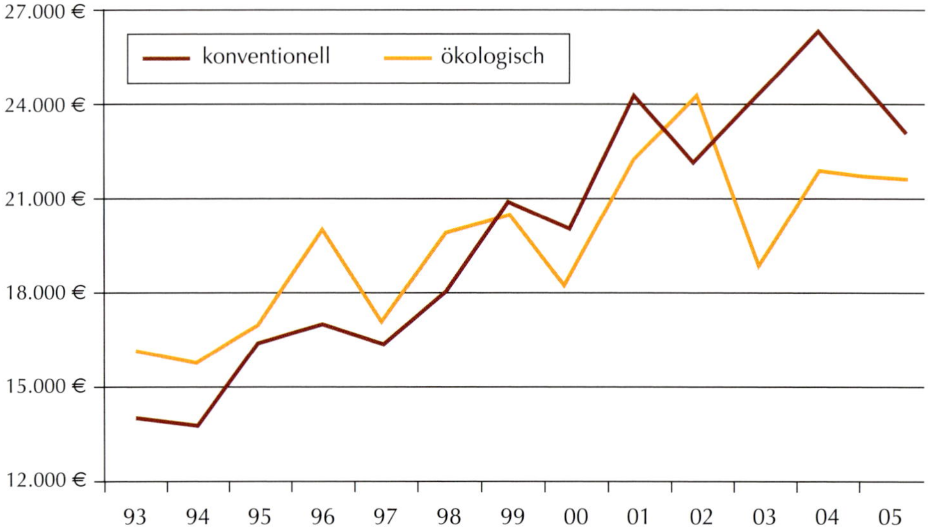

Quelle: Offermann und Nieberg 2004, ab WJ 04/05 nach BMELV Jahresberichten

In den entwickelten Ländern wie Deutschland kämpft der Ökolandbau jedoch um seine Rolle. Wurde sie mit der EU-Verordnung 2092/91 als Lösung für die Überproduktion der konventionellen Agrarproduktion (dafür die Subventionierung des Ökolandbaus), die Erhaltung und schonende Nutzung biotischer und abiotischer Ressourcen (Ökolandbau in Wasser- und Naturschutzgebieten), den Tierschutz sowie die Pflege von Landschaft sowie Aufrechterhaltung von Traditionen (ländliche Entwicklung mit dem Image von Biolandwirtschaft) angesehen, so fehlt heute vielfach diese Berechtigung.

Heute hat der ökologische Landbau sein Image als Hort für „Spinner" und „Aussteiger", aber auch seine Unschuld verloren. Die ökologische Lebensmittelproduktion wird heutzutage durch gesetzliche Standards bzw. Richtlinien klar definiert. Für Deutschland gelten die Regeln der EU-Verordnung 2092/91 und ab 2009 die Verordnung 834/2007/EG. Auch die Anbauverbände haben diese fast identisch übernommen.

Der ökologische Landbau hat sich in den vergangenen Jahren aus seiner ursprünglichen wirtschaftlichen und soziokulturellen Randständigkeit befreit. Er hat dies getan, ohne seine „Seele" – sprich: seine zentralen Leistungsbotschaften – zu verkaufen. Der ökologische Landbau musste zwar danach streben, ein normaler Wirtschaftszweig zu sein, d. h., er musste sich zu einem Wirtschaftszweig entwickeln, der unter normalen Marktbedin-

Tabelle 1:

Prozessqualität im ökologischen Landbau verglichen mit konventioneller Produktion

Bereich	Prozessqualität im ökologischen Landbau
Boden	• Höherer Humusgehalt, bessere physikalische Stabilität und besseres Wasserrückhaltevermögen, d. h. geringeres Risiko für Erosion • Höhere biologische Aktivität, mehr Biomasse, rascheres Recycling von Nährstoffen, bessere Bodenstruktur • Höhere Mykorrhizierung
Wasser	• Kein Risiko von Pflanzenschutzmittelausträgen in Grund- und Oberflächenwasser • Wesentlich tiefere Auswaschraten für Nitrat
Luft	• Treibhausgase sind reduziert, weniger reaktive organische Substanzen von Pflanzenschutzmittelanwendungen • Tendenziell eine höhere CO_2-Rückbindung in den Boden
Energie	• Deutlich geringerer Verbrauch an Gesamtenergie pro Fläche • Energienutzungseffizienz (Energie pro Menge) hoch, mit Ausnahme weniger Kulturen höher als konventionell
Biodiversität	• Landwirtschaftliche genetische Ressourcen, inkl. Insekten und Mikroorganismen, sind höher • Wildflora und -fauna sind diverser und häufiger
Landschaft	• Ökolandbau-System tragen zu einer diversifizierten Landschaft bei • Ökologische Flächen vernetzen besser naturnahe Biotope

gungen erfolgreich ist, d. h. unter Marktbedingungen, die nicht durch Nischenstrukturen und stark weltanschaulich motivierte Verbrauchergruppen geprägt sind.

Diese Entwicklung basiert auf dem Verbrauchervertrauen und den im Marketing postulierten Prozess- und Produktqualitäten. Das bisher beste Kontrollsystem über die Art und Weise der Lebensmittelproduktion in der gesamten Verfahrenskette schafft Vertrauen (auch wenn es den Nitrofen-Skandal von 2002 oder „Schummelware“[1] nicht verhindern konnte und auch nicht kann). Verschiedenste Untersuchungen aus den 90er Jahren haben die hohen Qualitäten im Vergleich zum konventionellen Landbau herausgefunden, die in einer Literaturstudie der Bundesforschungsanstalten in 2003 zusammenfassend bewertet wurden (Tabelle 1).

Die fast ausschließlich hohen Qualitätsbewertungen aus den 90er Jahren sind durch die vielfältigen Studien des Bundesprogramms Ökologischer Landbau (www.bundesprogramm-oekolandbau.de) seit 2002 relativiert worden.

[1] Immer wieder kommt es zu Fällen, bei denen festgestellt wurde, dass konventionelle Ware umdeklariert wurde und in den Handel gelangt ist. Die meisten Fälle sind durch das Kontrollsystem des ökologischen Landbaus selbst aufgedeckt worden.

Es gibt eine große Überlappung zwischen den Strukturen und Leistungen (Qualitäten) des ökologischen und konventionellen Landbaus. Es gibt gute und schlechte Beispiele auf beiden Seiten. Hier soll aber nicht verschwiegen werden, dass – neben den hervorragenden Leistungen und vorbildlichen Betrieben – auch eine Reihe von Defiziten im ökologischen Landbau erkennbar geworden sind:

- Es werden mineralische Düngemittel (z. B. Roh-Phosphat) aus fossilen Lagern ausgebeutet.
- Kupfer ist weiterhin ein wichtiges Gift zur Krankheitskontrolle im ökologischen Hopfen-, Wein-, Obst- und Kartoffelbau. Dieser belastet die Böden.
- Torf wird in der Gemüse-/Setzlingsproduktion und Fischmehl in der Tierernährung eingesetzt.
- Es gibt Produktionszweige im ökologischen Landbau, die klimaschädlicher sind als vergleichbare konventionelle Systeme.
- Der reine Marktfruchtanbau nimmt zu und der Leguminosenanbau ab.
- Das geschlossene Kreislaufsystem wird immer seltener praktiziert.
- Das Enthornen von Rindern und die Kastration von Ferkeln sind üblich.
- Es werden Hybriden in der Geflügelhaltung eingesetzt. Federpicken und Kannibalismus bei Legehennen sind bislang nicht gelöst. Männliche Küken aus Legehennenbeständen werden weiterhin getötet statt gemästet.
- Die Lebensleistung von Milchkühen und der Tierarzneimitteleinsatz sind nicht geringer als in der konventionellen Tierhaltung. Die Anbindehaltung ist in Kleinbeständen (< 35 GV) über 2011 hinaus erlaubt.
- Weidehaltung von Kühen ist keine Pflicht.
- Menschenverwertbares Getreide ist weiterhin Grundlage der Milchproduktion.
- In der Geflügel- und Schweinehaltung ist weiterhin konventionelles Futter in bestimmten Anteilen zugelassen (bis 2011).
- Für „EU-Betriebe" gibt es keine Vorgaben über die Herkunft der Ökofuttermittel, Bioland und Demeter schreiben wenigsten 50 Prozent betriebseigenes Futter vor.
- Viele Biolebensmittel müssen vernichtet werden, weil sie den Handelsklassen bzw. Normen nicht entsprechen oder nicht verkauft werden können. Sie dürften häufig nicht einmal innerbetrieblich verwendet werden.
- Die Globalisierung der Ökolebensmittelproduktion ist überall erkenn-

bar. Während die Hauptkonsumgebiete (Europa, Japan, USA) viele Ökolebensmittel importieren (Deutschland rund 50 Prozent, so versuchen andere Gebiete, diese Produkte zu liefern (Osteuropa, Ozeanien, Asien (China), Afrika und Südamerika).

- Regionale oder lokale Produktions- und Konsumptionssysteme verlieren an Bedeutung.
- Es gibt keine vergleichbaren Produktionssteigerungen pro Flächeneinheit bzw. Nutztierart wie in der konventionellen Landwirtschaft.

Diese Liste könnte noch weitergeführt werden. Sie reicht aber aus, um das Problem zu skizzieren und Forschungs- und Entwicklungsbedarf aufzuzeigen.

Der Markt

Für die Bewertung der gegenwärtigen Entwicklungen im Ökosektor lohnt sich ein realistischer Blick auf den Verbraucher und seine Bedürfnisse. Es gibt im Okolandbau Selbstzweifel, die aus einer ungenügenden Beschäftigung mit dem resultiert, was wir über den Konsumenten und sein Verhalten wissen. Dabei greifen Überschätzungen des Konsumenten und Unterschätzungen sehr oft ineinander.

Der Konsum von Biolebensmitteln ist Mainstream und unabhängig vom ideologischen Ballast geworden. Biolebensmittel sind praktisch überall zu haben – sogar an vielen Tankstellen. Große Supermarktketten und selbst Discounter sind in den Markt eingestiegen (Aldi ist gegenwärtig der größte Bio-Kartoffel-Verkäufer). Bio im Regal gilt als Muss im LEH, und Bio essen gilt vielen Menschen als schick. Heute gibt es fast alles in „Bio-Qualität“, zu jeder Zeit, an jedem Ort: Bio-Erdbeeren im Dezember, Bio-Convenience-Produkte in der Tiefkühltruhe. Es gibt für fast jedes konventionelle Produkt ein vergleichbares ökologisches Produkt. So bleiben praktisch keine Konsumentenwünsche offen.

Überschätzt wird in vielen Analysen und Betrachtungen die Bedeutung des Bio-Konsums für die breite Masse der Konsumenten. Die Lesart der Entwicklung der letzten Jahre, die besagt, dass Bio-Produkte aus der Nische herausgetreten sind, ist irreführend, denn sie trifft laut Zahlen einer GfK-Untersuchung, die auf real gemessenen Einkaufsdaten von Verbrauchern beruht, auf rund 60 Prozent der Haus-

„Überschätzt wird in vielen Analysen und Betrachtungen die Bedeutung des Bio-Konsums für die breite Masse der Konsumenten.“

halte in Deutschland nicht zu. Für diese 60 Prozent gilt, dass weniger als 2,5 Prozent der Ausgaben für Lebensmittel im Bio-Bereich getätigt werden. Bei 42 Prozent der Haushalte sind es sogar weniger als 0,5 Prozent oder in absoluten Größenordnungen nur 15,- Euro pro Haushalt und Jahr (vgl. Biohandel, Mai 2007, S. 38).[2]

Dabei muss noch berücksichtig werden, dass für die zitierten 42 Prozent, die als Nicht- oder Zufallskäufer bezeichnet werden, der Zufall tatsächlich eine sehr große Rolle spielt, denn dass bei dieser Gruppe überhaupt eine Form von Bio-Konsum zu registrieren ist, liegt zu einem erheblichen Teil an der Dominanz von Bio-Produkten im Bereich Babynahrung.[3] Weil die Käufer von Babynahrung in großen Teilen des LEH praktisch nicht an Bio-Produkten vorbeikommen, finden sich auch in der Gruppe der Nicht-Käufer Bio-Konsumenten.

Auf der anderen Seite zeigt die GfK-Untersuchung, dass eine dritte Gruppe, die als Gruppe der Häufig-Käufer bezeichnet wird, 2,5 bis 6 Prozent ihrer Ausgaben für Lebensmittel im Bio-Bereich tätigte. Dieses waren absolut gesehen 93,- Euro pro Haushalt und Jahr. Rund 16 Prozent des gesamten Bio-Umsatzes entfielen auf diese Gruppe (vgl. Biohandel, Juli 2007, S. 14).

Völlig anders stellt sich die Situation bei der so genannten Kerngruppe dar. Hier sind Konsumenten zusammengefasst, die über sechs Prozent ihrer Ausgaben für Nahrungsmittel im Bio-Bereich ausgaben. Die Kerngruppe lässt sich mühelos als die eigentliche Trägergruppe des Bio-Konsums identifizieren (vgl. ebenda). Dieses Attribut kommt ihr gleich in mehrfacher Hinsicht zu. Zunächst steht der Bio-Konsum dieser Gruppe für einen Anteil von 56 Prozent am Gesamtkonsum an Bio-Nahrungsmitteln (2005). Doch zu dieser Gruppe zählen nur neun Prozent der befragten Haushalte (vgl. ebenda). 392,- Euro von 2.202,- Euro Gesamtausgaben für Lebensmittel wurden für Bioprodukte ausgegeben. Dieses entspricht einem durchschnittlichen Anteil von 18 Prozent. Diese Ausgaben verteilen sich auf 71 Einzeleinkäufe im Jahr. Bei jedem Einkauf werden Bio-Waren in Höhe von durchschnittlich 5,55 Euro eingekauft (vgl. Biohandel, Mai 2007, S. 18). Die Zahlen zeigen, dass Bio-Produkte sich im Konsumalltag und im Lebensstil dieser

[2] Die zitierten Zahlen stammen aus einer Untersuchung der GfK und beziehen sich auf Daten aus dem Jahr 2006. Neuere Daten liegen in der Öffentlichkeit nicht vor. An der getroffenen Aussage würde sich jedoch nichts ändern, wenn bei den zitierten 42 % der Konsumenten seitdem die absoluten Ausgaben für Bio-Nahrungsmittel pro Haushalt von 15 auf 20 Euro pro Jahr angestiegen wären, was eine realistische Größenordnung wäre, wenn man die allgemeine Markentwicklung der letzten Jahre auf diese Gruppe 1:1 überträgt.

[3] Rund 60 % der Ausgaben für Bio-Produkte in dieser Gruppe entfallen auf das Segment Babynahrung (vgl. Biohandel, Juli 2007, S. 14).

Haushaltsgruppe einen festen Platz erobert haben. Der Aussage, dass „Bio“ bei dieser Gruppe „zum Alltag“ (Biohandel, Mai 2007, S. 38) gehört, ist unbedingt zuzustimmen, denn wenn ein knappes Fünftel der Lebensmittelausgaben in einen Produktbereich fließt, dann handelt es sich nicht mehr um ein außerordentliches, von der Normalität des sonstigen Konsumverhaltens abgegrenztes Merkmal. Insofern stimmt auch die Aussage, dass „Bio“ bei dieser Gruppe zum Lebensstil „gehört“ (ebenda).

Die entscheidende Frage lautet mit Blick auf dieses Segment, ob es sich einerseits ausweiten lässt und ob das Kaufverhalten dieses Segments auf andere Teile der Konsumenten ausstrahlt. Es gibt kein Sozialprofil dieser neun Prozent. Die vorliegenden Untersuchungen zur Sozialstruktur der Bio-Konsumenten ergeben in diesem Punkt zwar wichtige Hinweise, aber noch kein geschlossenes Bild. Außer Zweifel steht, dass Bio-Konsumenten eher eine deutlich höhere berufliche Qualifikation aufweisen als der Schnitt der Bevölkerung und dass Frauen als Kunden in diesem Segment deutlich überwiegen. Die Zuordnung zu Einkommensgruppen hat sich jedoch bislang als lose erwiesen. Bio-Konsumenten sind in der oberen Einkommenshälfte stärker vertreten. Mehr lässt sich kaum sagen.

„Die Zuordnung zu Einkommensgruppen hat sich jedoch bislang als lose erwiesen. Bio-Konsumenten sind in der oberen Einkommenshälfte stärker vertreten. Mehr lässt sich kaum sagen.“

Klarer sind hingegen die Verbrauchermotive. Die Zahlen des Ökobarometers haben sich dabei als besonders interessant herausgestellt. Das Ökobarometer 2007 fragt direkt, welche Gründe die Befragten dazu veranlassen, Bio-Produkte einzukaufen. Es befragt nur Personen, die Ökoprodukte kaufen. Das Ökobarometer 2007 enthält insofern eine faustdicke Überraschung, als für den Kauf ökologischer Produkte nicht das in vielen Kommentaren zu Verbrauchererwartungen und Verbraucherverhalten favorisierte Thema Gesundheit und Wellness an die erste Stelle gerückt wird. Im Ökobarometer liegt das Thema artgerechte Tierhaltung an der Spitze.[4] Dies ist der Spitzenwert. Auf Platz zwei folgt mit 86 Prozent der Nennungen die „möglichst geringe Schadstoffbelastung“ der Produkte. Mit jeweils 84 Prozent folgen dann die Gründe „gesunde Ernährung zur Stärkung des persönlichen Wohlbefindens“ und „regionale Herkunft/Unterstüt-

[4] Schon die Ökobarometer 2002, 2003 und 2004 hatten gezeigt, dass die Verbraucher dem Thema artgerechte Tierhaltung beim Einkauf von Lebensmitteln ganz generell eine sehr hohe Bedeutung zumessen. Das Thema artgerechte Tierhaltung landete in den 4 Staffeln der Ökobarometer entweder auf Platz 1 oder platzierte sich auf einem Spitzenplatz.

zung regionaler Betriebe". Auch der Grund „Beitrag zum effektiven Umweltschutz" und der Grund „Ernährung für Kinder bzw. während der Schwangerschaft" belegen mit jeweils 82 Prozent Nennungen vordere Plätze.

Es gibt bei den Käufern von Bio-Produkten also einen bunten Strauß wichtiger, von großen Mehrheiten der Befragten ins Feld geführter Gründe. Die Prozentwerte der Nennungen reichen dabei von 82 bis 89 Prozent, liegen also recht nahe beieinander. Die artgerechte Tierhaltung ragt zwar ein wenig heraus, doch die Befragung vermittelt insgesamt den Eindruck, dass die Käufer von Bio-Produkten beim Kauf sowohl den Gesichtspunkt „Tierschutz", den Gesichtspunkt „Ökologie", den Gesichtspunkt „Stützung der heimischen Wirtschaft" und den Gesichtspunkt „Gesundheit" als „Veranlassungsgründe" vor Augen haben. Dies bedeutet, dass die Attraktivität von Ökoprodukten bei Bio-Käufern nicht an einem einzigen Leistungsmerkmal hängt bzw. dass es kein klar dominierendes Motiv gibt.

Können wir uns den Ökolandbau eigentlich noch leisten?

Auch der Ökolandbau ist, wie alle anderen agrarischen Produktionsformen auch, nicht nur selbstbezüglich zu diskutieren. Es reicht nicht aus, sich auf die Position zu versteifen, dass die am Markt sichtbar werdende Akzeptanz Beweis für die Richtigkeit bzw. Sinnhaftigkeit der Produktionsziele und für nachhaltige Entwicklungswege ist.

Dabei gibt es eine Reihe von grundlegenden Zielen und Eckpunkten des Handelns, die jede agrarische Produktionsform zu berücksichtigen hat, wo auch der Ökolandbau zeigen muss, dass er das Zeug hat, diese Ziele zu erreichen. Als wichtigste Herausforderungen lassen sich benennen:

- Die Sicherstellung der Ernährung einer immer noch zunehmenden Weltbevölkerung bei multifunktionalen Flächenansprüchen (Biomasse, Naturschutz), Verlust an Produktionsflächen (Desertifikation, Kontamination, Versiegelung). Die letzten beiden Jahre haben beispielsweise gezeigt, dass der Übergang zur Ethanolproduktion auf Basis von Körnermais, vor allem in den USA, das Preisgefüge der Weltagrarmärkte bereits radikal durcheinander gebracht und einen Anstieg vieler Lebensmittelpreise nach sich gezogen hat (IMF 2008). Wenn solche, im globalen Maßstab immer noch begrenzten Flächenverluste für die Nahrungsmittelproduktion bereits zu massiven Krisen führen, dann kann man bereits eine grobe Vorstellung davon gewinnen, welche Verwerfungen drohen, wenn weltweit größere Flächen aus der Erzeugung von Nahrungsmitteln herausgenommen werden müssten.

Der Klimawandel erzwingt Anpassungsstrategien in der Landwirtschaft, damit sie auch unter veränderten Bedingungen zu guten Erträgen kommen kann.

- Der Klimawandel verschärft in vielen Teilen der Welt die Konkurrenz um Flächen. Vor allem aber stellt er alle Produktionsmodelle vor die Herausforderung, in historisch relativ kurzen Zeiträumen klimafreundlich(er) zu werden und ihre produktions- und vermarktungsbedingten Emissionen von Klimagasen zu senken und darüber hinaus Anpassungsstrategien zu entwickeln, damit Landwirtschaft auch unter veränderten Klimabedingungen zu guten Erträgen kommen kann (agrarische Klimawirkung, Bewirtschaftungsanpassungen).
- Die Förderung und Erhaltung der Gesundheit der Menschen (Reduzierung der Unter-, Fehl- und Überernährung, Minimierung gesundheitsgefährdender und Maximierung gesundheitsfördernder Inhaltsstoffe in Lebensmitteln) gewinnt gesellschaftspolitisch an Bedeutung und berührt viele Menschen in ihrem Lebensalltag immer direkter. Natürlich sind agrarische Produktionsformen für Fettsucht u. Ä. unmittelbar nicht verantwortlich. Sie sind jedoch mit im Boot, wenn es um die Bekämpfung von Fehlentwicklungen geht, und sie sind gut beraten, wenn sie die Qualitätsmaßstäbe ihrer Produkte stärker als bislang auf solche Fragen beziehen.
- Die Erhaltung sowohl agri-kultureller als auch natürlicher pflanzlicher und tierischer genetischer Ressourcen sowie der Biodiversität.

Parallel zu den großen globalen Themen lässt sich jedoch noch eine Reihe von nationalen oder auch „nur" regionalen Herausforderungen benennen, die aus Sicht der Gesellschaft nach neuen Antworten verlangen. Dazu gehören:

- Die Erhaltung attraktiver, vielfältiger Landschaften und die Bewahrung ländlicher und besonders agrarischer Traditionen, u. a. für den ländlichen Tourismus. Ländliche Räume verfügen über Kulturschätze, die nicht einfach für sich da sind, sondern in starker Abhängigkeit zu agrarischen Nutzungsformen und einer lebendigen Landwirtschaft stehen.
- Die Sicherung notwendiger ökologischer Reproduktionsfunktionen für die Ballungsräume und die urbanen Zentren durch ökologische Leistungen des Umlandes. Dabei kommt vor allem der Bewirtschaftung der Böden und dem Umgang mit Wasserressourcen eine strategische Bedeutung zu. Beides ist im hohen Maße von den Ausprägungsformen der Landnutzung und den Produktionsmethoden der Landwirtschaft abhängig.

Dies alles ist in die Veränderung der internationalen wirtschaftlichen Austauschstrukturen eingebunden (Globalisierung) und zwingt alle Produktionssysteme zu Anpassungen. Auch die ökologische Landwirtschaft ist davon betroffen, weil sie auf den Märkten mit den Auswirkungen der Globalisierung in Form von Preisveränderungen und veränderten Konkurrenzbedingungen konfrontiert wird.

Nicht zuletzt steht die Landwirtschaft mit all ihren Produktionsformen unter „verschärfter Beobachtung" ihrer Leistungen durch die Öffentlichkeit. Sie muss sich mit wandelnden Werten und Einstellungen in der Gesellschaft gegenüber Nahrungsmitteln und ihren Produktionsformen (Tierschutz, Essverhalten, Erholung) auseinandersetzen. Die Ausgangssituation ist dabei durch die paradoxe Situation geprägt, dass das Wissen der meisten Menschen über die Grundlagen der Agrarproduktion extrem abgenommen hat, während auf der anderen Seite die Neigung zugenommen hat, über die Landwirtschaft zu urteilen und sie zu verurteilen, wenn sie als kritikwürdig erscheint.

Zudem ist die Welt der populären Vorstellungen über eine „gute Landwirtschaft" extrem emotionalisiert und romantisiert worden. Medien und Werbung tragen dazu besonders stark bei. Es gibt z. B. im Eiermarkt schlicht und einfach keine einzige Anzeige und keinen Werbespot, der die Hühner unter den Haltungsbedingungen zeigt, die heute in der konventionellen

Landwirtschaft dominieren (Käfig und künftig ausgestalteter Käfig, Bodenhaltung). Es ist immer die grüne Wiese mit blühenden Apfelbäumen, die gezeigt wird.

Man sollte nicht unterschätzen, was dies für das Urteilsvermögen der Menschen und was es für die Idealvorstellungen über die Landwirtschaft bedeutet, die wiederum in politische Willensbildungsprozesse einfließen. Hier steht eine Aufklärungsaufgabe an, die nicht erfüllt werden kann, wenn ihr nicht in der einen oder anderen Form Prozesse der schlichten Kenntnisnahme oder Anerkennung sperriger und widersprüchlicher Realitäten zugeordnet werden. Davon ist heute auch die ökologische Landwirtschaft betroffen. Sie hat sich in mancher Hinsicht als Gegenmodell zur konventionellen Landwirtschaft inszeniert und muss sich auch deshalb heute mit Erwartungen abplagen, die objektiv überzogen sind.

Wo geht es hin?

„Die ökologische Landwirtschaft hat sich in mancher Hinsicht als Gegenmodell zur konventionellen Landwirtschaft inszeniert und muss sich auch deshalb heute mit Erwartungen abplagen, die objektiv überzogen sind.“

Der ökologische Landbau hat die Nische vielleicht verlassen und seine Unschuld verloren. Wegen der dynamischen Entwicklung in den letzten Jahren fragen sich viele Akteure, wohin es zukünftig gehen soll: „zurück zu den Wurzeln“ oder „konventionalisieren“? In diesem Spannungsfeld ist die ökologische Lebensmittelkette zu sehen. Ökolebensmittel haben einen Marktanteil von „nur“ drei Prozent, aber ein erhebliches Potenzial. Es gibt gegenwärtig zwei erkennbare Tendenzen in der Bio-Vermarktung:

- „Massen-Bio“ mit weniger Ideologie, mehr Markt für Bio-Lifestyle
- „Premium-Bio“ mit Prinzipien als Ziele (zurück zu den Wurzeln)

Es ist nicht klar, ob sich ein Trend durchsetzen wird, es kann aber erkannt werden, dass Bewegung im Markt ist und es eine zunehmende Marktdifferenzierung geben wird. Dies ist auch international erkennbar. Die Szene-Akteure aus den asiatischen und amerikanischen Ländern sind eher für weniger „Ideologie“ und Marktorientierung, die Europäer eher prinzipienorientiert. Es gibt aber überall beide Strömungen.

Der Preis für die Integration in „Massenmärkte“ und des sich Einlassens mit Massenanbietern, wie den Verbrauchermärkten und den Discountern, darf nicht der Verzicht auf grundlegende Leistungsversprechen der ökologischen Landwirtschaft sein. Dies waren und müssen u. E. auch in Zukunft folgende Dinge sein:

1. Es geht nach wie vor um eine (deutlich) bessere Umweltbilanz, als sie die konventionelle Landwirtschaft vorweisen kann.
2. Es geht um eine tiergerechte Haltung der Nutztiere.
3. Das Produktionsmodell Naturschutzleistungen muss produzieren können.
4. Es gibt ein Bündel einzelner, produktbezogener Qualitätsmerkmale wie Pestizidfreiheit bei Obst und Gemüse. Bei vielen Produkten steht auch einfach der bessere Geschmack zur Debatte.

Es wird angesichts der weltweiten Herausforderungen häufig in Frage gestellt, ob der ökologische Landbau nicht ein auslaufendes Modell reicher Gesellschaften sei, ein Modell, das im Zyklus der Jahreszeiten dem „goldenen Oktober" entspricht, der bekanntlich durch raue Jahreszeiten abgelöst wird. Dieses sehen wir nicht so, es ist aber bei den Entwicklungen zu berücksichtigen. Die mengenmäßigen Produktionsleistungen und die nachhaltige Ressourceneffizienz (Arbeit, Boden, Energie, Nährstoffe, Kapital) dürfen nicht außer Acht gelassen werden.

Neben Prozess- und Produktqualitäten dieser Art gab es und sollte es auch in Zukunft weiterhin einen Leistungsbereich geben, den man als erweiterte Prozessqualität bezeichnen könnte. Die Qualitätssicherung und die Kontrolle von Prozess- und Produktqualitäten in der Versorgungskette stehen hier im Mittelpunkt. Das hört sich sehr technisch und organisatorisch an, umfasst jedoch auch ethische und soziale Dimensionen, denn die Verbraucher – auch sehr viele Verbraucher, die keine oder nur wenige Bio-Produkte kaufen – gehen davon aus, dass die Bio-Landwirtschaft in ihren Geschäften „sauber" ist. Man könnte auch sagen, dass sie ihre Leistungen ohne Doping erzielt, um ein Bild aus der Welt des Sports zu gebrauchen. Was dies im Einzelnen heißt, kann hier nicht weiter ausgeführt werden. Doch ganz sicher gehören die Produkt(ions)ehrlichkeit und auch die Offenheit für Kontrollen dazu. Eine Kultur des kritischen und selbstkritischen Umgangs mit Fehlern und Unzulänglichkeiten ist aber ebenso gemeint.

Was möglich ist, muss nicht immer der richtige Weg sein. Dies ist eine Diskussion, die sich die Bio-Szene gegenwärtig stellt. Dabei hat der Ökolandbau grundsätzlich gute Ziele (siehe neue EU-Öko-Verordnung 834/2007) und auch das Vertrauen der Konsumenten und Politiker (Weltagrarrat 2008). Dieses Kapital gilt es nicht einfach zu verschenken – nur des schnellen Euro wegen.

Zusammenfassung

Der ökologische Landbau hat viel versprochen und auch viel geleistet. In den letzten Jahren hat er seine Nische vielleicht verlassen und dabei auch seine Unschuld verloren. Nicht alle Ziele wurden bislang erreicht und es besteht Entwicklungsbedarf. Besonders unter den neuen agrarischen Herausforderungen wie Welternährung, Klimawandel, ländlicher Raum und Globalisierung muss er sich gegenüber anderen Produktionsformen behaupten.

Es gibt gegenwärtig zwei erkennbare Tendenzen im Öko-Segment: „Massen-Bio" und „Premium-Bio". Es ist nicht klar, ob sich ein Trend durchsetzen wird, es kann aber erkannt werden, dass Bewegung im Markt ist und es eine zunehmende Marktdifferenzierung geben wird. Dieses ist auch international erkennbar. Der Preis für die Integration in „Massenmärkte" und des „Sich-Einlassens" mit Massenanbietern wie den Verbrauchermärkten und den Discountern darf nicht der Verzicht auf grundlegende Leistungsversprechen der ökologischen Landwirtschaft sein.

Es ist eben doch nicht alles Gold, was glänzt. Es gibt eine große Überlappung zwischen den Strukturen und Leistungen (Qualitäten) des ökologischen und konventionellen Landbaus. Es gibt gute und schlechte Beispiele auf beiden Seiten. Dieses ist auch ein erleichterndes Ergebnis, da die Entmystifizierung den ökologischen Landbau aus einer alles glorifizierenden Ecke herausholt. Auch der ökologische Landbau hat Entwicklungsbedarf und benötigt Forschung und Strukturen und damit politische Unterstützung, um den zukünftigen Herausforderungen gerecht zu werden.

Eine ausführliche Literaturliste zu diesem Thema kann von den Autoren bezogen werden.

Prof. Dr. agr. habil. Gerold Rahmann

geboren 1962, ist auf einem Milchviehbetrieb in Ostfriesland aufgewachsen. Er hat in Göttingen Agrarökonomie studiert und darin promoviert. Bereits als Student hat er mit Freunden einen ökologischen Betrieb und einen Bioweinhandel betrieben.

Am Fachbereich Ökologische Agrarwissenschaften der Universität Kassel in Witzenhausen hat er 1999 in Agrarökologie habilitiert und hat hier eine Honorarprofessur. Seit 2000 ist er Leiter des Instituts für Ökologischen Landbau des Bundesforschungsinstituts für Ländliche Räume, Wald und Fischerei, dem Johann Heinrich von Thünen-Institut.

Der Schwerpunkt seiner Forschung sind systemorientierte interdisziplinäre Analysen und experimentelle Weiterentwicklungen des ökologischen Landbaus. Hierfür steht dem Institut in Trenthorst (Schleswig-Holstein) ein 600 ha großer Versuchsbetrieb mit 100 Milchkühen, 50 Sauen und 75 Milchziegen zur Verfügung.

Dr. rer. pol. Rainer Oppermann

geboren 1946, hat an der Universität Göttingen Soziologie studiert und an der TU Braunschweig in diesem Fach promoviert. Er beschäftigt sich seit 1992 schwerpunktmäßig mit agrarsoziologischen Fragestellungen und hat sich in diesem Rahmen auf die sozialen Bedingungen des ökologischen Landbaus spezialisiert.

Seit 2001 ist er stellvertretender Institutsleiter und bearbeitet die Themenfelder Arbeits- und Berufsverhältnisse, berufliche Motivation und Leistungsvorstellungen sowie Fragen der verbraucherbezogenen Marktentwicklungen im ökologischen Landbau.

Dr. Heike Schiffler, *Mitglied der Geschäftsleitung der Tetra-Pak-Gruppe*

Verpackung im ökologischen Verbund

Convenience und Umweltschutz im Einklang

Die Anforderungen an moderne Lebensmittelverpackungen gehen weit über den optimalen Produktschutz hinaus. Gefragt ist Convenience plus Umweltschutz – die Verbraucher achten zunehmend darauf, welche Auswirkungen ihr Konsumverhalten auf die Umwelt hat. Daher ist Tetra Pak fest davon überzeugt, dass ein Unternehmen nur dann auf Dauer erfolgreich sein kann, wenn es im Einklang mit ökologischen Interessen wirtschaftet.

Verpackungen sind ein unverzichtbarer Bestandteil des modernen Konsums. Sie schützen Lebensmittel hygienisch sicher vor Kontamination (Bakterien, Geruchs- und Geschmacksveränderungen etc.) und Beschädigungen

Verpackungen sind unerlässliche Informationsträger. Sie liefern den Verbrauchern wichtige Produktinformationen über Inhaltsstoffe, Zutaten, Mindesthaltbarkeitsdatum oder Zubereitungshinweise.

bei Transport, Handling und Lagerung. Ohne Verpackung würden die Produkte verderben, was gravierende Auswirkungen auf die Verbraucher und auch die Umwelt zur Folge hätte. Denn das Produkt besteht in der Regel aus einem ungleich höheren Ressourcen- und Energiewert als die Verpackung selbst. In den Entwicklungsländern verderben aufgrund fehlender oder ineffizienter Verpackungen 30 bis 50 Prozent der Lebensmittel, bevor sie den Konsumenten erreichen. In den Industrieländern liegt der Produktverlust lediglich bei zwei bis drei Prozent.

Darüber hinaus sind Verpackungen unerlässliche Informationsträger. Sie liefern den Verbrauchern wichtige Produktinformationen über Inhaltsstoffe, Mindesthaltbarkeitsdatum oder Zubereitungshinweise. Aufgrund der steigenden Bestimmungen für Verbraucherschutz und Lebensmittelsicherheit nehmen die Informationspflichten der Hersteller kontinuierlich zu – entsprechend groß muss der Platz auf der Verpackung sein. In diesem Sinne erfüllen Verpackungen eine immer wichtigere Aufgabe in der Kommunikation zwischen Hersteller und Verbraucher.

Auch leistet die Verpackung einen deutlichen Beitrag zur Erbringung des Bruttosozialprodukts und nimmt einen bedeutenden Platz in der Wertschöpfung ein. Dem verschwenderischen Ressourcenverbrauch, einhergehend mit einer Ex-Hopp-Mentalität, wurde jedoch jahrzehntelang keine Beachtung geschenkt. Dies änderte sich in Deutschland erst Anfang der 1990er Jahre mit der Einführung der Verpackungsverordnung. Sowohl in der Verpackungsindustrie als auch in der Bevölkerung setzte dadurch ein Umdenken zum Schutz der Umwelt ein. Die Industrie hat in der Folge Entsorgungs- und Recyclingsysteme aufgebaut und Maßnahmen ergriffen, um beispielsweise CO_2-Emissionen zu senken, sie hat insbesondere massiv an der Einsparung von Materialien gearbeitet, um entsprechend den Verbrauch natürlicher Ressourcen zu reduzieren. Inzwischen sind die Vermeidung und Minderung von Umweltauswirkungen zu einem integralen Bestandteil der Entwicklung von Verpackungen geworden.

Auch für die Verbraucher ist es heute selbstverständlich, Abfälle zu trennen und sie dem Recycling zuzuführen. Durch umfassende Kommunikationsmaßnahmen und die enge Kooperation mit Papierfabriken hat Tetra Pak maßgeblich den Aufbau eines funktionierenden Recyclingsystems für Getränkekartons gefördert. Die Recyclingquote für diese Verpackungen liegt seit Jahren stabil bei über 65 Prozent und übersteigt damit deutlich die gesetzlichen Vorgaben aus der Verpackungsverordnung.

Der demografische Wandel und die zunehmende Individualisierung der Gesellschaft verändern jedoch seit einigen Jahren das Konsumverhalten und

Der demografische Wandel und die zunehmende Individualisierung der Gesellschaft verändern jedoch seit einigen Jahren das Konsumverhalten und beeinflussen damit in erheblichem Maße die Verpackungsindustrie.

On-Pak Promotion Umwelt.

beeinflussen in erheblichem Maße die Verpackungsindustrie. Die Verbraucher fordern kleinere Packungsgrößen mit einfacher Handhabung und Öffnung, sie fragen nach Lebensmitteln, die fertig portioniert und zubereitet sind. Tiefkühlkost, schnell konsumierbare Gerichte aus der Mikrowelle und fertige Mahlzeiten für unterwegs bestimmen in zunehmendem Maße die klassische Ess- und Kochkultur unserer Gegenwart. Für Verpackungen bedeutet das: Ihr Verbrauch steigt ebenso wie die Anforderungen an ihre Funktionalität. Verpackungen müssen beispielsweise für die Nutzung in der Mikrowelle hitzebeständig sein. Für den Snack unterwegs sollten sie ohne weitere Hilfsmittel zu öffnen, zu konsumieren und wieder zu verschließen sein. Gleichzeitig erwarten die Verbraucher, dass die Verpackungsindustrie ihrer ökologischen Verantwortung gerecht wird.

Eine Verpackung sollte mehr sparen, als sie kostet – auch in ökologischer Hinsicht

Als weltweit führender Anbieter von Verarbeitungs- und Verpackungslösungen für Lebensmittel stellt sich Tetra Pak mit innovativen Verpackungslösungen auf die vielfältigen Bedürfnisse des Marktes ein und nimmt zugleich konsequent seine Verantwortung für die Umwelt wahr. Denn das Prinzip der Nachhaltigkeit, so wie es die UN-Konferenz für Umwelt und Entwicklung 1992 in Rio definierte, war bereits der Leitgedanke bei der Gründung unseres Unternehmens im Jahr 1951.

Der Unternehmensgründer Dr. Ruben Rausing hatte damals einen Grundsatz formuliert, der seither Leitmotiv unseres unternehmerischen Handelns ist: „Eine Verpackung sollte mehr sparen, als sie kostet". Das war und ist nicht nur eine Frage des Geldes, sondern bezieht sich auch auf Umweltauswirkungen und Ressourcenverbrauch. Dieser Grundsatz spiegelt sich heute in unserem neuen Unternehmensmotto „Schützt, was gut ist" wider.

Für Tetra Pak bedeutet die Reduzierung der negativen Umweltauswirkungen von Verpackungen einen ganzheitlichen Ansatz, der sich aus verschiedenen untrennbar miteinander verbundenen Handlungsfeldern entlang der gesamten Wertschöpfungskette zusammensetzt – angefangen bei der Wahl eines natürlichen und erneuerbaren Rohstoffs über Energieeffizienz und die Nutzung von regenerativ erzeugtem Strom bis hin zur Gewährleistung einer Klima schonenden Logistik für den Transport der Getränkekartons. Wir setzen seit jeher konsequent auf ökoeffiziente Produkte und Verfahren, die systematisch aufeinander aufbauen und sich ergänzen.

Recycelbare Materialien aus erneuerbaren Rohstoffen und zertifizierte Rückverfolgbarkeitssysteme

Der wichtigste Rohstoff für Tetra-Pak-Getränkekartons ist Holz. Sie bestehen bis zu 80 Prozent aus Zellstoff. Hinzu kommen hauchdünne Schichten Polyethylen und Aluminium. Der Materialverbrauch ist dabei äußerst minimal und wurde in der Vergangenheit kontinuierlich reduziert, um Ressourcen zu schonen. So sind die aseptischen Verpackungen heute 20 Prozent leichter als vor 20 Jahren. Nur 30 Gramm Verpackung werden gebraucht, um einen Liter Milch sicher zu verpacken. Das sind drei Prozent Verpackung auf 97 Prozent Inhalt.

Der wichtigste Rohstoff für Tetra-Pak-Getränkekartons ist Holz. Sie bestehen bis zu 80 Prozent aus Zellstoff. Hinzu kommen hauchdünne Schichten Polyethylen und Aluminium.

Das Holz für die europäische Getränkekartonherstellung stammt aus skandinavischen Nutzwäldern, die verantwortungsvoll bewirtschaftet werden. In Kooperation mit dem World Wide Fund for Nature (WWF) fördern wir Initiativen und Projekte, um bedrohte Waldgebiete zu schützen, Aufforstungen voranzutreiben und illegalen Holzeinschlag zu verhindern. So haben wir im Juli 2007 gemeinsam mit zwei weiteren Herstellern von Getränkekartons eine Initiative zur Rückverfolgbarkeit von Holz ins Leben gerufen. In dieser freiwilligen Selbstverpflichtung haben

In Kooperation mit dem World Wide Fund for Nature (WWF) fördert die Tetra-Pak-Gruppe Initiativen und Projekte, um bedrohte Waldgebiete zu schützen, Aufforstungen voranzutreiben und illegalen Holzeinschlag zu verhindern.

wir uns darauf verständigt, innerhalb von zehn Jahren sicherzustellen, dass alle Holzfasern zur Herstellung von Getränkekartons aus zertifizierten Quellen stammen, die bis zu den Herkunftswäldern zurückverfolgt werden können. Die Zertifizierung soll vorzugsweise nach dem Standard des Forest Stewardship Council (FSC) erfolgen. Auf diese Weise können wir gewährleisten, dass sich das Ökosystem Wald immer wieder regenerieren kann. Denn insbesondere nachwachsende Bäume entziehen der Luft Kohlendioxid, geben dafür Sauerstoff ab und tragen so zum Ausgleich des Klimawandels bei. Mit dieser Selbstverpflichtung sind die Getränkekartonhersteller in der Verpackungsindustrie weltweit Vorreiter.

Die Herstellung des Rohkartons für die Produktion in Deutschland erfolgt in skandinavischen Papierfabriken, die die weltweit anspruchsvollsten ökologischen Standards erfüllen. Moderne Kläranlagen und weitgehend geschlossene Wasserkreisläufe sind hier eine Selbstverständlichkeit. Auch in unseren Produktionswerken in Berlin und Limburg wird das eingesetzte Wasser zurückgewonnen und in einem geschlossenen Kreislauf wieder eingesetzt. Zudem verzichtet Tetra Pak seit 2005 auf lösemittelhaltige Druckfarben und verwendet nur Farben auf Wasserbasis.

Das gesamte Material des Getränkekartons ist vollständig recycelbar. Bereits Anfang der 1980er Jahre hatte Tetra Pak begonnen, die Produktionsabfälle in seinen Werken wieder zu verwerten. Heute werden zwei von drei in Deutschland verkauften Getränkekartons dem Recycling zugeführt. Dadurch können Rohstoffe bei der Herstellung neuer Produkte eingespart und Abfälle vermieden werden – der Produktkreislauf schließt sich. Die stabilen und reißfesten Zellstofffasern sind ein begehrter Rohstoff in der

Die Herstellung des Rohkartons für die Produktion in Deutschland erfolgt in skandinavischen Papierfabriken, die die weltweit anspruchsvollsten ökologischen Standards erfüllen.

Papierindustrie und können mehrfach recycelt werden – beispielsweise zu neuen Verpackungen wie Hülsenkartons und Faltschachteln. Polyethylen, ursprünglich aus Erdöl hergestellt, liefert Energie und das Aluminium wird als reines Metall wieder gewonnen. Alternativ dient Aluminium in der Zementindustrie als Bauxitersatz, das dem Zement zur Verfestigung zugeführt wird.

Klimaschutz durch grüne Energie und effiziente Logistikkonzepte

Neben dem Erhalt begrenzter Ressourcen steht der Schutz des Klimas ganz oben auf der Agenda von Tetra Pak. Denn der Klimawandel ist die globale Herausforderung des 21. Jahrhunderts, der sich Wirtschaft, Politik und Gesellschaft gleichermaßen stellen müssen. Wollen wir den Klimawandel bekämpfen, müssen die Treibhausgase reduziert werden. Tetra Pak arbeitet intensiv daran, seine CO_2-Emissionen zu senken.

Bis 2010 wollen wir den weltweiten CO_2-Ausstoß bei steigenden Produktionszahlen um zehn Prozent gegenüber 2005 senken – das sind 140.000 Tonnen pro Jahr. Erreicht werden soll diese Einsparung durch die konsequente Steigerung der Energieeffizienz und die sukzessive Umstellung unserer Produktionswerke auf erneuerbare Energien. Für diese ehrgeizigen Klimaschutzziele wurde unser Unternehmen als weltweit elftes Mitglied vom WWF in das Programm „Climate Savers" aufgenommen.

Die beiden deutschen Produktionswerke wurden bereits umgestellt. Seit 2006 wird der Strombedarf im hessischen Limburg von jährlich rund 25 Millionen Kilowattstunden vollständig aus Wasserkraft bezogen. Im Januar 2008 folgte das Berliner Werk mit rund 22 Millionen Kilowattstunden (Verbrauchszahlen 2006). Allein durch die Umstellung dieser beiden Werke werden insgesamt rund 31.000 Tonnen CO_2 pro Jahr vermieden.

Zur Steigerung der Energieeffizienz haben wir seit 2005 eine Reihe von Maßnahmen identifiziert, die nach und nach umgesetzt werden. Dazu gehören unter anderem Verbesserungen bei der Beleuchtung sowie die Modernisierung von Heizungsanlagen und Belüftungssystemen. Auf diese Weise konnte beispielsweise im Berliner Produktionswerk seit 2006 der jährliche Energieverbrauch um vier Millionen Kilowattstunden gesenkt werden. Das sind pro Tag 11.000 Kilowattstunden weniger als noch 2005. Diese täglich eingesparte Energiemenge ist mehr, als zwei Privathaushalte im Jahr benötigen.

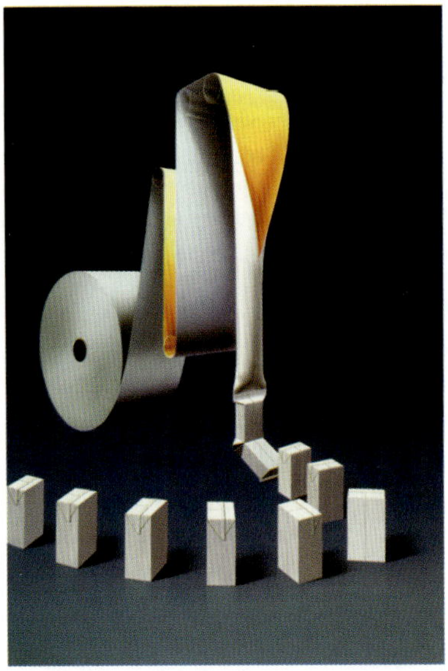

Das Verpackungsmaterial wird Platz sparend auf großen Rollen ausgeliefert und erst während der Abfüllung beim Kunden zum fertigen Karton geformt.

Auch beim Transport der Getränkekartons hat der Klimaschutz Vorfahrt. Ausgefeilte Logistikkonzepte reduzieren die Anzahl CO_2-intensiver Lkw-Transporte auf ein Minimum. Die Anlieferung des Rohmaterials aus Skandinavien erfolgt mittels Schiff und Bahn. Nur die letzten Kilometer zu den Produktionswerken in Berlin und Limburg werden mit dem Lkw zurückgelegt. In die umweltschonende Transportlogistik sind auch die Kunden eingebunden. Die Mehrheit der Getränkeabfüller und Molkereien holt das vorgefertigte Kartonmaterial auf dem Rückweg von der Auslieferung beim Handel direkt bei Tetra Pak ab. Leerfahrten werden möglichst vermieden. Das Verpackungsmaterial wird dabei Platz sparend auf großen Rollen ausgeliefert und erst während der Abfüllung beim Kunden zum fertigen Karton geformt. Das trägt zusätzlich zu einer Reduzierung CO_2-intensiver Transporte bei. Für die Beförderung von einer Million leeren Getränkekartons sind nur zwei Lkw notwendig.

Insbesondere aufgrund seines geringen Gewichts, seiner Transportvorteile und der hohen Recyclingquoten wurde der Getränkekarton vom Umweltbundesamt als „ökologisch vorteilhaft" bewertet und von der Pfandpflicht befreit. Diese Vorteilhaftigkeit wurde von verschiedenen unabhängigen Gutachten bestätigt. So hat beispielsweise eine Ökobilanz des Heidelberger Instituts für Energie- und Umweltforschung GmbH (IFEU) 2006 ergeben, dass der Ein-Liter-Fruchtsaftkarton über seinen gesamten Lebensweg – von der Rohstoffgewinnung über die Produktion bis zur Entsorgung – mehr als 50 Prozent weniger CO_2 verursacht als die PET-Einwegflasche mit gleichem Füllvolumen. Würde die gesamte Saftmenge, die pro Jahr in Deutschland konsumiert wird, in Ein-Liter-Getränkekartons abgefüllt, entsprächen die Einsparungen an CO_2-Emissionen dem Stromverbrauch von 633.812 Einwohnern pro Jahr. Das ist in etwa die Einwohnerzahl der Stadt Frankfurt am Main.

Globale Umweltziele mit wirtschaftlichen Zielen vereinbar

Als Marktführer wollen wir auch beim Klima- und Ressourcenschutz eine führende Rolle einnehmen und damit als Unternehmen unsere Verantwortung für die Gesellschaft übernehmen. Wir wollen Vorbild sein und deutlich machen, dass globale Umweltziele mit wirtschaftlichen Zielen vereinbar sind. Vor diesem Hintergrund haben wir 2006 ein dreijähriges Waldwirtschafts- und Klimaschutzabkommen mit dem WWF unterzeichnet. Wichtige Ziele dieser Kooperation sind der Erhalt wertvoller Waldressourcen, die verstärkte Nutzung erneuerbarer Energien und die Senkung der CO_2-Emissionen.

Globale Umweltziele sind mit wirtschaftlichen Zielen vereinbar.

Wir sind davon überzeugt, dass sich die Leistungsfähigkeit und die

Glaubwürdigkeit eines Unternehmens nicht mehr nur an der zuverlässigen Versorgung mit Produkten bzw. Waren festmachen lassen, sondern auch an dem verantwortlichen Umgang mit der Umwelt. Das Prinzip Nachhaltigkeit kann jedoch nur konsequent und erfolgreich umgesetzt werden, wenn es Bestandteil der gelebten Unternehmensphilosophie ist. Dies ist zugleich ein wesentlicher Faktor in der ökonomischen Gesamtrechnung. Das Bekenntnis zu nachhaltiger Wirtschaftsweise und dessen konsequente Umsetzung stellt somit eine Investition in den langfristigen Unternehmenserfolg dar.

Dr. Heike Schiffler

hat ihre berufliche Laufbahn 1991 in der Kommunikationsagentur Kohl PR & Partner GmbH begonnen, von 1993 bis 1996 leitete sie deren Bereich Public Relations. Im Jahr 1996 wechselte sie zur Deutschen Gesellschaft für Kunststoff-Recycling mbH (DKR), wo sie bis 1999 Leiterin Unternehmenskommunikation war.

Im Anschluss daran war sie bis März 2008 Direktorin Kommunikation beim Systembetreiber für Verpackungsrecycling Der Grüne Punkt – Duales System Deutschland GmbH (DSD). Zusätzlich war sie in den Jahren 2004 bis 2007 Sprecherin der Wirtschaftsinitiative „Aktion Saubere Landschaft. Partnerschaft pro Umwelt".

Seit April 2008 ist sie als Direktorin Kommunikation und Umwelt Mitglied der Geschäftsleitung der deutsch-schweizerischen Tetra-Pak-Gruppe.

In zahlreichen Publikationen widmet sich Dr. Heike Schiffler (47) dem Thema Kommunikationskonflikte und deren Lösungen. Sie hat außerdem verschiedene Fachartikel zur Unternehmenskommunikation und zum Verpackungsrecycling verfasst.

Prof. Dr. Jörg Oehlenschläger, *Max-Rubner-Institut, Bundesforschungsinstitut für Ernährung und Lebensmittel, Hamburg*
Bianca Schneider, *DLG-Fachzentrum Land- und Ernährungswirtschaft, Frankfurt am Main*

Aquakultur und Nachhaltigkeit

Aktuelle Entwicklungen im Seafood-Sektor

Fisch und Seafood sind gefragt wie nie zuvor. Damit Meereskost aber auch für künftige Generationen sowohl seitens der Verbraucher als auch seitens der Hersteller noch zur Verfügung steht, sind nachhaltiges Wirtschaften bei den natürlichen Fischbeständen einerseits und Aquakulturen andererseits erforderlich. Der nachfolgende Beitrag beschreibt, welche Maßnahmen die Seafoodbranche ergreift, um ihrer gesellschaftlichen Verantwortung nachzukommen.

Fischkonsum, Produktvielfalt und Herkünfte

Die Weltversorgung mit aquatischen Tieren betrug 2007 143 (141, 141, 140) Mio. t, wovon 91 (91, 93, 94) Mio. t aus Fängen wildlebender Tiere und 52 (50, 48, 46) Mio. t aus der Aquakultur stammten. (In Klammern die Zahlen für 2006 bis 2004.) Das ertragreichste Meeresgebiet war mit 21,4 Mio. t der nordwestliche Pazifik, gefolgt von südöstlichem Pazifik (13,8 Mio. t), Nordostatlantik (11 Mio. t) und dem westlichen zentralen Pazifik (10,5 Mio. t). China dominiert den Weltfischfang mit 17,1 Mio. t (2005), die nächstgrößten Nationen sind Peru (9,4 Mio. t), Vereinigte Staaten von Amerika (4,9 Mio. t), Indonesien (4,4 Mio. t), Chile (4,3 Mio. t). Norwegen als größte europäische Fischfangnation findet sich mit 2,4 Mio. t auf Rang 10. Unter den meistgefangenen Fischarten finden sich nur wenige, die direkt für die menschliche Ernährung genutzt werden, wie Alaska Pollak (2,8 Mio. t) und Atlantischer Hering (2,3 Mio. t), andere Arten gehen überwiegend in die Fischmehlproduktion: Anchoveta (10,2 Mio. t). Vom gesamten Weltfischereiertrag werden etwa 75 Prozent für Lebensmittel verwendet und 25 Prozent für andere Zwecke. Von dem für Lebensmittel verwendeten Anteil werden 40 Prozent als Frischfisch (unverarbeitet) verzehrt, 20 Prozent werden zu TK-Erzeugnissen, etwa acht Prozent zu Dauerkonserven und weitere acht Prozent zu gereiften Erzeugnissen (gesalzen, mariniert) verarbeitet.

Seafood ist im Trend, die Fischbestände sind jedoch teilweise bedroht und müssen geschützt werden. Sofern die Empfehlung der Ernährungswissenschaftler, zwei Fischmahlzeiten pro Woche und Person zu verzehren, weltweit realisiert werden würde, fehlte es an entsprechender Rohware. Trotz boomender Aquakultur und auf hohem Niveau gleichbleibender Fischfänge hält die Produktion nicht Schritt mit der Nachfrage, die durch eine wachsende Weltbevölkerung und zunehmende Beliebtheit dieses Lebensmittels rasant ansteigt. Die Folge dieser Verknappung sind auch höhere Preise.

Die deutschen Konsumenten lassen sich von den Preisen nicht einschüchtern und konsumieren zunehmend mehr Fisch. Gemäß den Statistiken des Fisch-Informationszentrums (FIZ), Hamburg, hat der Pro-Kopf-Verbrauch an Fisch und Meeresfrüchten im Jahr 2007 in Deutschland mit 16 kg eine neue Höchstmarke erreicht. Der Absatz an Fisch und Meeresfrüchten ist damit im dritten Jahr in Folge gestiegen. Die Absatzmenge erhöhte sich im Jahr 2007 um 2,2 Prozent auf rund 1,3 Mio. t Fanggewicht.

Fisch und Meeresfrüchte bieten eine Vielfalt an Genuss und entsprechen dem Wunsch nach einer leichten, gesunden Ernährung. Eine Vielzahl von

Vitaminen wie die Vitamine A, D, E und einige der B-Gruppe und Mineralstoffen wie die essentiellen Spurenelemente Jod und Selen, leicht verdauliches und hochwertiges Eiweiß sowie die wertvollen langkettigen hochungesättigten Fettsäuren der n-3-Reihe (Docosahexaensäure (2:6) und Eicosapentaensäure (20:5)), die nur in Meeresfisch in ausreichenden Mengen vorhanden sind und vom menschlichen Körper nicht in der erforderlichen Menge im Stoffwechsel synthetisiert werden können, sind nur einige der ernährungsphysiologischen Vorzüge von Fisch und Fischerzeugnissen. Außerdem sind Magerfisch wie Kabeljau, Schellfisch oder Seelachs (Köhler) mit einem Fettgehalt deutlich unter 1 Prozent die absolut magersten tierischen Lebensmittel.

Im Fokus der Verbrauchergunst in Deutschland stehen ganz klar die Seefische. Fünf Fischarten decken hierzulande rund 70 Prozent des Fischverbrauches ab (siehe Abb. 1). Neben Alaska-Seelachs (25,9 Prozent) sind dies Hering (17,5 Prozent), Lachs (11,3 Prozent), Thunfisch (10,7 Prozent) und Seelachs (vier Prozent).

Tiefkühlfischprodukte dominieren wie in den Vorjahren den Gesamtmarkt. Der Anteil von Tiefkühlfisch am Fischkonsum in Deutschland liegt

Abbildung 1:

Die großen 5 beim Fischverzehr

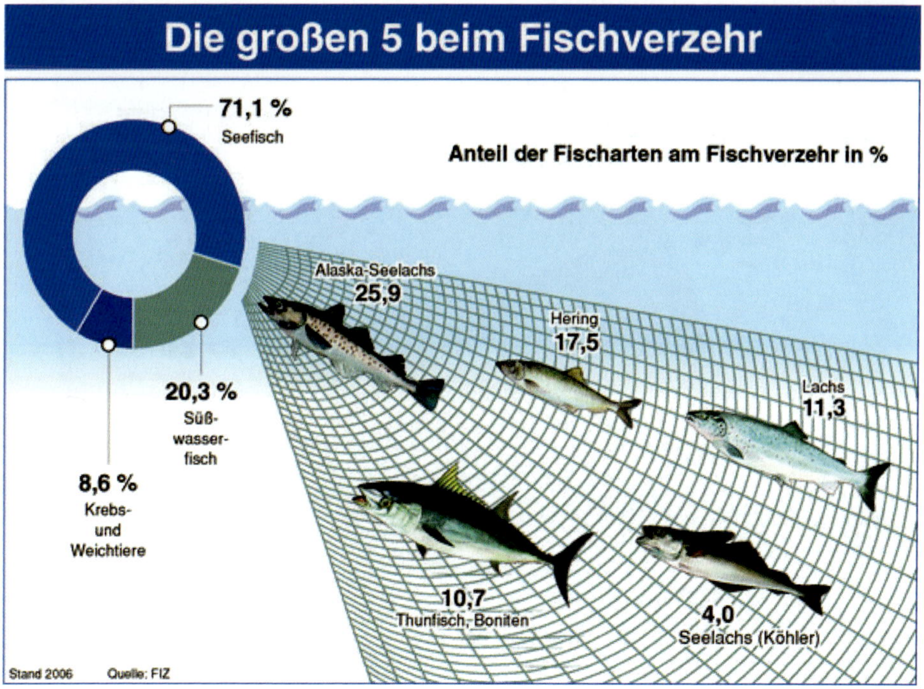

Quelle: FIZ

2006 mit 36 Prozent wieder über dem Vorjahresniveau. Fischkonserven und Marinaden belegen nach wie vor Platz 2 (28 Prozent). Der Anteil von Krebs- und Weichtieren am Fischkonsum sank von 14 Prozent im Vorjahr auf zwölf Prozent. Frischfisch belegt Rang 4 mit einem Anteil von zehn Prozent. Räucherfischprodukte verzeichnen einen konstanten Anteil von sechs Prozent. Fischsalate legen um 1 Prozentpunkt auf drei Prozent zu. Sonstige Fischereierzeugnisse, wie z. B. Matjes, Anchosen und Lachserzeugnisse, halten ihren Anteil von fünf Prozent (siehe Abb. 2).

Hinzu kommen die steigende Anzahl an neuen Fischarten, innovative Rezepturen sowie ein breit gefächertes Convenience-Sortiment, die dem Verbraucher den Fischgenuss schmackhaft machen. Noch nie war es so einfach, Fisch zu genießen. Sowohl im Lebensmitteleinzelhandel als auch im Außer-Haus-Verzehr haben Fisch und Meeresfrüchte die positive Entwicklung der letzten Jahre fortsetzen können. Die sich verändernde Produktvielfalt und die hohe Qualität der am Markt angebotenen Fischereierzeugnisse lassen sich auch anhand der Ergebnisse der jährlich stattfindenden DLG-Qualitätsprüfung für Fisch und Seafood erkennen. In 2008 stellten sich hierbei fast 400 Produkte aus allen Produktkategorien dem neutralen Test. Geprüft wurden Fertiggerichte und Teilfertiggerichte in Form von Tiefkühlkost und als

Abbildung 2:

Die beliebtesten Fischprodukte

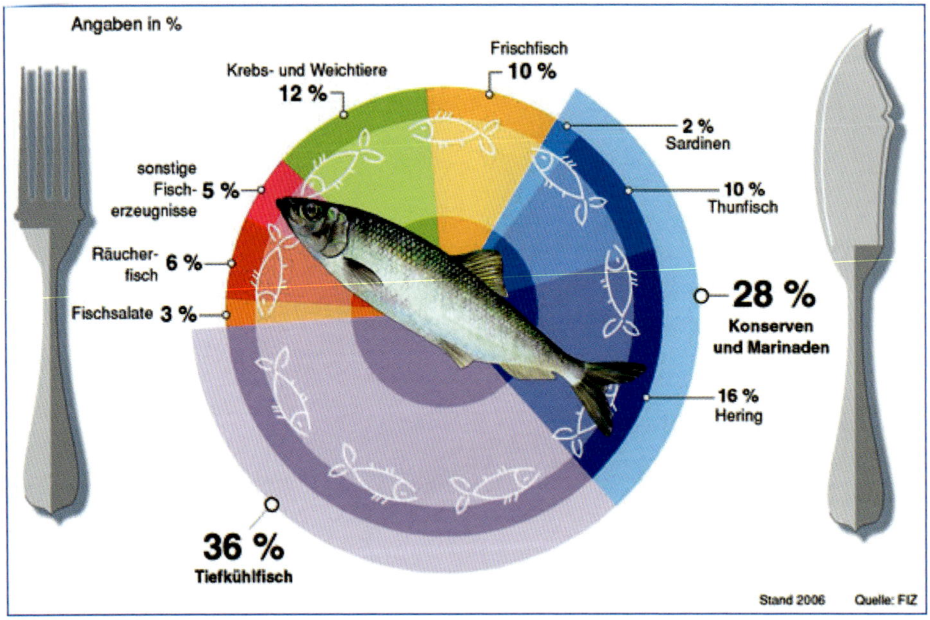

Quelle: FIZ

Kühlware sowie Feinkosterzeugnisse, Räucherwaren und Dauerkonserven. Neben den traditionellen Fischarten wie Lachs, Seelachs, Hering und Thunfisch standen auch neuere Fische wie Limande, Tilapien, Tropischer Steinbutt, Barramundi und Pangasius sowie die Neuseeländische Seezunge und Victoriaseebarsch auf dem Prüfstand der Sensorik-Experten. Bemerkenswert ist, dass rund ein Viertel der eingereichten Produkte ausdrücklich ein MSC-Gütesiegel (Marine Stewardship Council) aufwies.

Auch das FIZ stellt fest, dass sich die Nachfrage nach Produkten mit Zertifikaten, z. B. vom Marine Stewardship Council (MSC) oder von Bioverbänden, rasant entwickelt. Deutschland ist beim Absatz von Fisch mit dem Umweltzeichen des MSC weltweit führend.

Maßnahmen zur nachhaltigen, bestandserhaltenden Fischerei

Die in einigen Teilen der Welt zu intensiv betriebene Fischerei hat teilweise zu einem Rückgang der Fischbestände geführt. Verschiedene Initiativen der Fischwirtschaft, aber auch der Politik haben die langfristige Sicherung der Fischbestände zum Ziel, damit auch in Zukunft die Fischversorgung sichergestellt ist. Wenn die Fischbestände eine kritische Größe unterschritten haben, bei der sich eine ökonomisch sinnvolle Fischerei nicht mehr rechnet, können auch keine verkauft werden. Diese unumstößliche Tatsache hat sich die Fischbranche zu Herzen genommen und sucht seither nach Wegen, ihrem auf Überfischung zwangsläufig folgenden wirtschaftlichen Aus entgegenzuwirken. Bei der Betrachtung der Probleme der Weltfischerei taucht immer wieder der Begriff „nachhaltige Fischerei" auf.

Nachhaltiger Fischfang bedeutet, dass die eingesetzten Fischereimethoden und ihre Anwendungsweisen bestandserhaltend sind und die Reproduktionsfähigkeit der Zielfischarten nicht herabsetzen (keine Überfischung), dass das Ökosystem (z. B. der Meeresboden) nicht geschädigt und der Anteil ungewollter Beifänge weitgehend minimiert wird. Nachhaltige Fischprodukte können aus der Seefischerei, der Binnenfischerei, der Angelfischerei und aus Aquakultur stammen.

Um diesen oben beschriebenen gesunden Seafood-Genuss auch langfristig für die Menschen zu erhalten, vor allem aber auch, um das eigene Fortbestehen zu sichern, wird in der deutschen Fischwirtschaft schon seit langem eine nachhaltige Fischerei propagiert. Die in 1996 gegründete „Initiative zur Förderung einer bestandserhaltenden Fischerei" der deutschen Fischwirtschaft beinhaltet u. a. Einkaufsvereinbarungen mit Lieferanten, die um wichtige Grundsätze der Bestandserhaltung von Meeresfischen erweitert wurden, um damit der internationalen Übernutzung der Fischbestände

> ***„Leider werden partiell weiterhin Fangmethoden angewendet, die ökologischen Kriterien nicht gerecht werden, wie die ökologisch nicht vertretbaren Treibnetze.“***

Einhalt zu bieten. Weiterhin gehört zu den neuen Einkaufsvereinbarungen, dass der Lieferant weder direkt noch indirekt an der Verarbeitung oder dem Handel von vom Aussterben bedrohten oder unter Artenschutz stehenden Fischarten beteiligt ist. Darüber hinaus wird gefordert, dass der gelieferte Fisch aus solchen Meeresgebieten stammt, für die internationale Fangregulierungen, wie zulässige Gesamtfangmengen, festgelegt sind. Auch beim Fangvorgang müssen die gesetzlichen Anforderungen eingehalten worden sein. Beim Verkauf muss der Verkäufer für die jeweilige Lieferung das jeweilige Fanggebiet und die angewandte Fangmethode explizit angeben. Die Einkaufsvereinbarungen enthalten weiterhin eine globale Formulierung bez. der „Einhaltung der relevanten gesetzlichen Bestimmungen". Dabei geht es um Vorschriften rund um Erhaltungs- und Bewirtschaftungsmaßnahmen, wie z. B. technische Maßnahmen, die dazu dienen, z. B. den Fischnachwuchs zu schonen und den Beifang unerwünschter Arten zu minimieren. Leider werden partiell weiterhin Fangmethoden angewendet, die ökologischen Kriterien nicht gerecht werden, wie die ökologisch nicht vertretbaren Treibnetze.

Zu den verschiedenen Arten der Treibnetzfischerei steht eine abschließende wissenschaftliche Meinung noch aus. Unstrittig ist, dass die aus den gesetzlich vorgeschriebenen Fangmethoden resultierenden Beifänge und die damit verbundenen Rückwürfe (Discards) ein erhebliches Problem darstellen, denn ein hoher Anteil der gefangenen Fische wird nicht genutzt, sondern unmittelbar auf See nach der Sortierung als nicht anlandbare (nicht gezielt gefischte Arten / zu kleine Fische) bzw. als „unerwünschte" Beifänge wieder über Bord geworfen. Die deutsche Fischwirtschaft hat sich wiederholt für den Einsatz technischer Maßnahmen, wie z. B. Sortiergitter, ausgesprochen, um den Fischnachwuchs zu schonen und den Beifang unerwünschter Arten zu minimieren.

Der Zweck der Einkaufsvereinbarungen ist ferner, dass der Verbraucher sich über die Herkunft des Fisches und die Bedingungen, unter denen er gefangen wurde, informieren kann. Auch Umweltverbände und Verbraucherorganisationen sehen hierin einen wichtigen Ansatzpunkt für eine transparente Produktpolitik eines jeden einzelnen Unternehmens. Dazu dienen die auf die Packung gedruckten Angaben über das Fanggebiet und eine Telefonnummer des Herstellers bzw. Inverkehrbringers (Händler), unter der sich interessierte Verbraucher über Fangmethoden informieren können. Bei loser, frischer Ware erhält der Verbraucher beim Verkaufspersonal über Fanggebiet und Fangmethoden Auskunft. Damit kommt die Fischwirtschaft dem Wunsch vieler Verbraucher nach, denn dieser verlangt Sicherheiten und wünscht, dass sein Fischkonsum nicht zur weiteren Überfischung beiträgt.

So versucht die in starkem Maße auf den Zukauf von Fisch und Fischrohstoffen angewiesene deutsche Fischwirtschaft, einen spürbaren Beitrag zur Erhaltung der Fischbestände in den Weltmeeren zu leisten. Sie kann damit nach eigener Einschätzung auch am wirkungsvollsten internationale Aktivitäten zur Förderung einer bestandserhaltenden Fischerei unterstützen. Auf internationaler Ebene gibt es leider bisher kein dem deutschen System vergleichbares. Lediglich in Grundzügen kann die im „Code of Conduct for Responsible Fisheries" von der FAO veröffentlichte Forderung zur bestandserhaltenden Fischerei hier Ansätze bieten.

Mittel- und langfristig soll allerdings die Arbeit des Marine Stewardship Council (MSC-Rat zur Bewahrung der Meere) eine bestandserhaltende Fischerei garantieren.

Der von der Umweltstiftung WWF und dem Lebensmittelhersteller Unilever initiierte **Marine Stewardship Council** (MSC) wurde 1997 als Reakti-

Umladen von Fisch in Großcontainer in Island.

on auf die weltweite Fischereikrise gegründet. Er ist eine unabhängige, gemeinnützige Organisation, die sich weltweit für eine nachhaltige, verantwortungsvolle Fischerei einsetzt. Er hat auf internationaler Ebene allgemeine Grundsätze für einen bestandserhaltenden Fischfang formuliert, deren Ziel es ist, die Zukunft der Fischbestände und eine gesunde Meeresumwelt, von der die Fischerei abhängig ist, langfristig zu sichern (siehe Kasten).

Die o. g. Prinzipien sind das Gemeinschaftswerk verschiedener internationaler Arbeitsgruppen. Der MSC hat abgeleitet von diesen Vorgaben zusätzliche messbare Kriterien (Standards) aufgestellt, mit denen geprüft werden kann, inwieweit Fischereien in der Praxis nach diesen Prinzipien handeln. Das auf dieser Basis entwickelte weltweite Kontroll- und Zertifizierungssystem bietet derzeit auf der Basis marktorientierter Anreize die größte Hoffnung auf eine Lösung der weltweiten Probleme in der Meeresfischerei. Der MSC überprüft Fischereien auf deren eigenen Wunsch hin darauf, ob sie nachhaltig sind, also nicht mehr fischen als nachwächst. Falls dies so ist, können sie das MSC-Siegel führen.

Das Siegel begleitet den Fisch durch die Verarbeitungs- und Handelsstufen bis zum Endverbraucher. Denn Verpackungen von Seafoodprodukten, deren Rohwaren in Übereinstimmung mit diesen Standards gefangen wurden, können ein MSC-Logo, das dem Verbraucher den Einsatz bestandserhaltender Fangmethoden bescheinigt, erhalten. Dieser kann dann mit seinem Kaufverhalten entscheiden und damit den Druck auf noch nicht nach

Die MSC-Prinzipien für nachhaltige Fischerei

1. Fisch für immer bewahren
Die Fischerei muss so durchgeführt werden, dass eine Überfischung oder Erschöpfung der Fischbestände vermieden wird. Fischbestände, die bereits überfischt sind, dürfen nur so befischt werden, dass nachweislich eine Erholung der Bestände erreicht wird.

2. Das Netzwerk des Lebens schützen
Die Fischereiaktivitäten müssen die Erhaltung des Ökosystems berücksichtigen (einschließlich Struktur, Produktivität, Funktion und Vielfalt).

3. Strukturen für die Nachhaltigkeit gewährleisten
Die Fischerei ist einem effektiven Fischerei-Management-System unterstellt, das lokale, nationale und internationale Gesetze und Standards respektiert. Dieses Management setzt Rahmenbedingungen, die eine verantwortungsvolle Nutzung der Fischgründe gewährleisten.

> ***Unternehmen können mit einer Produktionsausrichtung gemäß den MSC-Grundsätzen ihre Geschäftsgrundlage sichern und unternehmerische Verantwortung zeigen sowie mit der Kommunikation des Siegels die Kunden- und Markterwartungen erfüllen.***

Nachhaltigkeitskriterien arbeitende Fischereien erhöhen. Neben den primären Produkteigenschaften wie Aussehen, Geruch und Geschmack sowie die Gelingsicherheit und einfache schnelle Zubereitung wird für den Verbraucher immer wichtiger, woher das Produkt kommt, wie es hergestellt wurde und welche Unternehmen daran mitgewirkt haben. Der MSC als Plattform für alle an der Fischwirtschaft beteiligten Unternehmen ist ein geeignetes Instrument, um mittelfristig sicherzustellen, dass Bestände und Ökosystem nachhaltig bewirtschaftet werden und dass damit die Rohwarenversorgung sichergestellt wird. Der MSC ist darüber hinaus eine Möglichkeit des Risiko- und Reputationsmanagements. Unternehmen können mit einer Produktionsausrichtung gemäß den MSC-Grundsätzen ihre Geschäftsgrundlage sichern und unternehmerische Verantwortung zeigen sowie mit der Kommunikation des Siegels die Kunden- und Markterwartungen erfüllen.

Seit der Gründung des MSC sind bisher mehr als 100 Vertreter aus der Fischindustrie, von Fischereien, Verbraucher- und Umweltschutzorganisationen zu Unterstützern des MSC geworden. Was langsam anlief, entwickelt sich zunehmend zum Trendprodukt im deutschen Markt, denn immer mehr Hersteller steigen ein. Verarbeitet und vermarktet werden MSC-Fische von inzwischen rund 400 Unternehmen der Seafood-Branche, die den Rückverfolgbarkeitsstandard des MSC erfüllen und Teil einer zertifizierten Produktkette sind.

Weltweit gesehen werden in Deutschland die meisten MSC-zertifizierten Produkte verkauft, hier v. a. über den LEH. Als weiterführende Maßnahme möchte der Bundesverband der deutschen Fischindustrie und des Fischgroßhandels bis Ende 2010 die Herkunftskennzeichnungen von Seefischereierzeugnissen auf freiwilliger Basis über den gesetzlichen Anforderungen liegend ausbauen. Die Fanggebiete sollen angegeben und Bestandsinformationen genauer werden. Eine lückenlose Rückverfolgbarkeit und der Ausschluss von Piratenfischerei ist das Ziel.

Alternativen zum MSC-Siegel gibt es, allerdings decken diese zurzeit nur Teilaspekte einer bestandserhaltenden Fischwirtschaft ab. Allen voran die Rückverfolgbarkeit, die durch Transparenz- und mehrfache Kontrollen sichergestellt wird. Der MSC kennzeichnet derzeit noch keine Fische aus

Aquakultur bzw. aus der Zucht, sondern ausschließlich aus natürlichen nachhaltig bewirtschafteten Fanggebieten. Man denkt derzeit über die Erweiterung nach, zudem WWF u. a. neue Standards für Zuchtfischereien erarbeitet haben, die man gut integrieren könnte.

Friend of the Sea ist eine weitere Organisation, die nachhaltige Fischereien und Fischzuchten nach folgenden Kriterien zertifiziert:

Die von **Friend of the Sea** anerkannten Fischereien beschränken sich auf

(a) den Fang von nicht überfischten Arten,
(b) Fischfangmethoden, welche den Meeresboden nicht beeinträchtigen und
(c) die weniger als acht Prozent Beifang zur Folge haben.

Von Friend of the Sea anerkannte Fischzuchten haben keine negative Auswirkung auf ihre Umwelt, verwenden im Futter nur Fischbestandteile aus Filetierabfällen oder aus einer von Friend of the Sea anerkannten Fischerei, verzichten auf genetisch veränderte Organismen, auf Chemikalien und Korrosionsschutzfarben, verhindern das Entweichen der Fische und schützen diese vor dem Eindringen anderer Tiere und beschränken und kontrollieren Emissionen.

Die Produkte werden von anerkannten unabhängigen Stellen gemäß FAO-Richtlinien geprüft und zertifiziert. Eine Liste der anerkannten Fischereien und der zertifizierten Fischereiprodukte ist erhältlich für Lebensmitteleinzelhändler, Erzeuger und Konsumenten.

Eine jährlich pro Produkt erhobene Labelgebühr deckt die Zertifizierung, die Verwendung des Logos und die Promotion der Produkte im Rahmen der Aktivitäten von Friend of the Sea ab.

Aquakulturen als weltweite Alternative zur Versorgung mit Seafood

Im Gegensatz zu den seit vielen Jahren stagnierenden Wildfängen sind Aquakulturen weltweit stark im Wachsen und repräsentieren eine weitere Möglichkeit, den sinkenden Fängen frei lebender Fische zu begegnen und den global zunehmenden Seafoodbedarf zu decken. Gegenüber den abnehmenden Erträgen der Fangfischerei hat sich die Aquakultur in den letzten zehn Jahren weltweit rasant entwickelt. Während die Erträge der Fischerei in 2005 bei rund 94,5 Mio. t lagen, und seit 1990 weitgehend gleich geblieben sind, haben sich die Erträge aus Aquakulturen, d. h. der Aquakulturindustrie, bis 2005 auf 63 Mio. t im gleichen Zeitraum fast verdreifacht. Der Anteil der aus der Aquakultur stammenden Meerestiere steigt

Sensorische Begutachtung von Fisch (Forellen aus der Aquakultur) im Forschungslabor.

seit Jahren konstant und liegt heute bei ca. 40 Prozent, etwa 48 Mio. t. Nach Angaben der FAO zeigt der Ertrag aus der Aquakultur seit den 70er Jahren weltweit einen kontinuierlichen Anstieg von etwa zehn Prozent pro Jahr, wobei die größten Wachstumsraten zwischen 2000 und 2004 in Lateinamerika und der Karibik (11,4 Prozent) lagen, während Zentral- und Osteuropa die niedrigsten Raten aufwiesen. Während 1970 ca. 3 Mio. t weltweit in der Aquakultur erzeugt wurden, waren es 1980 5 Mio. t, 1990 ca. 13 Mio. t und 2000 ca. 30 Mio. t.

Aquakultur ist damit inzwischen der am stärksten wachsende Sektor in der Nahrungsmittelproduktion. Über 90 Prozent der weltweiten Aquakultur finden heute in Asien statt. Von den 2005 weltweit erzeugten 48,1 Mio. t stammten 32,4 Mio. t aus China, 2,8 Mio. t aus Indien und 1,4 Mio. t aus Vietnam. Der in Europa so beliebte Atlantische Lachs, der heute überwiegend aus Zuchtanlagen in Norwegen und Chile stammt, trug nur mit etwas über 1 Mio. t zur Weltaquakulturproduktion bei.

Die Aquakultur findet überwiegend im Meerwasser (51 Prozent), daneben im Süßwasser (43 Prozent) und in geringerem Umfang auch im Brackwasser (6 Prozent) statt. Die größte Erfolgsstory in der Aquakultur der letzten zehn Jahre spielte sich in Vietnam ab: Es handelt sich hierbei um Pangasius, eine Welsart aus dem Delta des Mekong. 2001 wurden 60 t die-

> ***„Die größte Erfolgsstory in der Aquakultur der letzten zehn Jahre spielte sich in Vietnam ab: Es handelt sich hierbei um Pangasius, eine Welsart aus dem Delta des Mekong.“***

ser Fischart nach Deutschland importiert (70 t nach Europa insgesamt), 2002 bereits 1296 t (Europa insgesamt 2521), 2003 2494 t (Europa insgesamt 6680) und 2004 unglaubliche 7396 t (Europa insgesamt 22.422). Wie die Zahlen für Gesamteuropa zeigen, hat sich diese Fischart inzwischen auch andere Länder, namentlich Spanien und Belgien, erobert. Experten gehen davon aus, dass sich die Entwicklung von Teichen und Fischzuchtanlagen auch im Binnenland forcieren wird.

In Deutschland ist das wirtschaftliche Potenzial dieses Bereiches jedoch noch nicht einmal ansatzweise erschlossen. Es bieten sich hier vielfältige Chancen und Herausforderungen. Für alle diese Produktionen muss jedoch gelten, dass sie umweltgerecht ausgerichtet sind und hinsichtlich der Verwendung von Tierarzneimitteln einwandfrei sind. Denn nur dann kann Aquakulturfisch beim Verbraucher Vertrauen finden und dem Fischmarkt neue, den Absatz fördernde Impulse geben.

Die Aquakultur in der EU hat die besten Voraussetzungen, um die vor ihr liegenden Herausforderungen zu meistern. Denn, so die Europäische Kommission, die EU besitzt einen ausgeprägten Markt für Meeresfrüchte, eine lange Tradition der Zucht von Süß- und Salzwasserfischen und Schalentieren, dynamische und fortgeschrittene Forschung, moderne Technologie, gut ausgebildete Unternehmer und Fischzüchter, geeignete klimatische Bedingungen und Anlagen für die derzeit kultivierten Arten. Die europäische Aquakulturindustrie muss jedoch auch mit einer Reihe von Herausforderungen zurechtkommen, die sich auf die Produktion auswirken. Dazu gehören Mangel an Platz und Wasser guter Qualität sowie Maßnahmen zum Schutz der Umwelt und der menschlichen Gesundheit. Die hohen Gemeinschaftsnormen sorgen dafür, dass die europäische Aquakultur in puncto soziale und ökologische Auswirkungen weltweit an der Spitze der nachhaltigen Entwicklung steht, doch sie erschweren es ihr auch, preislich mit Erzeugern vor allem in Asien und Südamerika zu konkurrieren, wo die Aquakulturproduktion weltweit am stärksten zunimmt.

Zur Förderung einer verantwortungsvollen Aquakultur in diesen Regionen wird der Verbreitung kostengünstiger, an Standorte und kulturelle Gegebenheiten angepasste Systeme Vorrang gegeben. Kleingewerbliche oder ländliche Aquakultur in Ergänzung oder als Alternative zur Fangfischerei kann somit einen erheblichen Beitrag zur Armutsminderung in den verschiedenen Regionen Asiens und Südamerikas leisten und dabei gleichzeitig den Druck auf die natürlichen Ressourcen mindern bzw. deren Nutzung optimieren. Dabei müssen die genutzten Ökosysteme in ihrer Gesamtheit und Funktionsfähigkeit bewahrt (Erhalt der Biodiversität) und die natürliche genetische Vielfalt darf durch die Aquakulturentwicklung nicht gefährdet werden.

Nachteilige ökologische Veränderungen und damit zusammenhängende wirtschaftliche und soziale Auswirkungen aufgrund von Wasserentnahme, Bodennutzung, Einleitung von Abwässern, Einsatz von Arzneimitteln und Chemikalien müssen ausgeschlossen werden. Es muss sichergestellt sein, dass die Lebensgrundlage ortsansässiger Gemeinschaften und ihr Zugang zu Fanggründen durch Aquakulturentwicklungen nicht negativ beeinflusst werden. Zur Förderung einer verantwortungsvollen Aquakultur hat die FAO einen „Verhaltenskodex für verantwortungsvolle Fischerei (CCRF)" entwickelt, der die Anforderungen festlegt (siehe Kasten).

Die in der Welt am meisten in Aquakultur erzeugte Fischart ist der Karpfen, ein Friedfisch, der sich mit Pflanzennahrung begnügt. Einige der in Aquakultur gehaltenen Fische sind hingegen Raubfische, so dass dem Fut-

Verhaltenskodex für verantwortungsvolle Fischerei (CCRF):

- Umsetzung internationaler Kodices und Abkommen für den verantwortungsvollen Umgang mit aquatischen Ressourcen.
- Technische Unterstützung und Capacity Building für kleingewerbliche Aquakultur im Binnenland und an der Küste.
- Unterstützung von Dezentralisierungsprozessen, die zu einer Stärkung der kommunalen und regionalen Selbstverwaltung in der kommunalen Gewässerbewirtschaftung beitragen.
- Unterstützung beim Aufbau von Mechanismen und Verfahren zur Umweltverträglichkeitsprüfung und -überwachung von Aquakulturen, zur Erfassung von nachteiligen ökologischen Veränderungen und damit zusammenhängende wirtschaftliche und soziale Auswirkungen.
- Einführung von Umwelt- und Sozialstandards und Richtlinien zur Produktzertifizierung.

ter noch Fischmehl zugesetzt werden muss, welches einen Engpass im weiteren Ausbau der Zuchten repräsentiert. Die Wissenschaft versucht derzeit hier Alternativen zu entwickeln, so dass zukünftig noch mehr renommierte Fischproduzenten neben Seafood aus Naturbeständen auf Rohwaren aus dem Aquakulturbereich zurückgreifen werden.

Weitere Initiativen für eine verantwortungsbewusste Fischwirtschaft

Im Zusammenhang mit dem Thema Nachhaltigkeit konzentriert sich die Fischwirtschaft in erster Linie auf die Rohwarenbeschaffung. Einige Produzenten der Branche unternehmen jedoch weitergehende Schritte, um ihren Betrieb umweltfreundlicher zu gestalten und gegenüber der zunehmend noch kritischer werdenden Verbraucherschaft weiter zu profilieren.

Carbon Footprint hat nichts mit Kohlepapier zu tun, sondern der CO_2-Fußabdruck der Produkte fällt unter die Rubrik Klimaschutz und Reduktion des CO_2-Ausstoßes. Wer sich mit heimischen Produkten eindeckt, ist klimatechnisch hinsichtlich des Transportes und der damit verbundenen CO_2-Ausstöße auf der sicheren Seite, denn die Transportwege und der dadurch bedingte CO_2-Ausstoß sind nahezu minimiert. Die deutsche Fischwirtschaft hingegen muss auf Rohwaren aus der ganzen Welt zugreifen. Um Kunden beim Kauf Orientierungshilfen auch diesbezüglich zu geben, werben erste Unternehmen mit Angaben zum CO_2-Ausstoß auf der Verpackung. Umweltaktivisten haben schon lange den „ökologischen Fußabdruck" gefordert, wenngleich seine Erfassung bei aus vielfältigen Rohwaren zusammengesetzten Produkten äußerst schwierig und fragwürdig erscheinen mag. In England hat der Handel jedenfalls bereits darauf reagiert. Zur Ermittlung der CO_2-Bilanz werden hier bei einer Vielzahl von Unternehmen alle Einsparungsmöglichkeiten entlang der Supply Chain gecheckt und genutzt. Wird einerseits durch Transporte CO_2 ausgestoßen, so versucht man andererseits z. B. durch die Verarbeitung von landwirtschaftlichem Abfall (Biomüll) dies wieder auszugleichen.

„Umweltaktivisten haben schon lange den „ökologischen Fußabdruck" gefordert, wenngleich seine Erfassung bei aus vielfältigen Rohwaren zusammengesetzten Produkten äußerst schwierig und fragwürdig erscheinen mag."

Young Seafood, ein führender Seafoodlieferant aus England, hat eine neue Verpackung für Frischlachs eingeführt, die den CO_2-Ausstoß beim Transport um 78 Prozent reduziert. Die wieder verwertbare Isolierbox enthält ein lebensmittelsicheres Gel, das die notwendige Eismenge verringert,

Sortieren von Fisch (Rotbarsch) nach dem Fang.

so dass mehr Lachs in eine Kiste passt und damit mehr Lachskisten pro LKW transportiert werden können. Auch TK-Spezialist FROSTA hat gemeinsam mit dem WWF und dem Öko-Institut ein „PCF-Pilotprojekt" initiiert. Ziel ist es, für zwei Produkte des Herstellers, u. a. für das Fertiggericht „Tagliatelle mit Wildlachs", entlang der kompletten Wertschöpfungskette eine Kohlendioxid-Bilanz zu eruieren.

Die Daten von der Erzeugung der Rohstoffe und Zutaten über die Produktion bis hin zur Lagerung und Logistik sollen gesammelt werden. Denn erst mit der Erkenntnis über die eigenen Emissionen wird es langfristig möglich sein, den Ausstoß von klimaschädigenden Gasen zu reduzieren. Im Rahmen des Projektes sollen auch einheitliche Erfassungsmethoden erarbeitet werden. Sofern diese Initiative erfolgreich ist, möchte auch FROSTA, vergleichbar den englischen Kollegen, die Verbraucher über eine Kennzeichnung der Produkte hinsichtlich der Höhe der CO_2-Ausstöße bei den jeweiligen Produkten informieren.

Einige Händler stellen ihre Lieferwagen auf Biodiesel um und ein führender Shrimps-Verarbeiter im Tiefkühlkost-Bereich in den USA (Contessa) hat für sein neu errichtetes Produktionswerk ein Zertifikat für ökologisches Bauen von „The Leadership in Energy and Environmental Design LEED" erhalten. Hier kann allein durch die Energieeinsparung des Betriebes ein erheblicher Teil der Investitionskosten wieder eingespielt werden. Ein Beispiel, welches auch durchaus in Deutschland Fuß fassen könnte.

Wie zuvor beschrieben, kommt gerade im Aquakulturbereich dem Fischfutter eine immense Bedeutung zu. Die Internationale Fischmehl- und Fischöl-Organisation (IFFO) entwickelt derzeit ein Zertifizierungsprogramm, das Fischmehl- und Fischöl-Produzenten ermöglicht, Rückverfolgbarkeit und Nachhaltigkeit zu demonstrieren. Der „Code of Responsible Practice (CORE)“ ist ein Kodex für verantwortungsbewusstes Handeln und soll Ende 2008 genehmigt werden. Anfang 2009 soll mit der Auditierung der interessierten Betriebe begonnen werden. CORE soll sich auf die Bereiche Lebensmittelsicherheit und Rückverfolgbarkeit, verantwortungsbewusste Rohwarenbeschaffung und entsprechende Fischereipraktiken erstrecken. Das neue Siegel ist kein Öko-Siegel und auch keine Konkurrenz zum bestehenden MSC-Siegel, sondern eine freiwillige Initiative der Futtermittelproduzenten selbst, die sich ihrer großen Verantwortung bewusst sind und dies auch öffentlich neutral bekunden lassen wollen.

> ***„Das neue Siegel ist kein Öko-Siegel und auch keine Konkurrenz zum bestehenden MSC-Siegel, sondern eine freiwillige Initiative der Futtermittelproduzenten selbst, die sich ihrer immensen Verantwortung bewusst sind und dies auch öffentlich neutral bekunden lassen wollen.“***

Moral mit Konzept

Ethisches und verantwortungsvolles Engagement sowie die Verknüpfung von Ökonomie mit Ökologie ist eine Erfordernis der heutigen Zeit und nimmt in den verschiedenen Branchen sukzessive zu. Die Fischbranche ist sich ihrer Verantwortung für den Erhalt der Fischbestände und für eine weltweit ausreichende Seafood-Versorgung bewusst, denn die Führungskräfte haben erkannt, dass ihre Aufgabe nicht allein in der optimalen Verzinsung des eingesetzten Kapitals liegt, sondern auch in der Fürsorge für ihre Mitarbeiter, dem Erhalt bzw. der Erweiterung des Firmenvermögens und des Umfeldes, wie Umwelt und Gesellschaft.

Die Seafoodbranche hat derzeit bereits viele Projekte ins Leben gerufen, um ihr Engagement in diesem Bereich zu dokumentieren. Nachhaltigkeit, Transparenz und Rückverfolgbarkeit in der Verarbeitung sind die zentralen Themen der Fischwirtschaft. Ob Maßnahmen zur bestandserhaltenden Fischerei oder Aquakulturen, neutrale Zertifikate zum Nachweis verantwortungsbewusster Herstellungsverfahren oder Projekte zur Ermittlung von effizienteren Transportwegen zur Verbesserung der CO_2-Bilanz, die Ideen der Hersteller und Verbände sind vielfältig. Erste Initiativen zeigen Erfolg, andere sind noch in der Anfangsphase. Es bleibt interessant, die Entwicklungen in diesem Bereich weiter zu verfolgen und mitzugestalten.

Prof. Dr. Jörg Oehlenschläger

Jahrgang 1944, ist derzeit stellvertretender Institutsleiter des Institutsteils Fisch am Max-Rubner-Institut, Bundesforschungsinstitut für Ernährung und Lebensmittel, in Hamburg.

Bereits kurz nach seinem Abschluss als Diplom-Chemiker in 1973 an der Universität Hamburg setzte er den Schwerpunkt seiner weiteren beruflichen Tätigkeit im Fischbereich. Seit 1977 ist er den früheren Bundesforschungsanstalten für Fischerei verbunden. Im Institut für Biochemie und Technologie der Bundesforschungsanstalt für Fischerei in Hamburg startete er seinerzeit, promovierte zum Dr. rer. nat. und wurde 1991 zum wissenschaftlichen Direktor und 1995 zum stellvertretenden Institutsleiter berufen.

Prof. Oehlenschläger hat seit 1995 einen Lehrauftrag an der Universität Stuttgart-Hohenheim für Fischtechnologie und Lehraufträge an der FH Fulda für Lebensmitteltechnologie sowie an der CAU Kiel. Er ist seit 1990 Sprecher der deutschen Delegation beim Codex Alimentarius Komitee für Fische und Fischerzeugnisse, seit 1999 Mitglied im „Board of Directors“ der International Association of Fish Inspectors und bereits seit 1986 Vertreter des BMELV in den Fachausschüssen 5 und 7 der Deutschen Lebensmittelbuchkommission. Seit 2001 hat er die Funktion des Obmanns des Güteausschusses der Gütegemeinschaft Fische und Fischerzeugnisse e.V. inne.

Seit 1984 ist er der DLG, insbesondere dem Testzentrum Lebensmittel, verbunden und beschäftigt sich intensiv mit der sensorischen Analyse. Nach dem Einstieg als Gastprüfer wurde er ab 1991 Prüfgruppenleiter in den Bereichen Tiefkühlkost und Feinkost. Ab 2003 übernahm er die Aufgabe des Prüfbevollmächtigten im Rahmen der DLG-Qualitätsprüfung für Tiefkühlkost und in 2007 auch die wissenschaftliche Leitung der Qualitätsprüfung für Fisch und Seafood.

Sein besonderes fachliches Engagement gilt darüber hinaus der Anpassung der sensorischen Grundlagen der DLG-Qualitätsprüfungen an europäische und internationale Standards sowie der Weiterentwicklung der DLG-Sensorik-Seminare und des DLG-Prüferpasses^PLUS^.

Bianca Schneider

Jahrgang 1969, ist Projektleiterin für Convenience Food im DLG-Testzentrum Lebensmittel. Bereits während ihres Studiums der Haushalts- und Ernährungswissenschaften an der Justus-Liebig-Universität Gießen lag ihr besonderer Schwerpunkt in der Qualitätserzeugung und -beurteilung von Lebensmitteln.

Kurz nach ihrem Abschluss als Dipl. oec. troph. in 1993 begann sie ihre berufliche Laufbahn als Projektleiterin bei der DLG. Von 1994 bis 1998 beschäftigte sie sich mit Qualitätsmanagement, HACCP und Qualitäts- bzw. Zertifizierungsaudits in der Land- und Ernährungswirtschaft sowie mit Umweltmanagementsystemen und Öko-Audit. Bis 2005 war Bianca Schneider darüber hinaus als Auditorin im Bereich HACCP und der ISO-9.000-Zertifizierung tätig. Von 1995 bis 2003 war sie zusätzlich mit der Geschäftsführung der International Food Information Service (IFIS) GmbH beauftragt und hier zuständig für nationale und internationale Projekte im Bereich Foodkommunikation.

Seit 2003 ist Bianca Schneider als Projektleiterin Convenience Food im DLG-Testzentrum Lebensmittel tätig, wo sie sich intensiv mit der fachlichen und organisatorischen Weiterentwicklung der DLG-Qualitätsprüfungen für Tiefkühlkost sowie für Fertiggerichte und Feinkost beschäftigt. Unter ihrer Leitung wurde in 2007 die Qualitätsprüfung für Fisch und Seafood initiiert.

LandFrauen
Deutscher LandFrauenverband e. V. (dlv)

Dr. Evelyn Schmidtke, *Geschäftsführerin des Deutschen LandFrauenverbandes (dlv), Berlin*

HausWirtschaft macht Schule

Umsetzung des aid-Ernährungsführerscheins durch LandFrauen

Der von einer Hausfrau in einem Werbespot mit Stolz ausgesprochene Satz „Ich führe ein sehr erfolgreiches, kleines Familienunternehmen!“ bringt auf den Punkt, was HausWirtschaft ist und was sie leistet:

HausWirtschaft ist mehr als Kochen und Backen. Vielmehr umfasst HausWirtschaft Ernährungskompetenz, Finanzkompetenz, Umweltkompetenz und nicht zuletzt Sozialkompetenz. Ernährungskompetenz beinhaltet das Wissen, wie gesunde Mahlzeiten durch planvolles Vorgehen beim Einkauf und bei der Vorratshaltung kostengünstig auf den Tisch gebracht werden. Finanzkompetenz befähigt Menschen, kurzfristig ihr Haushaltsgeld klug einzuteilen, mittelfristig Ersparnisse für größere Anschaffungen zu bilden, damit keine Konsumkredite aufgenommen werden müssen, und langfristig Altersvorsorge zu betreiben, um Altersarmut zu verhindern. Umweltkompetenz meint die Fähigkeit, mit Ressourcen wie Wasser und Strom schonend umzugehen und Wasch- und Reinigungsmittel sparsam dosiert einzusetzen. Sozialkompetenz ist die Fähigkeit, nicht nur virtuelle Welten über Fernsehen und Internet zu konsumieren, sondern reale Lebenswelten allein und gemeinsam mit anderen Menschen zu gestalten. Dazu gehört das gemeinsame Einnehmen von Mahlzeiten genauso wie das Einüben von Lebenstüchtigkeit, um die eigenen Kräfte effizient im Berufsleben und Privatleben einzusetzen. Es ist erwiesen, dass Menschen, die nicht in hauswirtschaftlich gut organisierten, stabilen familiären Strukturen leben, auch in Schule und Beruf schwer zu integrieren sind. Somit leistet HausWirtschaft Armutsprävention und zugleich Wohlstandsförderung für die gesamte Gesellschaft.

Der Deutsche LandFrauenverband (dlv) lehnt ständig neue Begriffsprägungen für hauswirtschaftliche Inhalte ab. Das, was HausWirtschaft ist, muss auch HausWirtschaft genannt werden (dürfen). Die Großschreibung des W in HausWirtschaft ist eine behutsame Modernisierung des Begriffes. Dahinter steht die Absicht, deutlich zu machen, dass HausWirtschaft ökonomisches Handeln ist. Viel zu lange wurde HausWirtschaft ausschließlich als private Fürsorge von Frauen für ihre Familien gesehen und mit einer stark emotionalen Komponente belegt. Die ökonomischen Aspekte der HausWirtschaft traten hinter dieser Emotionalisierung und Privatisierung zurück.

HausWirtschaft als Verbandsthema

Mit seinen bundesweit einer halben Million Mitgliedern setzt sich der Deutsche LandFrauenverband seit seiner Gründung vor 110 Jahren für die Sache der HausWirtschaft ein. Bereits der „Reichsverband landwirtschaftlicher Hausfrauenvereine", der 1898 in Rastenburg/Ostpreußen gegründet wurde und Vorgängerverband des Deutschen LandFrauenverbandes (dlv) war, verankerte die HausWirtschaft als Kernelement in seiner Satzung. Als zentraler Vereinszweck wurde die hauswirtschaftliche Aus- und Weiterbildung von Frauen festgelegt. Ziel war, der HausWirtschaft den Status eines anerkannten Berufes mit Erwerbscharakter zu verschaffen. Die Frauen auf den Höfen sollten in die Lage versetzt werden, mit dem Verkauf landwirtschaftlicher Erzeugnisse ein eigenes Einkommen zu erwirtschaften.

Die Frauen waren damals völlig unzureichend auf ihr Aufgabenfeld, die ländliche HausWirtschaft, vorbereitet. Dagegen hatte die Tätigkeit des

Landwirts durch die damals umwälzenden naturwissenschaftlichen Erkenntnisse mit Auswirkungen auf Ackerbau und Viehzucht bereits eine Professionalisierung erfahren. Während Landwirtschaft fachkundig gelehrt und gelernt wurde, war von einer hauswirtschaftlichen Ausbildung der Frauen auf den Höfen noch keine Rede. Die Bäuerin hatte keinen Beruf.

HausWirtschaft wurde vom LandFrauenverband von Anfang an als ökonomisches Handeln gesehen. Im Jahr 1948 wurde der Deutsche LandFrauenverband (dlv) in Stuttgart wieder gegründet. Die erste Präsidentin des dlv, Gräfin Leutrum, setzte u. a. auf hauswirtschaftliche Fortbildung als Vereinsangebot. Die HausWirtschaft ist bis heute eines der zentralen Verbandsthemen geblieben, die Vergangenheit, Gegenwart und Zukunft der LandFrauenarbeit verklammert.

Die zwei Säulen der HausWirtschaft

Die HausWirtschaft hat zwei Säulen: HausWirtschaft als Beruf und HausWirtschaft als Alltagskompetenz. Bei der HausWirtschaft als Beruf steigt langfristig der Personalbedarf und Ausbildungsbedarf. Gleichzeitig haben es kompetente Frauen mit hauswirtschaftlicher Ausbildung nicht leicht, auf dem Arbeitsmarkt zu guten Konditionen Fuß zu fassen. Das Problem betrifft fast nur Frauen, weil der Frauenanteil in hauswirtschaftlichen Berufen bei über 90 Prozent liegt. Bei der HausWirtschaft als Alltagskompetenz zeigt sich steigender Bedarf bei der Vermittlung hauswirtschaftlicher Kenntnisse bei Kindern, Jugendlichen und Erwachsenen. Vor allem am Thema HausWirtschaft als Alltagskompetenz muss der LandFrauenverband auf allen Verbandsebenen weiterarbeiten und hat dabei viele Verbündete in Politik, Wirtschaft und Gesellschaft. Viel zu lange wurden hauswirtschaftliche Kenntnisse als selbstverständlich erachtet und nicht wertgeschätzt. Erst jetzt, wo diese Kenntnisse vielen Menschen fehlen, wird uns die Bedeutung von HausWirtschaft als Alltagskompetenz klar. HausWirtschaft als Alltagskompetenz mit den Komponenten Ernährungskompetenz, Finanzkompetenz, Umweltkompetenz und Sozialkompetenz ist ein wichtiger Teil unserer Zukunft als Einzelpersonen und als Gesellschaft.

HausWirtschaft praktisch:

Umsetzung des aid-Ernährungsführerscheins durch LandFrauen

Der Deutsche LandFrauenverband (dlv) führt seit dem 1. Juli 2007 bis (vorerst) 28. Februar 2009 ein vom Bundesministerium für Ernährung, Landwirtschaft und Verbraucherschutz und von Sponsoren aus der Wirtschaft

> **„*Vom aid geschulte LandFrauen (EF-LandFrauen), die eine hauswirtschaftliche Ausbildung, eine pädagogische Zusatzqualifikation und Unterrichtserfahrung in Schulen vorweisen können, setzen den vom aid infodienst konzipierten aid-Ernährungsführerschein in Grundschulen um.*“**

finanziertes Projekt durch: Vom aid geschulte LandFrauen (EF-LandFrauen), die eine hauswirtschaftliche Ausbildung, eine pädagogische Zusatzqualifikation und Unterrichtserfahrung in Schulen vorweisen können, setzen den vom aid infodienst konzipierten aid-Ernährungsführerschein in Grundschulen um. Für den dlv ist dieses Projekt ein Baustein in seinem Engagement für die Verbesserung hauswirtschaftlicher Kenntnisse in der Bevölkerung und einer größeren gesellschaftlichen Wertschätzung der HausWirtschaft. Das Thema Ernährung, das durch den aid-Ernährungsführerschein aufgegriffen wird, ist ein wichtiger Aspekt des umfassenden Themas HausWirtschaft. Zurzeit sind an diesem Projekt bundesweit 163 LandFrauen beteiligt. Bis zur Fertigstellung dieses Beitrages wurden von den geschulten Ernährungs-

Die Präsidentin des Deutschen LandFrauenverbandes (dlv), Brigitte Scherb, übergibt am 17. Dezember 2007 einem Schüler der Hermann-Gmeiner-Grundschule (Berlin-Lichtenberg) den ersten von einer LandFrau umgesetzten aid-Ernährungsführerschein.

führerschein-LandFrauen circa 19.000 SchülerInnen in rund 900 Klassen erreicht. Die Anzahl der von den 163 bereits geschulten EF-LandFrauen erreichten SchülerInnen und Schulklassen steigt ständig. Die Schulung weiterer EF-LandFrauen ab März 2009 ist in der Planung.

Bedarf liegt auf der Hand

Der Bedarf für den aid-Ernährungsführerschein liegt auf der Hand:

Aus Studien geht hervor, dass sich gesunde Ernährungsgewohnheiten in der Kindheit herausbilden. Wer in der Kindheit zum Beispiel viel Obst und Gemüse isst, tut dies auch als Erwachsener. Wer wenig Obst und Gemüse isst, ändert in der Regel seine Gewohnheiten nicht und gibt dies an die eigenen Kinder weiter. Untersuchungen haben gezeigt, dass Familien mit geringem Einkommen in der Regel weniger Obst und Gemüse und andere gesunde Lebensmittel konsumieren. Die Kinder sozial Benachteiligter sind häufig auf städtischen Brennpunktschulen zu finden: Die Verbreitung des aid-Ernährungsführerscheins sollte deswegen gerade dort vorangebracht werden.

Bedarf für den aid-Ernährungsführerschein ergibt sich weiterhin aus der Tatsache, dass der Anteil Übergewichtiger in unserer Gesellschaft steigt und die Übergewichtigen immer jünger werden. Seit 1980 hat sich der Anteil übergewichtiger Menschen in der Bevölkerung verdoppelt. Während früher überwiegend Menschen im mittleren und höheren Lebensalter Gewichtsprobleme hatten, kämpfen heute schon Kinder und Jugendliche mit den Pfunden.

Schon Kinder und Jugendliche haben Erfahrung mit Diäten. Das Resultat: Viele übergewichtige Mädchen und Jungen sind dadurch nicht schlanker, sondern nur noch dicker geworden. Der aid-Ernährungsführerschein leistet einen Beitrag zur Übergewichtsprävention und stärkt das Selbstbewusstsein: Die Kinder erwerben Ernährungskompetenzen, die einer gesunden und ausgewogenen Ernährung förderlich sind. Damit wird Übergewicht vorgebeugt. Es wird der Grundstein dafür gelegt, dass gesunde Ernährung selbstverständlicher Teil des täglichen Lebens wird. Das ist besser, als erst mit der Bildung von Problembewusstsein zu beginnen, wenn das Übergewicht bereits vorhanden ist.

Praxisbezogenes Lernen

Das Projekt schließt eine große Lücke: Das Lebensmittelangebot war noch nie so reichhaltig und vielseitig wie heute. Trotzdem fällt es vielen Menschen schwer, sich gesund und ausgewogen zu ernähren. Das theoretische Wissen über gesunde Ernährung ist oft vorhanden, denn zwei Drittel der Deutschen informieren sich über Ernährungsfragen. Vielfach mangelt es aber an praktischen Fähigkeiten der Speisenzubereitung. Außerdem führt theoretisches Wissen nicht automatisch zu praktischem Handeln. Menschen essen aus vielfältigen und vor allem emotionalen Motiven: Hunger ist nur ein Motiv für das Essen. Wird gesundes Essen in Maßen in der Kindheit praktiziert, ist es lebenslang emotional positiv besetzt.

Der aid-Ernährungsführerschein ist praxisbezogenes, ganzheitliches Lernen: Mädchen und Jungen im Grundschulalter lernen dabei wichtige Lebensmittelgruppen, die aid-Ernährungspyramide, Küchengeräte und Arbeitsabläufe kennen. Sie bereiten selbstständig einfache Gerichte zu und essen gemeinsam. Am Ende steht ein schriftlicher Test und eine praktische Prüfung, in der die Kinder ein Büfett für Gäste erstellen. Wer das geschafft hat, erhält einen aid-Ernährungsführerschein mit Passfoto und Stempel. Und der Erfolg zeigt sich: Die Kinder beteiligen sich intensiv an den Unterrichtseinheiten. Sie werden durchgängig als hoch motiviert und interessiert eingeschätzt. Diese Form des Unterrichts macht den Kindern viel Spaß. Die am Projekt teilnehmenden LandFrauen berichten von beträchtlichen Lernerfolgen der Kinder durch praktisches Lernen und davon, dass diese das Gelernte in den familiären Alltag transformieren. Dafür gibt es auch Bestätigungen durch die Eltern.

Die Mehrheit der LandFrauen ist wochenweise im Einsatz. Die Umsetzung des aid-Ernährungsführerscheins im Rahmen von Projekttagen stellt eher die Ausnahme dar. Die Erfahrungen belegen, dass bessere Lerneffekte erzielt werden, wenn die LandFrau einmal pro Woche in den Unterricht kommt. Durch regelmäßige Wiederholungen über mehrere Wochen festigt sich das erlernte Wissen bei den Kindern.

Die Integration in den Regelunterricht hat folgende positive Effekte: Hauswirtschaftliche Unterrichtsinhalte werden genauso ernst genommen wie andere Unterrichtsinhalte. Der Lernerfolg ist höher, weil auch wiederholt wird. Hauswirtschaftliche Inhalte als Projekt (z. B. Kochen in der Nachmittagsbetreuung) anzubieten, ist zwar grundsätzlich zu begrüßen, hat aber weniger verbindlichen Charakter als hauswirtschaftliche Inhalte im Regelunterricht am Vormittag oder (im Falle von Ganztagsschulen) auch am Nachmittag.

Nachhaltiges Lernen

Die Transformation in den Alltag ist ganz entscheidend: In vielen Familien bestimmen die Kinder maßgeblich mit, welche Lebensmittel eingekauft

LandFrauen bereiten mit Kindern auf der Internationalen Grünen Woche in Berlin einen Obstsalat zu.

werden. Außerdem liegt heutzutage die Verantwortung für die Ernährung der ganzen Familie nicht mehr nur in der Hand der Person, die zu Hause am Herd steht. Heute werden nicht nur von Erwachsenen, sondern auch von Kindern und Jugendlichen immer mehr Mahlzeiten außer Haus eingenommen. Aus diesen gesellschaftlichen Trends sind zwei Schlussfolgerungen zu ziehen: Erstens braucht nicht nur die Hausfrau (oder der Hausmann) hauswirtschaftliche Kenntnisse, sondern die ganze Familie. Zweitens müssen hauswirtschaftliche Kompetenzen Kindern und Jugendlichen bereits sehr früh und kontinuierlich in altersgerechter Form vermittelt werden. Mit dem Heranwachsen müssen auch die hauswirtschaftlichen Kenntnisse wachsen. Nur dadurch ist aufeinander aufbauendes und nachhaltiges Lernen in Sachen HausWirtschaft möglich.

Die oben genannten vier Komponenten der HausWirtschaft, Ernährungskompetenz, Finanzkompetenz, Umweltkompetenz und Sozialkompetenz, müssen im Laufe des Lebens trainiert und durch verbindliche Bildungsangebote, wie zum Beispiel durch ein Unterrichtsfach HausWirtschaft, ausgebaut werden. Die Umsetzung des aid-Ernährungsführerscheins vermittelt

> ***„Die Umsetzung des aid-Ernährungsführerscheins vermittelt (zugeschnitten auf eine bestimmte Altersgruppe) Ernährungskompetenz und trainiert zugleich die Sozialkompetenz durch das gemeinsame Zubereiten der Gerichte und das gemeinsame Essen.“***

(zugeschnitten auf eine bestimmte Altersgruppe) Ernährungskompetenz und trainiert zugleich die Sozialkompetenz durch das gemeinsame Zubereiten der Gerichte und das gemeinsame Essen. Weitere Schritte zur Verankerung der HausWirtschaft mit all ihren Komponenten in den Unterricht an allgemein bildenden Schulen müssen folgen.

HausWirtschaft als Unterrichtsfach

Bereits im Kindergarten muss mit der Vermittlung hauswirtschaftlicher Kenntnisse begonnen werden. Für die Grundschule und weiterführende Schulen in der Sekundarstufe I, das heißt bis zur 10. Klasse, muss HausWirtschaft auf dem Lehrplan stehen. Dabei heißt die Alternative nicht Stricken statt Rechnen. Was spricht eigentlich dagegen, in einem Unterrichtsfach HausWirtschaft Mathematik zu unterrichten? Die Lernpsychologie beweist, dass nachhaltiges Lernen nur durch praktische Umsetzung der Theorie erreicht wird. Menschen sind lebenstüchtig, wenn sie in der Lage sind, Probleme zu lösen, vor die der Alltag in Familie und Beruf sie stellt.

Ein Schulfach HausWirtschaft muss mehr leisten, als Teilbereiche hauswirtschaftlichen Handelns schlaglichtartig zu beleuchten.

Ein Beispiel:

In einer Unterrichtseinheit im Fach HausWirtschaft lernen Schüler, ein Essen für 20 Personen mit mehreren Gängen zu planen und durchzuführen. Dafür müssen Rezepte gelesen und verstanden werden. Das schult das Leseverständnis. Der Einkauf muss geplant und ein Einkaufszettel geschrieben werden. Dabei lernen Kinder nicht nur die Schreibweise von Wörtern, sondern auch Lebensmittel kennen. Gleichzeitig wird eingeübt, Preise zu vergleichen und Produkte auszuwählen. Bei der Zubereitung des Essens kann bei der Zusammenstellung der Zutaten das Rechnen und Messen geübt werden. Viele praktische Fertigkeiten wie Schneiden oder Abwiegen trainieren die Geschicklichkeit.

Es genügt nicht, ernährungswissenschaftliche Inhalte beispielsweise in den Fächern Sachkunde oder Biologie zu vermitteln. Die Fachlehrer dieser Fächer sind nicht für die Vermittlung hauswirtschaftlicher Inhalte fachspezifisch qualifiziert. Viele Lehrerinnen und Lehrer bringen im Rahmen der Evaluation des Projektes zur Umsetzung des aid-Ernährungsführerscheins durch LandFrauen zum Ausdruck, dass sie den mit dem Pilotprojekt verbundenen Aufwand ohne Unterstützung als zu hoch empfinden, und schätzen die Unterstützung durch eine LandFrau sehr. Ohne LandFrau würden sie den aid-Ernährungsführerschein nicht durchführen. Der mit dem aid-Ernährungsführerschein verbundene Aufwand ist für viele Lehrkräfte zu hoch. Viele Lehrkräfte verfügen nicht über die erforderlichen praktischen Kompetenzen in HausWirtschaft. Es stellt für die Kinder eine sehr wichtige Erfahrung dar, auch einmal eine andere Person als Lehrkraft kennen zu lernen. Als besonders wertvoll werden die im aid-Curriculum enthaltenen Praxiselemente betrachtet. Diese werden vom traditionellen Unterricht so nicht geboten, sie motivieren aber die Kinder und schaffen neue Lernanreize.

HausWirtschaft als Unterrichtsfach soll nicht die höhere Mathematik oder die englische Grammatik aus der gymnasialen Oberstufe verdrängen. Das Fach HausWirtschaft ist aber in der Grundschule und den ersten Klassen der weiterführenden Schulen ideal für ganzheitliches, am Alltag und der Lebenswelt der Kinder und Jugendlichen orientiertes Lernen.

Ein Beispiel:

Das Erlernen von sozialem Verhalten gelingt am besten durch praktisches Handeln. Werte wie Ehrlichkeit, Rücksichtnahme, Fleiß und Zuverlässigkeit können nicht nur theoretisch in Unterrichtsfächern wie Religion oder Ethik vermittelt werden. Bei der Umsetzung des aid-Ernährungsführerscheins in Grundschulen durch hauswirtschaftlich qualifizierte LandFrauen lernen Kinder, gemeinsam zubereitetes Essen an einem gemeinsamen Tisch einzunehmen und es mit anderen ohne Streit zu teilen. Das ist nichts anderes als praktische Wertevermittlung durch HausWirtschaft.

III. Profile mit Mehrwert

Interview mit Peter Kowalsky, *Geschäftsführender Gesellschafter BIONADE GmbH, Ostheim v. d. Rhön*

Mit Werten Mehrwert schaffen

BIONADE – von der Kultmarke zum Volksgetränk

Was waren wichtige Meilensteine für die Erfolgsgeschichte von BIONADE?

Unsere Vision war immer, mit BIONADE ein Volksgetränk, eine „Volksbrause" herzustellen. Doch am Anfang sah es nicht danach aus, dass dies klappen würde, denn BIONADE war alles andere als ein Selbstläufer. Die Erfolgsgeschichte, die BIONADE seit 1995, seit der Abfüllung der ersten Flaschen, durchlaufen hat, ist durch verschiedene Faktoren und Ereignisse geprägt. Das Erfolgsrezept beruht zunächst auf einer wirklich visionären und innovativen Produktrezeptur, die auf einem biologischen Herstellungsprozess beruht und geschmacklich weite Konsumentengruppen anspricht.

Dann vor allem auf dem Durchhaltevermögen eines mittelständischen Erfinders und Unternehmers, der sein Ziel nie aus den Augen verloren hat, diese echte Produktinnovation ohne große Budgets, aber mit kreativen und sehr wirksamen Kommunikations- und Vermarktungsideen letztendlich zu einem im Markt stark gefragten Getränk zu entwickeln. Vor allem aber verfügen wir mit BIONADE über einen einzigartigen Markennamen, der auch international enormes Potenzial besitzt.

Was war und ist das Innovative an der Produktidee von BIONADE?

Am Anfang stand natürlich die Idee und ein Kopf, der sie trotz zahlreicher Rückschläge konsequent verfolgt hat. Denn mein Stiefvater Dieter Leipold wusste als exzellenter Diplom-Braumeister, dass Gluconsäure ein besserer Bio-Erfrischer als industrielle Phosphorsäure ist. Die sehr hochwertige Fruchtsäure aus Traubenzucker ist besonders mild, man muss ihr nur wenig Bio-Zucker zugeben. Nach rund achtjähriger Entwicklungsarbeit und einem Forschungsaufwand von über 1,5 Mio. Euro gelang ihm, was bis dato keinem anderen gelungen war: die Weichenstellung zwischen alkoholischer und alkoholfreier Gärung, hin zur Gluconsäure. Entstanden ist damit ein weltweit einzigartiges Erfrischungsgetränk, das auf dem Brauprinzip aufbaut und durch Fermentation, d. h. Vergärung, biologisch hergestellt wird. Mit der gebrauten Bio-Limo gab es damit also erstmalig eine Alternative zur raffinierten Zucker-Limo, die nur gemischt wird.

Das Ziel nie aus den Augen verloren: Dieter Leipold, Stephan Kowalsky, Sigrid Peter-Leipold und Peter Kowalsky (v. l. n. r.).

Wie kam dann der Erfolg?

Über Marketing haben wir uns am Anfang nicht viele Gedanken gemacht, unser Auftritt war zu Beginn eher bieder, wir dachten nur ans Produkt. Unser größtes Kapital war neben der innovativen Rezeptur aber der Markenname BIONADE, der von meinem Stiefvater Dieter Leipold stammt. Der Name wurde von ihm bewusst gewählt, weil es ein biologisch hergestelltes Erfrischungsgetränk ist. Er hat bereits zu Beginn bei der Namensfindung darauf geachtet, dass das Produkt einen Namen

Was ist BIONADE?

BIONADE ist ein Erfrischungsgetränk, gebraut nach dem Deutschen Reinheitsgebot, ohne Alkohol und rein biologisch.

Bierwürze ist Grundlage für die BIONADE. Sie entsteht durch das Maischen, das Erhitzen von geschrotenem Malz und Wasser.

Der nächste Schritt in der BIONADE-Herstellung ist die Fermentation, die Vergärung: In riesigen Edelstahltanks wandelt ein Bio-Organismus den Zucker in der Bierwürze in Gluconsäure um. Es entsteht eine Art Ur-BIONADE, der die Brauer Kohlensäure und Aromen zusetzen.

erhält, der auch in vielen Sprachen zu verwenden ist. D. h., der globale Vermarktungsansatz wurde von Beginn an mitbedacht.

Mit der neuen Produktausstattung kam der Erfolg.

Der Durchbruch kam Ende der 90er Jahre, als wir uns intensiv um den Markt und damit um Marketing, Werbung und Kommunikation gekümmert haben. 50 Prozent unseres Erfolges beruht auf dem Produkt und 50 Prozent inzwischen auf Marketing.

Und dieser Erfolg ist untrennbar auch mit dem Namen Wolfgang Blum verbunden, einem Werber, mit dem wir über Umwege zusammenkamen. Zugleich änderten wir unsere Strategie. Wir konzentrierten uns auf Hamburg, die Stadt der Werber, und boten unser Getränk in Szene-Bars, auf Vernissagen und in den Kantinen der großen Medienhäuser an. Als nächstes kam Berlin und dann wurde der Handel auf uns aufmerksam.

Welche Aspekte standen bei der Entwicklung der BIONADE im Mittelpunkt?

Die zentrale Idee war, ein weltweites Volksgetränk für Kinder und Erwachsene auf der Basis eines natürlichen biologischen Prozesses zu kreieren und damit freiwillig, wie beim Reinheitsgebot des Bieres, auf Chemie oder andere Zusätze, die nicht natürlichen Ursprungs sind, zu verzichten. Es ging darum, eine natürliche Alternative zu den übersüßten und künstlich aromatisierten Getränken zu schaffen: Ein patentiertes Produkt, das durch seinen biologischen Herstellungsprozess und seinen Geschmack ein unverwechselbares Profil bietet, das Genuss und Verantwortung in sich vereint. BIONADE steht für das weltweit erste und einzige rein biologische, alkoholfreie Erfrischungsgetränk, das wie ein Bier gebraut ist. Damit gehört BIONADE zu den herausragenden Getränkeentwicklungen der vergangenen Jahre und ist dabei mehr als ein Öko-Getränk, nämlich ein Softdrink mit Seele.

Wie würden Sie das Profil der Marke BIONADE umschreiben?

In der Marke BIONADE bilden Natürlichkeit und Innovationskraft eine neue Wertegemeinschaft. Ich glaube, dass wir es geschafft haben, ein Produkt zu entwickeln, das die heterogenen Konsumbedürfnisse einer breiten Konsumentenschicht anspricht. BIONADE ist im Bio- und Wellnesstrend positioniert und signalisiert Verantwortung. Es ist gleichzeitig auch ein Produkt, das ein Lebensgefühl und eine Genusskultur visualisiert, für die Design, Originalität, Natürlichkeit und Authentizität von zentraler Bedeutung sind. Für viele Leute ist BIONADE weitaus mehr als nur ein Getränk. Damit zeigt man auch ein Lebensgefühl. BIONADE hat damit alle Möglichkeiten, weite Bevölkerungsschichten zu erreichen und vom Kultgetränk zur Volksmarke zu werden, die überall dort präsent ist, wo die Menschen Getränke erwarten.

Deutschland erlebt einen Bio-Boom. Welche Bedeutung hat das Thema Bio für den Erfolg der BIONADE?

BIONADE ist, wie bereits gesagt, kein Produkt, das seinen Ursprung im Bio-Boom hat, sondern in seiner biologischen Herstellungsweise. Genau wie beim Deutschen Reinheitsgebot für Bier hat man einen biologischen Herstellungsprozess, bei dem auf Chemie und andere Zusätze, die nicht natürlichen Ursprungs sind, verzichtet wird. Bei der Entwicklung und Einführung vor über zehn Jahren war auch der Bio-Boom keineswegs absehbar, denn damals wollten nur ganz wenige etwas mit „Öko" oder „Bio" zu tun haben. Es war damals eher peinlich, so etwas zu trinken.

Ich glaube, viele BIONADE-Trinker wissen auch heute noch gar nicht, dass es ein Bio-Produkt ist. Das ist auch nicht entscheidend für den Erfolg. Viel wichtiger ist, dass Bio drin ist und dass unsere Produkte den Menschen schmecken. Ohne den hohen Genusswert von BIONADE könnte auch ein Bio-Siegel den Verbraucher nicht zum Kauf überreden. Natürlich kommunizieren wir mit dem Namen „BIONADE" eine „ökologische" Botschaft. Aus heutiger Sicht muss ich sagen, dass der Name „BIONADE" ein Glücksgriff für uns war. Der Name hat sich vor allem deshalb durchgesetzt, weil das Produkt gut war. Allerdings haben sich die Zeiten inzwischen hinsichtlich „Bio" deutlich geändert, was natürlich auch für uns förderlich ist.

Welche Bedeutung hat der regionale Standort Ihres Unternehmens für die Marke BIONADE?

Wir verstehen uns als nationales Produkt aus der Provinz. Dabei sehen wir „Provinz" als rundum positiv besetzten Begriff, der die wichtigsten Eigenschaften unseres Unternehmens und der Marke BIONADE auf den Nenner bringt: Unser Ursprung liegt in Ostheim, dem Biosphärenreservat Rhön im nördlichsten Zipfel Bayerns. Wir sind ein Familienunternehmen, das auf eine lange Brautradition zurückblicken kann. Die Produkte sind in der Region gewachsen und haben so, obwohl sie jetzt auch von einer wachsenden internationalen Kundschaft getrunken werden, ihren unverwechselbaren Charakter nicht verloren. Denn BIONADE steht für Natürlichkeit, Echtheit und Verantwortung, auch in Zukunft. Trotz der inzwischen sehr umfangreichen Produktion wollen wir besonders sein und den

BIONADE. Der wichtigste Arbeitgeber in der Region.

Das Unternehmen

Die BIONADE International GmbH wurde 1995 aus der Privatbrauerei Peter heraus gegründet. Die Brauerei selbst ist 180 Jahre alt. Sie gehört Sigrid Peter-Leipold. Ihre Söhne aus erster Ehe, Peter und Stephan Kowalsky, sind Gesellschafter. 2002 wurde für den nationalen Vertrieb die BIONADE GmbH gegründet.

Ursprungswerten verhaftet bleiben. Wir wollen als Unternehmen und als Marke zeigen, dass nachhaltiges Wachstum, Ressourcenschonung und Rendite miteinander vereinbar sind. Dies ist Verantwortung, wie wir sie verstehen, leben und kommunizieren. Diesen Anspruch unterstreichen wir als Getränkehersteller auch damit, dass unser Firmensitz mitten in einem Biosphärenreservat gelegen ist.

BIONADE hat der Region viel zu verdanken. Und so partizipiert die Region auch am wirtschaftlichen Erfolg. Wir sind inzwischen der wichtigste Arbeitgeber in der Region und investieren auch in unseren Standort. Regionales Sponsoring und Kommunikationsaktivitäten unterstreichen den hohen Stellenwert unseres „regionalen Profils". Regionalität leben wir auch in der Auswahl und der Herstellung der Rohstoffe.

So haben wir begonnen, in der Region Holunder für unsere Getränke anzubauen. Damit wollen wir versuchen, möglichst unabhängig von den Aromen-Zulieferern zu werden und die Wirtschaft der Region zu stärken. Dies stellen wir auch durch entsprechende Schilder auf den Äckern heraus. Darauf steht: Hier wird Bio-Holunder angebaut. Der Anbau von Ingwer und Kräutern soll folgen. Und die Gerste kommt bereits aus der einheimischen Produktion. Außerdem arbeiten wir an neuen heimischen Geschmacksrezepturen.

Sie werben für BIONADE als das „Offizielle Getränk einer besseren Welt". Wie sehen Sie die Rolle eines Lebensmittelherstellers in der Zukunft. Welche Bedeutung hat für Sie das Thema „Verantwortung"? Und wie gelingt es Ihnen, dies auch erlebbar zu machen?

Das Thema „bessere Welt" ist durchaus ernst gemeint. Wir haben uns lange gefragt, ob man so etwas als Getränkehersteller eigentlich sagen darf. Wir haben uns bewusst dafür entschieden und kommunizieren dies auch so – mit einem zwinkernden und einem ernsten Auge. Das Produktkonzept von BIONADE basiert auf der Idee, eine gesündere Alternative zu den allgegenwärtigen Soft-Drinks anzubieten. Vor allem für die Zielgruppe der Kinder und Jugendlichen zeigen wir, dass wir als Getränkehersteller verantwortungsvoll handeln. Mit BIONADE verbessern wir die Ernährung und zeigen Verantwortung für unsere Kunden. Und das auf eine unkonventionelle Weise und ohne moralischen Zeigefinger, was ich für besonders wichtig erachte. Wir versuchen auf durchaus spielerische und genussvolle Weise einen Beitrag zu leisten, der über das Geldverdienen hinausgeht. Dazu zählt auch das aktive Engagement, wenn es um den Schutz natürlicher Ressourcen geht.

BIONADE unterstützt deshalb verschiedene Umweltprojekte, so auch den Verein „Trinkwasser", dessen Ziel es ist, neue Trinkwasserressourcen zu schaffen. „Wir pflanzen Trinkwasser!", lautet die Botschaft und jeder kann sich daran beteiligen. Das Unternehmen BIONADE unterstützt dieses bundesweite Projekt zur Schaffung neuer Trinkwasserressourcen durch Waldumbau. Dadurch sollen mittelfristig jährlich 100 Mio. Liter zusätzliches Trinkwasser generiert werden. Wir sind damit das erste Unternehmen, das seinen Wasserbedarf langfristig und nachhaltig der Natur zurückgibt.

In der Kinder- und Jugendförderung fördern wir die Bewegung „Jugend trainiert für Olympia". Die passende Plattform, um BIONADE als einzigartiges alkoholfreies Erfrischungsgetränk zu positionieren, das den Sportlerdurst auf natürliche Art löscht und von innen fit macht.

Auch in der internen Unternehmenskultur leben wir unsere Weltanschauung des „Mehr Miteinander" und des verantwortungsvollen Umgangs. Wir versuchen Dinge zu machen, die nicht dazu führen, dass wir genauso austauschbar werden wie andere Unternehmen. Deshalb ist es für uns wichtig, dass sich unsere Mitarbeiter mit dem Wertekanon eines in der Region verankerten, aber international agierenden Unternehmens identifizieren. Und dass sie stolz darauf sind, für solch ein Produkt zu arbeiten.

Erstmals beteiligt sich BIONADE auch an Qualitätstest. So unter anderem bei der DLG. Welchen Stellenwert haben für Sie Qualitätsauszeichnungen?

Wir sind sehr stolz darauf, dass wir im letzten Herbst für vier BIONADE-Getränke drei goldene und eine silberne DLG-Medaille erringen konnten. Zum einen wollen wir als Ergänzung für unsere internen Qualitätskontrollen auch die Expertisen und Ergebnisse von unabhängigen Fachinstituten einbeziehen. Zudem wollen wir stärker als bisher dem Verbraucher durch hoch angesehene Tests dokumentieren, dass unsere Produkte hervorragende Qualität bieten und bestens schmecken. Ein wirksames und glaubwürdiges Instrument dafür stellen die DLG-Auszeichnungen dar, die beim Verbraucher hohe Bekanntheit haben sowie für geprüfte Qualität und besten Geschmack stehen.

Bis vor kurzem hat BIONADE keine großen Werbekampagnen gefahren. Welche Rolle spielt Kommunikation für Ihre Marke? Auf welche Marketingstrategien setzen Sie?

BIONADE hat es ohne große Werbekampagnen geschafft, sich auf dem deutschen Markt zu etablieren. In Zeiten, in denen drei von vier Produkten beim Verbraucher floppen, eine Leistung, die sicherlich ihresgleichen sucht. Anfangs wurde die Erfolgsstory allein vom Produkt aus geschrieben. Dabei haben wir natürlich vom Trend zur Longneck-Flasche profitiert. Dazu kam die faszinierende Flaschenausstattung, die durch ihr aktuelles und von hoher Wiederkennung geprägtes Design schon heute Kultstatus erreicht hat und zum zentralen Erkennungszeichen der Marke geworden ist. Mit strategischem Sampling in der Szene-Gastronomie städtischer Metropolen haben wir die Aufmerksamkeit gezielt auf die Qualität und den Geschmack des Produktes gelenkt. So hat sich schnell eine Fangemeinde herausbilden können, die von der Qualität und dem Look des Produktes überzeugt war. Die Mund-zu-Mund-Propaganda hat dann für den Rest gesorgt. Ausgewähltes Sponsoring von Projekten aus dem Umweltschutz sowie der Kinder- und Jugendarbeit haben schließlich dazu beigetragen, dem verantwortungsvollen Image der Marke ein Profil zu geben.

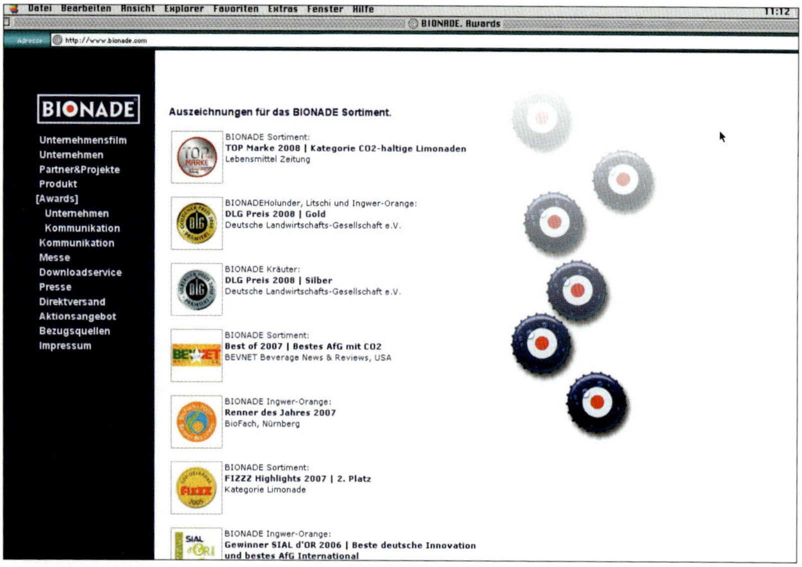

Prämierte Qualität: BIONADE stellt sich neutralen Qualitätstest.

Aufmerksamkeitsstark: Großflächenwerbung von BIONADE.

BIONADE ist heute nach Fanta und Sprite die Nummer drei im deutschen Limonadenmarkt. Auch im europäischen Ausland und in den USA sind wir im Wachstum begriffen. Zwar kennen bereits 75 Prozent der Deutschen BIONADE, aber nur zehn Prozent trinken sie regelmäßig. Wir müssen also die Marktdurchdringung erhöhen. Daher läuft aktuell erstmals eine größere Werbekampagne im einstelligen Millionenbereich. Denn um im Konzert der Großen mitspielen zu wollen, müssen wir unsere Struktur anpassen, auch was die Marketing-Power angeht. Im Juli 2008 haben wir die aktuelle BIONADE-Werbekampagne gestartet. BIONADE streut dabei Botschaften, quer durch Deutschland und quer durch alle Zielgruppen. Mal sind die Botschaften frech, mal feinsinnig, mal humorvoll. Das Besondere ist ihre Platzierung. Denn die Botschaften stehen immer in direktem Kontext zum Standort des Motivs. Wir sind auch stolz darauf, dass wir dafür in letzter Zeit eine ganze Reihe von Werbe-Auszeichnungen bekommen haben.

Trotzdem halten wir an dem ursprünglichen Erfolgskonzept auch weiterhin fest: Wenn wir jetzt verstärkt ins Ausland expandieren, werden wir auch dort mit der gleichen Strategie wie in Deutschland beginnen: Wir lassen den Verbraucher BIONADE entdecken, und wenn er sie gut findet, kann er sie kaufen und weitertrinken.

Zahlreiche Unternehmen versuchen ähnliche Produkte wie BIONADE auf den Markt zu bringen. Wie wollen Sie in Zukunft Ihr unverwechselbares Profil stärken? Wie sehen Sie die Zukunft der BIONADE?

Im Jahr 2002 verkauften wir zwei Millionen Flaschen, in diesem Jahr werden es 200–250 Mio. Flaschen sein. Wir haben eine Marktlücke genutzt und ein Kultprodukt aus der Provinz geschaffen. Jetzt gilt es, BIONADE als Volksgetränk zu etablieren und Lebensstil und Genussqualität „made in Germany" auch im Ausland zu vermitteln. Um sich gegen Nachahmer und die Konkurrenz zu wappnen, können wir einige Vorteile ins Feld führen. Wir sind sympathisch, anfassbar und wir sind echt. Damit dieses authentische Bild bestehen bleibt, will BIONADE auch in der Rhön bleiben.

Vor allem aber: Der Markennamen sagt eindeutig, dass wir das Original sind. Und allein dieses steht für die Gattung der fermentierten Produkte, und auf dieses Herstellungsverfahren haben wir auch das Patent. Damit

BIONADE weiter auf Erfolgskurs. 200–250 Mio. Flaschen in 2008.

können alle Imitate geschmacklich nicht an unsere BIONADE-Produkte herankommen, weil wir durch diese Fermentation einen Geschmack erzeugen, den man nur auf diese Weise erhält.

Peter Kowalsky

ist Geschäftsführender Gesellschafter der BIONADE GmbH sowie der BIONADE International GmbH in Ostheim/Rhön. Er verantwortet in beiden Unternehmen die Bereiche Forschung und Entwicklung sowie Marketing und Vertrieb.

Der 40-jährige Dipl.-Brauingenieur studierte von 1986 bis 1991 an der TU München in Weihenstephan. Nach seinem Abschluss trat er als Technischer Leiter in das Familienunternehmen ein. Seit 1997 ist er Geschäftsführender Gesellschafter der BIONADE International GmbH, seit 2002 auch der BIONADE GmbH.

Peter Kowalsky ist von dem Wirtschaftsmagazin „Capital" und der Umweltstiftung WWF Deutschland 2007 als Ökomanager des Jahres in der Kategorie Mittelstand ausgezeichnet worden. Seit 1990 werden damit Unternehmenslenker geehrt, die Ökologie und Ökonomie in vorbildlicher Weise verbinden.

Peter Kowalsky lebt mit Frau Tanja, Tochter Sarah und Hund Leo in Ostheim.

Thorsten Philippi, *Bäckermeister und Inhaber Philippi's Backstube, Nidderau-Windecken*

Der Handwerksbäcker im Wandel

Auf dem Weg heraus aus der Vergleichbarkeit

Die Zahl der selbstständigen Handwerksbäckereien liegt derzeit in Deutschland bei rund 16.700. Jährlich sinkt sie um vier bis fünf Prozent, was den hohen Konzentrationsprozess verdeutlicht, der sich in der Backwarenbranche seit Jahren abspielt. Qualitativ und quantitativ wurden sowohl durch den Prozess der immer größer werdenden Handwerksbäckereien und der anwachsenden Großbäckereien Strukturen geschaffen, die ein hohes Qualitätsniveau mit einem immer stärkeren Preiswettbewerb vereinen.

Die Generation 60plus ist noch mit dem Bewusstsein aufgewachsen, dass der Handwerksbäcker um die Ecke unentbehrlich sei. Diese Zeiten sind unwiederbringlich vorbei, oder erleben wir hier vielleicht wieder eine Renaissance? Moderne Bäckereitechnologie, die in Teilbereichen auch in Handwerksbäckereien längst Einzug gehalten hat, führt heute nicht mehr zwangsläufig zu einer Reduktion der Produktqualität. Verbrauchern schmecken auch Backwaren, die industriell gefertigt werden. Damit müssen Handwerksbäckereien leben lernen.

Der Preis, den Backwaren im Markt erzielen, ist über viele Jahre nahezu gleich geblieben. Die Kosten der Produktion in Bezug auf Energie, Lohnkosten und Backzutaten sind demgegenüber kontinuierlich zu Lasten sinkender Margen gestiegen. Der Handwerksbäcker von heute muss ein versierter Manager sein, der die Titanic auf ihrem Weg durchs Eisfeld geschickt manövriert. Viele kleinere Bäckereien haben die Begegnung mit dem Eisberg schon hinter sich und kämpfen entweder noch oder sind bereits von der Bildfläche verschwunden. Der Bäcker als Unternehmer wird gnadenlos zum Kalkulieren gezwungen! Deckungsbeitrag und Rohgewinnaufschlag werden zu neuen Begleitern im täglichen Handwerk.

Die Vielzahl der Probleme, mit denen sich mittelständische Handwerksbäckereien heute konfrontiert sehen, ist zweifelsohne gewaltig. Jedes reicht für sich alleine gesehen schon aus, um nervös zu werden. Dennoch gilt es, die Herausforderungen dieser Zeit selbstbewusst anzupacken: Wir mittelständischen Unternehmen sind das wirtschaftliche Rückgrat unseres Landes und der Hoffnungsträger für neu zu schaffende Arbeitsplätze. Bei uns herrscht noch ein ehrliches Interesse an langfristigem, nachhaltigem Erfolg vor. In wirtschaftlich schwierigen Zeiten wie diesen sollte man eine Weisheit mehr denn je beherzigen: „Schlechte Zeiten sind gut für gute Unternehmer“. Nur durch ein ganzheitliches Verständnis von Unternehmensführung sind heute Handwerksbäckereien in der Lage, ihren eigenen Weg heraus aus der Vergleichbarkeit aktiv und erfolgreich mit zu gestalten. Es reicht eben nicht mehr aus, nur ein gutes Brot zu backen oder selbst tagein, tagaus am Ofen zu stehen.

„Nur durch ein ganzheitliches Verständnis von Unternehmensführung sind heute Handwerksbäckereien in der Lage, ihren eigenen Weg heraus aus der Vergleichbarkeit aktiv und erfolgreich mit zu gestalten.“

Emotionalen Nutzen für Kunden erlebbar machen

Ein Patentrezept für einen Erfolgsweg gibt es sicherlich nicht. Die alles entscheidende Frage aber, die am Anfang aller Überlegungen stehen muss, ist für alle gleich: Was können wir besser als andere, insbesondere besser als der Handel? Wer sich dabei auf einen Preiskampf mit dem Handel einlässt, hat von vornherein verloren. Vielmehr gilt es, sich auf die eigenen Stärken zu besinnen. Wir Handwerksbäcker haben einiges vorzuweisen, doch unsere Stärken vermarkten wir oft nur unzureichend. Kunden müssen den Mehrwert erkennen, der ihnen in unseren Bäckereien geboten wird. Studien belegen, dass der symbolische Nutzen bzw. der emotionale Zusatznutzen heute bei der Kaufentscheidung eine mindestens ebenso wichtige Rolle wie die objektive Produktqualität spielt! Diesen Nutzen gilt es für Kunden erlebbar zu machen.

Den Vertrauensvorsprung weiter ausbauen

Qualität aus Meisterhand, dafür steht die Handwerksbäckerei. Dieser Vertrauensvorsprung muss weiter ausgebaut werden. Kunden müssen durch die Produktqualität, die Vielfalt, die Atmosphäre des Ladens und den freundlichen (Beratungs-)Service begeistert werden. Denn begeisterte Kunden geben nicht nur gerne Geld aus, sie kommen auch wieder, und sie sind die besten und preiswertesten Multiplikatoren, die man sich denken kann! Treue Kunden zu Fans machen, das ist die Kür!

Räumliche Nähe schafft Vertrauen

Räumliche Nähe schafft Kundennähe. Und daneben auch Vertrauen und Transparenz durch nachvollziehbare Herkunft und Qualität. Dies stellt für unseren Betrieb heute ein wichtiges Differenzierungspotenzial dar. Denn wir sind als Menschen Zeichen des Vertrauens und der Identifikation!

Das Image des Handwerksbäckers lebt von Frische, Qualität und Vielfalt! Die Kunden verlangen nach ehrlichen Lebensmitteln. Frische ist gleichbedeutend mit regionaler Nähe zum Verbraucher. Neben hoher Qualität und wachsender Nachfrage nach Bio-Lebensmitteln steht die Regionalität bei Verbrauchern hoch im Kurs. In einer globalisierten Welt ist das regionale Produkt ein Ausgleich zur Anonymität vieler Lebensmittel, wobei es oft nicht um rational nachvollziehbare Qualitätskriterien geht, sondern vielmehr um den emotionalen Mehrwert. Denn regionale Produkte stehen für Heimat, Geborgenheit und Nähe. Aus der Region für die Region! Gerade bei Brot und Backwaren gibt es viele Artikel, die neudeutsch als „Regional Food" bezeichnet werden könnten.

Wir werben zum Beispiel mit einer Collage „vom Korn zum Brot", die mit dem örtlichen Landwirt im Getreidefeld beginnt und über die familieneigene Mühle bis zum Laden geht. Personalisieren, dem Produkt ein

Gesicht geben, das ist das Geheimnis. Frische ist für unsere Kunden tagtäglich erleb- und schmeckbar, denn bei uns kann der Kunde von der Theke aus in die Backstube schauen. Diese „gläserne" Backstube erzeugt Vertrauen bei den Kunden, auf dem wir aufbauen. Und auch die vor einigen Jahren umgestellten Abläufe in der Produktion wurden sehr positiv aufgenommen: Unsere Nachtschicht wird ab 7.00 Uhr durch die Tagschicht ergänzt. Diese besteht aus zwei Bäckern, die bis 16.00 Uhr arbeiten, so dass unsere Kunden auch nachmittags frische Produkte bei uns kaufen können. Außerdem können wir so unsere knappe Fläche besser nutzen.

Versteht man Regionalität darüber hinaus auch als das Bewahren von regionalen und kulturellen Bräuchen, kommt uns Heimatbäckern eine große Bedeutung zu. Die vielen jahreszeitlichen, regionalen Gebäcke, wie der Weckmann zu St. Martin, die Einschulungsbrezeln oder das Osterlamm, sind nicht nur Möglichkeiten, Geschichte und Kultur an kommende Gene-

Unsere Nachtschicht wird ab 7.00 Uhr durch die Tagschicht ergänzt. Diese besteht aus zwei Bäckern, die bis 16.00 Uhr arbeiten, so dass unsere Kunden auch nachmittags frische Produkte bei uns kaufen können.

rationen weiterzugeben. Sie sind gleichsam ein hervorragendes Differenzierungsinstrument gegenüber dem Einzelhandel.

Internationale Spezialitäten versus regionale Produkte

Neben regionalen Produkten sind auch internationale Spezialitäten gefragter denn je. Was primär widersprüchlich scheint, ist leicht erklärbar. In der heutigen Gesellschaft ist das Grundbedürfnis Hunger längst dem Genuss gewichen. Stand man früher dem Unbekannten ferner Länder und Kulturen skeptisch gegenüber, ist heute die Neugier durch die große Reiselust der Deutschen, durch Medienberichte und nicht zuletzt auch durch das Internet geweckt geworden und damit die Bereitschaft, Ungewöhnliches zu probieren.

Abwechslungsreiches Zusatzsortiment: Kartoffelbrot aus Amerika.

Diese Neugier gilt es zu befriedigen. So bietet unsere Bäckerei beispielsweise neben Kartoffelbrot aus Amerika und „Baguette Flute" auch „Pain Paillasse" an. Durch Aktionswochen wie „Good Morning America", „Viva Italia" oder „Vive la France" verfügen wir über ein abwechslungsreiches Zusatzsortiment, das der Handel in dieser Spezifität nicht realisieren kann. Denn der Handel muss aus Mengengründen seine Sortimentspolitik eher an größeren Dimensionen ausrichten. Handwerksbäcker sollten also auf ihrem Weg heraus aus der Vergleichbarkeit verstärkt auf Eigenprodukte mit individueller Würzung bzw. Geschmacksnote sowie auf regionale hausgemachte Spezialitäten setzen. Das passt zur neuen Lebensqualität, die auf der Suche nach Authentizität ist, die wir bieten können.

Die in allen familiengeführten Handwerksbäckereien anzutreffenden schlanken Strukturen bedeuten Flexibilität und kurze Entscheidungswege, die einen großen Vorteil im Wettbewerb darstellen. Dies gilt beispielsweise auch für die relativ schnelle Ausrichtung unseres Sortiments nach den Kundenbedürfnissen bzw. aktuellen Ereignissen. Schneller als es der Handel je

Neukreationen sind ein willkommener Anlass für eine Berichterstattung in der Lokalpresse.

können wird! So haben wir etwa anlässlich der Geburt des Eisbärenjungen Knut im Berliner Zoo ein „Knut-Gebäck“(siehe Bild Textanfang) kreiert, das großen Zuspruch fand. Ebenso unser „Elisabeth-Brot“, das wir zum Elisabeth-Jahr geschaffen haben. Anlässe wie diese gibt es zuhauf, sie warten darauf, backtechnisch genutzt zu werden. Solche Neukreationen sind immer auch ein willkommener Anlass für die Lokalpresse, darüber redaktionell zu berichten – ein weiterer Mosaikstein auf dem Weg heraus aus der Beliebigkeit. Wichtig auch, etwas zurückzugeben. Vom „Elisabeth-Brot“ ging zum Beispiel ein Teil des Erlöses an eine Kirchengemeinde.

Erfolgreiche Kommunikation

Das Image des Betriebes, das heißt die öffentliche Wahrnehmung, ist heute mit erfolgsentscheidend. Behaupten kann sich nur, wer eine maximale Übereinstimmung der eigenen Möglichkeiten und der Anforderungen der Kunden erlangt.

Das Image des Betriebs bedingt zu über 50 Prozent den wirtschaftlichen Erfolg eines Unternehmens. Einfluss auf die Außendarstellung hat dabei zum Großteil die Kommunikation. Studien haben gezeigt, dass sich bis zu 70 Prozent des Images durch gezielte Kommunikationsmaßnahmen beeinflussen lassen. Vereinfacht ausgedrückt bedeutet das: Tue Gutes und rede darüber. So ist mir noch gut das Event mit 40 Metern Zwetschgenkuchen in Erinnerung. Der Erlös ging an die Musikschule. Und das fängt bei den alltäglichen Dingen eines Handwerksbetriebs an. Indem man der Öffentlichkeit, insbesondere natürlich seinen (potenziellen) Kunden, Informationen über die tägliche handwerkliche Arbeit vermittelt. Verbraucher benötigen Informationen über die handwerkliche Produktion und die Erzeugnisse, über die Qualitätsansprüche und die Qualitätssicherungsmaßnahmen „ihres“ Bäckers. Nur so können sie das, was sie im Laden kaufen und verzehren, in das richtige Verhältnis setzen und werten. Denn Information gibt

Sicherheit, besonders dann, wenn Verbraucher vermeintlich Vergleichbares auch günstiger bekommen können.

Entscheidend ist es, einen authentischen Weg zu finden und diesen konsequent zu leben und offensiv nach außen zu vermarkten. „Glaubwürdigkeit“ ist dabei heute mehr denn je gefragt. In Zeiten immer leichterer Informationsbeschaffung – vor allem durch das Internet – ist sie überlebenswichtig. Authentizität und Ehrlichkeit im Umgang mit Kunden sind unabdingbare Grundvoraussetzungen für einen erfolgreichen Weg heraus aus der Vergleichbarkeit hin zur Einzigartigkeit.

Öffentlichkeitsarbeit neben Werbung

Durch gezielt eingesetzte Öffentlichkeitsarbeit haben wir neben der klassischen Werbung das Bild, das die Kunden von unserer Bäckerei haben, positiv beeinflusst. Public Relations kann über alle öffentlichen Medien initiiert werden, die den Verbraucher erreichen. Bei uns sind das in erster Linie ortsansässige Printmedien wie Tageszeitungen, Anzeigenblätter, Handzettel und das Internet. Dabei sind das Themen-Setting und der Zeitpunkt entscheidend.

Authentizität

Sie muss im Unternehmen beginnen und sich in der gesamten Außendarstellung fortsetzen. Falsche oder schöngefärbte Darstellungen sind eher kontraproduktiv. Auch die Mitarbeiter sollten den „Spirit“ des Unternehmens kennen, begreifen und vor allem leben.

Wertschätzung durch Individualität

Wenn Fach- und regionale Medien, zu denen regelmäßig Kontakte gepflegt werden, das Gefühl vermittelt bekommen, ernst genommen und persönlich angesprochen zu werden, dann würdigen sie das auch entsprechend.

Emotionen sind der Schlüssel zur Seele

Im grauen Alltag sehnen sich Menschen nach Nähe und Emotionalität. Marken und Menschen, die sich menschlich zeigen und Geschichten erzählen, werden positiv wahrgenommen. So haben sich in unserer Bäckerei drei junge Leute um eine Lehrstelle als Bäcker beworben. Der Fernsehsender Pro7 hat das Auswahlverfahren begleitet und in der Sendereihe „Deine Chance“ gezeigt. Das Feedback auch nach dreimaliger Ausstrahlung war enorm.

Worten müssen Taten folgen

Um Journalisten zu überzeugen, muss man nicht nur reden, sondern auch handeln. Journalisten sollten an den Themen des Unternehmens teilhaben. Man kann ihnen die Möglichkeit geben, das Geschehen nicht nur als Zaungast zu erleben, sondern sie direkt mit einbinden, etwa bei betriebsinternen Produkttests.

Gemeinschaftserlebnisse, bei denen zentrale Medienkontakte in einer interessanten Gruppe zusammengebracht werden, können die Loyalität zum Unternehmen stärken. Die Nacht des Backens, die der Zentralverband des deutschen Bäckerhandwerks einmal jährlich veranstaltet, wird mit großem Interesse von unseren Kunden wie von Journalisten wahrgenommen.

Keine Angst vor neuen Wegen

Nur wer neue Wege geht und eigene Spuren hinterlässt, fällt auf. Deswegen sollte man mutig sein und so Aufmerksamkeit an sich binden. Dabei sind nicht unbedingt große Budgets nötig, vielmehr sind Kreativität und Experimentierfreude gefragt, gepaart mit Kontinuität, Strategie und der richtigen Dosis. Dann ist man schnell auf dem Weg heraus aus der Beliebigkeit hin zu einer unverwechselbaren Identität. Und die kommt an!

Thorsten Philippi

hat 2006 die Leitung des 40 Jahre alten Familienbetriebs übernommen. Der Stammsitz der Bäckerei liegt im hessischen Nidderau-Windecken. Philippi's Backstube verfügt über vier Filialen; zu den Großkunden zählen ein Altersheim und einige Kindertagesstätten. Rund 40 Mitarbeiter gehören zur Stammbelegschaft des Unternehmens.

Der Betrieb bildet fünf Lehrlinge aus. Philippi ist Mitglied u. a. des Öffentlichkeitsausschusses des Bäckerinnungsverbandes Hessen.

Internet: www.philippis-backstube.de

Günter Wagner, *Vorstandsmitglied Institut für Sporternährung e.V., Bad Nauheim*

Getränkekonzepte mit gesellschaftlichem Mehrwert

Die neue Rolle der Lebensmittelhersteller

Jährlich gibt es rund 30.000 Neueinführungen von Produkten im Lebensmittelhandel, das sind fast 600 pro Woche. Alleine in Deutschland kamen im Jahre 2005 über 2.500 alkoholfreie Getränke als Neuentwicklungen auf den Markt. Doch mehr als zwei Drittel aller neuen, mit viel Geld in die Regale des Handels gebrachten Produkte sind wenige Monate nach der Einführung wieder verschwunden. Die Ursachen liegen nach Einschätzung der Experten nicht in einer falschen Vermarktung der Produkte, sondern in der Beantwortung der Frage: Was soll das Produkt für wen wie leisten; und was ist wirklich anders oder neu an diesem Produkt? Dabei spielt die Berücksichtigung sowohl von individuellen, als auch von gesellschaftlichen und gesundheitsökonomischen Rahmenbedingungen eine immer größere Rolle.

Veränderungen der Arbeitswelt

Der Traum vom Schlaraffenland, den die Menschheit Jahrtausende vergeblich träumte, ist zumindest in unseren Breiten realisiert worden. Maschinen, Transportsysteme und weitere technische Errungenschaften haben den früher immer erforderlichen körperlichen Bewegungs- und Arbeitseinsatz erheblich reduziert: Der Energie-/Kalorienverbrauch durch körperliche Aktivität hat in den letzten 50 Jahren um über 30 Prozent abgenommen. Das hat zur Folge, dass in dem Maße, wie der Traum vom Schlaraffenland realisiert wurde, dieser sich für viele als Alptraum herausstellte.

> ***„Der Energie-/Kalorienverbrauch durch körperliche Aktivität hat in den letzten 50 Jahren um über 30 Prozent abgenommen. Das hat zur Folge, dass in dem Maße, wie der Traum vom Schlaraffenland realisiert wurde, dieser sich für viele als Alptraum herausstellte.“***

In Deutschland sind mittlerweile ca. 37 Mio. Erwachsene und rund 2 Mio. Kinder und Jugendliche übergewichtig oder adipös. Heutzutage leidet ein Viertel der Erwachsenen an Herz-Kreislauf-Erkrankungen einschließlich Bluthochdruck. Es gibt rund vier Millionen Diabetikerinnen und Diabetiker. Das Leben im „Schlaraffenland“ Deutschland führt immer häufiger zu individuellem Leid: Beeinträchtigung des Wohlbefindens und des Körpergefühls, soziale Ausgrenzung, verminderte Leistungs- und Konzentrationsfähigkeit und weniger Lebensqualität. Krankheiten, die dadurch entstehen können, verursachen einen erheblichen Kostenanstieg im Gesundheitswesen und belasten die Sozialsysteme und die Volkswirtschaft durch vermehrte Arbeitsunfähigkeit und Frühverrentung. Allein Herz-Kreislauf-Erkrankungen verursachen in Deutschland Behandlungskosten von 35 Mrd. Euro jährlich, Krankheiten des Muskel- und Skelettsystems von 25 Mrd. Euro. Die Kosten, die durch Ernährung mitbedingte Krankheiten entstehen, werden mit 30 Prozent aller Gesundheitskosten kalkuliert und betragen damit jährlich mehr als 70 Mrd. Euro.

Die Bekämpfung von Übergewicht und Adipositas ist seit wenigen Jahren sowohl national als auch auf EU- und globaler Ebene eine wichtige Aufgabe. Die EU-Kommission hat 2005 mit ihrem Grünbuch „Förderung gesunder Ernährung und körperlicher Bewegung: eine europäische Dimension zur Verhinderung von Übergewicht, Adipositas und chronischen Krankheiten“ einen breit angelegten Konsultationsprozess begonnen. Als eine der ersten Maßnahmen hat sie 2005 die „Europäische Plattform für Ernährung, Bewegung und Gesundheit" ins Leben gerufen, in der sich Wirtschaft, Verbände und Organisationen zu überprüfbaren Schritten zur Prävention von Übergewicht verpflichtet haben.

Vor dem Hintergrund des weltweit zunehmenden Übergewichts und den damit einhergehenden Zivilisationskrankheiten hat die WHO bereits 2004 eine „Global Strategy on Diet, Physical Activity and Health" verabschiedet und ihre Mitgliedsstaaten aufgefordert, nationale Strategien zur Prävention von durch den Lebensstil mit verursachten, nicht übertragbaren Krankheiten durch gesundheitsfördernde Ernährung und mehr Bewegung zu entwickeln. Im November 2006 hat die WHO-Ministerkonferenz in Istanbul die Charta zur Bekämpfung der Adipositas für die europäische WHO-Region beschlossen. Das Bundesministerium für Ernährung, Landwirtschaft und Verbraucherschutz hat im Frühjahr 2008 zusammen mit dem Bundesministerium für Gesundheit den nationalen Aktionsplan für Deutschland „inform" vorgestellt. In diesem heißt es wörtlich: „Insbesondere in der Rezepturenanpassung von Lebensmitteln liegt noch viel Entwicklungspotenzial". Im Eckpunktepapier der Bundesregierung zu diesem Thema wird dazu ergänzend ausgeführt: „Es ist zu erforschen, ob und, wenn ja, wie mit neuartigen Lebensmitteln der Anteil übergewichtiger Menschen gesenkt werden kann."

Abbildung 1:

Risiko der Fehlernährung

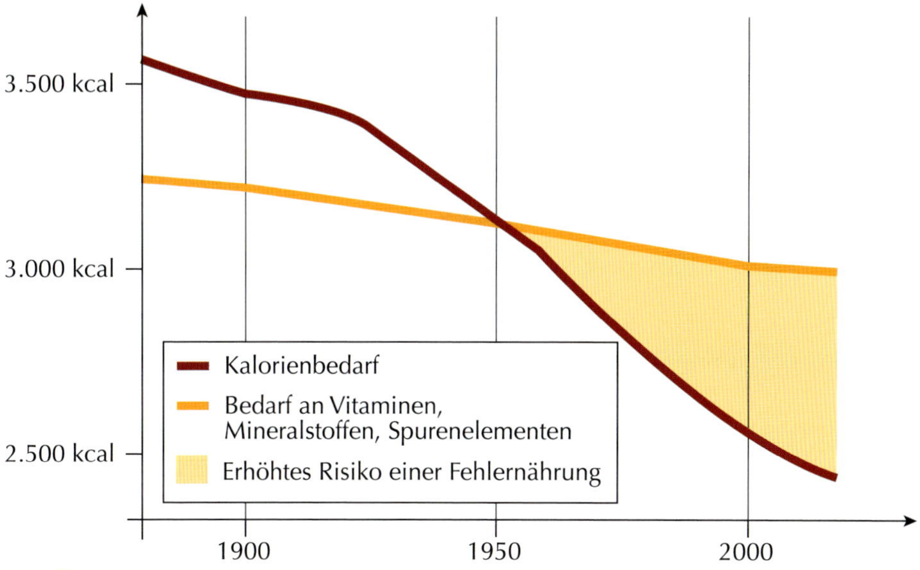

„Gute Praxis-Beispiele" innovativer Getränkekonzepte

Obesity-Prävention

Score Cola – Ganze Cola, halber Zucker

Die Reduzierung des Energiegehaltes bei Erfrischungsgetränken durch alleinige Verringerung des Zuckergehaltes oder der alleinige Austausch des enthaltenen Zuckers durch kalorienfreie Süßstoffe stellt nur eine unbefriedigende Lösung dar. Der Konsum einzig mit Süßstoffen gesüßter Erfrischungsgetränke führte zu keiner Reduzierung des Übergewichtsrisikos (Amerikanisches Paradoxon). Viel versprechend sind aktuelle wissenschaftliche Untersuchungen zur Reduzierung des Obesity-Risikos, die die reaktive postprandiale Insulinreaktion der Lebensmittel, und hier insbesondere der Erfrischungsgetränke, berücksichtigen. Die reaktive Insulinreaktion der Erfrischungsgetränke kann durch die Formulierung der Kohlenhydratmatrix effektiv gesteuert werden. Diese Aspekte wurden im europäischen Raum vom Lichtenauer Mineralbrunnen mit dem Produktkonzept Score Cola umgesetzt.

Score Cola ist zudem ein Beispiel dafür, dass Konzepte nicht nur eine richtige Idee haben, sondern auch zum richtigen Zeitpunkt umgesetzt werden müssen. Auch eine Umsetzung zu früh oder zu spät kann den Erfolg verhindern.

Rosbacher Sport – natürlich und isotonisch

Die Empfehlungen für die Zusammensetzung von Sport- und Fitnessgetränken sind vielfältig. Sie unterscheiden sich sowohl nach dem gewünschten Einsatzbereich als auch nach dem erstrebten Zusatznutzen. Häufig für den professionellen bzw. Spitzen- und Hochleistungssport entwickelt, sind diese Getränke sehr energie-/kalorienreich. Während einer freizeitsportlichen Aktivität von bis zu 90 min sollte das Getränk den Wasserhaushalt stabilisieren sowie einen Teil der Mineralstoffverluste über den Schweiß und einen Teil der verbrauchten Energie ersetzen.

Viele der auf dem Markt befindlichen Sport- und Fitnessgetränke sind hier jedoch insbesondere im Bereich der Energiezufuhr für den Freizeitsportbereich stark „überdosiert". Die Folge: Je mehr Freizeitsport gemacht und das „Profi-Getränk" als Durstlöscher eingesetzt wird, desto höher das Risiko, dass das Körpergewicht durch Sport nicht ab-, sondern zunimmt. Die Energieaufnahme durch das Sport- und Fitnessgetränk ist oft höher als der zusätzliche Energieverbrauch durch die freizeitsportliche Aktivität. Auch die Apfelsaftschorle als Sportgetränk stellt unter Obesity-Gesichtspunkten nur eine unbefriedigende Lösung dar.

Der Gesetzgeber schreibt für eine Schorle einen Fruchtsaftgehalt von mehr als 50 Prozent vor. Aus ernährungsphysiologischen Gesichtspunkten wäre jedoch lediglich ein Fruchtsaftanteil von 25 bis 33 Prozent sinnvoll. Diese Empfehlungen für ein Fitnessgetränk für den Freizeitsport werden mit Rosbacher Sport umgesetzt. Rosbacher Sport ist ein neuartiges Erfrischungsgetränk auf Fruchtsaftbasis, das nachweislich eine sportgerechte Wasser-, Mineralstoff- und Energieversorgung auf natürliche und isotonische Weise ermöglicht. Rosbacher Sport erfüllt mit weniger als 20 kcal/100 ml die Kriterien für ein kalorienarmes Erfrischungsgetränk. Rosbacher Sport wird vom Institut für Sporternährung e.V., Bad Nauheim, für die Fitness-Ernährung empfohlen. Nicht nur, aber auch unter Obesity-Gesichtspunkten.

FÜR DIE FITNESS-ERNÄHRUNG EMPFOHLEN
iS INSTITUT FÜR SPORTERNÄHRUNG e.V. BAD NAUHEIM

Licher Isotonisch – natürlich, alkoholfrei, kalorienarm (... und isotonisch)

Einen natürlichen Durstlöscher zur schnellen Regeneration nach sportlicher Aktivität bietet seit 2007 die Licher Privatbrauerei: Licher Isotonisch Alkoholfreies Pilsner, ein zeitgemäßer Genuss für Männer und Frauen, die körperbewusst sind, auf ihre Ernährung achten und nach dem Sport möglichst schnell ihren Körper regenerieren möchten. Zudem ist dieses alkoholfreie Pilsner „aus dem Herzen der Natur" reich an Vitaminen und Mineralstoffen. Unter ernährungsphysiologischen Gesichtspunkten sollte ein Getränk nach dem Freizeitsport wertvolle Vitamine und Mineralstoffe enthalten und kalorienarm sein. Und hieraus entstand die Idee eines neuen Produktkonzepts: Ein nach dem Deutschen Reinheitsgebot gebrautes alkoholfreies Pilsener, ein natürliches Getränk, das gleichzeitig isotonisch und kalorienarm ist.

Eine Lösung, die in Zusammenarbeit mit dem Institut für Sporternährung e.V., Bad Nauheim, erarbeitet wurde: Licher Isotonisch Alkoholfrei. Licher Isotonisch Alkoholfrei wird durch das Brauverfahren so eingebraut, dass es dem osmotischen Druck in der Blutbahn entspricht. Die Flüssigkeit und die darin enthaltenen Vitamine und Mineralstoffe können vom Körper schnell aufgenommen werden. Eine Voraussetzung dafür, dass sich der Körper schneller regenerieren kann. Ein bestehendes Flüssigkeits-/Energie- und Mineralstoffdefizit wird isotonisch-schnell ausgeglichen. Licher Isotonisch wird mit ausschließlich natürlichen Zutaten ohne künstliche Zusatzstoffe hergestellt und stellt aufgrund des Brauverfahrens eine echte Innovation im Getränkebereich dar. Die Kombination von alkoholfrei, isotonisch und kalorienarm ist im deutschen Biermarkt einzigartig.

100 ml Licher Isotonisch Alkoholfrei enthalten durchschnittlich

Brennwert	83 kj/19,6 kcal
Eiweiß	0,6 g
Kohlenhydrate	3,2 g
Fett	0 g
Vitamin B 3	1,37 mg
Folsäure	20,4 µg
Vitamin B 12	0,22 µg

Mentale Leistungsfähigkeit

Farbwechsel: aus Blau wird Weiß

Heute dominieren in der Arbeitswelt nicht mehr die „Blue-collar"-Berufe mit hohem Anteil körperlicher Aktivität, sondern die „White-collar"-Berufe. Wir leben heute in einer Informations- und Dienstleistungsgesellschaft. Volkswirtschaftlich ist die mentale Leistungsfähigkeit und die mentale Fitness der Bevölkerung heute zweifelsfrei noch wichtiger als die körperliche Fitness. Die Bedeutung der mentalen Leistungsfähigkeit in der Schule, im Studium und auch im Beruf hat zugenommen und wird weiterhin zunehmen.

Der Energieverbrauch des Gehirns liegt pro Gramm rund zehnmal höher als der durchschnittliche Verbrauch des restlichen Körpers. Denn obwohl das Gehirn nur rund zwei Prozent des Körpergewichtes ausmacht, verbraucht es mehr als 20 Prozent des Energiebedarfs des Körpers. Auch der Blutdurchfluss ist etwa zehnmal höher als im Muskelgewebe. Die Anzahl der Neuronen liegt bei etwa 100 Mrd. und die Gesamtlänge aller Nervenleitbahnen erstreckt sich über 100.000 km, also 2,5-mal um die Erde.

Auch wenn die Bedeutung der mentalen Leistungsfähigkeit ständig zunimmt, im Getränkeangebot spiegelt sich dieser steigende Bedarf nicht wider. Außer aus dem Bereich der Kaffee-, Tee- und Colagetränke gibt es kaum Getränkeinnovationen, die diesem steigenden Bedürfnis Rechnung tragen – mit wenigen Ausnahmen:

Rosbacher drive – für Konzentration und Reaktion

Rosbacher drive ist 100 Prozent natürlich. Es enthält neben natürlichem Koffein eine speziell entwickelte Energiematrix mit Palatinose. Palatinose (generischer Name Isomaltulose) ist ein reines Isomer des Haushaltszuckers, der Saccharose. Es wird aus natürlichem Rübenzucker gewonnen, besitzt eine milde Süße und mit 4 kcal/g denselben Energiegehalt wie die meisten anderen Zucker. Palatinose ist natürlicherweise in Honig und Zuckerrohrextrakt enthalten. Palatinose wird vollständig, aber wesentlich langsamer als normaler Haushaltszucker verdaut. Der glykämische Index (GI) für Palatinose beträgt 32.

Damit handelt es sich um ein Kohlenhydrat mit geringer glykämischer Wirkung, d. h., Blutzucker- und Insulinspiegel steigen weniger stark an. Die Energiefreisetzung erfolgt daher langsamer und länger anhaltend. Es resultiert daraus für Muskulatur und Gehirn eine gleichmäßigere Energiezufuhr über einen längeren Zeitraum als bei Kohlenhydraten mit höherem GI. Der potenzielle Nachteil eines Verzehrs von Lebensmitteln mit einem hohen Saccharose- bzw. Glucosegehalt und hohem Glykämischem Index (GI) liegt darin, dass der rasche Blutzuckeranstieg einen starken Insulinausstoß, eine reaktive Hypoglykämie und auch Hungergefühl induzieren kann.

Das Institut für Sporternährung e.V., Bad Nauheim, hat in einer Multi-Center-Studie zusammen mit Dr. Siegfried Lehrl von der Universität Erlangen die Wirkung von Rosbacher drive auf den Wachheitsgrad, die kognitive Leistungsfähigkeit und die subjektive Befindlichkeit getestet. In einer Zusatzstudie wurde das Blutzuckerverhalten und das Insulinprofil untersucht. Die Fragestellung lautete, kann ein Getränk die „Energie" und insbesondere spezifische Faktoren der mentalen/kognitiven Leistungsfähigkeit einer Person auf ein hohes Niveau bringen und dort lange erhalten? Dazu wurden in einer offenen, gegen Placebo kontrollierten Cross-Over-Verlaufsstudie die Zielgröße „Wachheitsgrad", die mit dem Alertometer erfasst wurde, und Größen der kognitiven Leistungsfähigkeit und der subjektiven Befindlichkeit untersucht. Die beiden Kernhypothesen konnten statistisch signifikant bestätigt werden.

Unter der Versuchsbedingung „Rosbacher drive" ließ sich die Basis-Lerngeschwindigkeit über ein bis zwei Stunden aufrechterhalten, während sie beim Placebo absank. Die subjektive Befindlichkeit, die Stimmungen und Antrieb gleichermaßen umfasst, wurde beim Placebo schlechter, beim Testgetränk aber signifikant besser gegenüber der Ausgangssituation.

Unter dem Placebo fiel während der Untersuchung der Antrieb zunehmend ab, während er bei Rosbacher drive anstieg und innerhalb der folgenden drei Stunden das Ausgangsniveau nicht mehr unterschritt. Über zweieinhalb Stunden nach der Einnahme war der Unterschied signifikant.

Der Insulinanstieg erreichte 30 min nach Verzehr sein Maximum. Dabei ist der erreichte Absolutwert bzw. der geringe Anstieg in Anbetracht der verzehrten Gesamtkohlenhydratmenge von über 40 g – ohne dass gleichzeitig die Magenentleerung verlangsamende Begleitsubstanzen, wie z. B. Fett oder Eiweiß, verzehrt wurden – erstaunlich niedrig. Besonders auffällig ist der geringe Insulinanstieg im Vergleich zum Insulinverlauf einer identischen Menge eines klassischen Cola-Getränks. Bei der klassischen Cola resultiert ein über dreimal so hoher Anstieg innerhalb derselben Zeit. Charakteristisch ist auch der langsame Abfall des Insulinspiegels – wie erwähnt von einem niedrigen Niveau – nach Verzehr von Rosbacher drive. Dies könnte ein Hinweis auf die stetige Glucose-Bereitstellung aus Palatinose sein, zumindest auf eine stetige Glucose-Bereitstellung aus dem Testgetränk.

Im Vergleich des Blutzuckerverlaufs zwischen identischen Trinkmengen von Rosbacher drive und einem klassischen Cola-Getränk zeigte sich ein um über 30 Prozent verlängerter Zeitraum eines erhöhten Blutzuckerspiegels bei Rosbacher drive. Es steht also bei Verzehr des Testgetränks für einen deutlich längeren Zeitraum Energie z. B. für mentale Leistungen zur Verfügung. Daraus resultiert ein positiver Einfluss auf die Dauer der optimalen Wachheit und somit auf Konzentration und Reaktion.

Der Verzehr eines palatinose- und koffeinhaltigen Getränks hier am Beispiel von Rosbacher drive förderte die geistige Leistungsbereitschaft und – bei mentalen Anforderungen – die kognitiven Leistungen. Es erhöhte den Antrieb über wenigstens drei Stunden.

Mit dieser Untersuchung konnte gezeigt werden, dass durch ein spezielles Getränk die mentale Fitness tatsächlich unterstützt und über einen längeren Zeitraum aufrechterhalten werden kann. Ob beim Sport, in Beruf und Freizeit, beim Autofahren, bei Besprechungen und bei PC-Arbeiten, die individuelle mentale Leistungsfähigkeit kann mit einem Funktionsgetränk gezielt beeinflusst werden.

FÜR DIE MENTALE FITNESS EMPFOHLEN iS INSTITUT FÜR SPORTERNÄHRUNG e.V. BAD NAUHEIM

Aus Young wird Silver

Was führt dazu, dass wir altern? Wissenschaftler gehen heute davon aus, dass von allen Faktoren, die die Lebenserwartung beeinflussen, sich etwa 40 Prozent mit der Ernährung und dem Lebensstil beeinflussen lassen. Derzeit leben rund 20 Mio. über 60-jährige Menschen in Deutschland. Bis 2030 erhöht sich die Seniorenquote auf 35 Prozent. Aber nicht wenige Senioren sind im deutschen Schlaraffenland mangelernährt. Die Heidelberger Senioren-Studie kommt zu dem Ergebnis, dass fast die Hälfte aller Patienten bei der Einweisung in eine geriatrische Klinik typische Symptome von Austrocknung aufweisen. 23 Prozent waren massiv unterernährt.

Dabei benötigen Senioren nur weniger Energie (Kalorien) als jüngere Erwachsene, aber eben nicht weniger Eiweiß, Vitamine, Mineralstoffe und insbesondere auch nicht weniger Flüssigkeit. Diese Nährstoffe werden mit zunehmendem Lebensalter in unverminderter oder sogar in erhöhten Mengen benötigt. Experten empfehlen deshalb altersgerechte Lebensmittel mit hoher Nährstoffdichte.

Fehlender Appetit wird als eine wesentliche Ursache für die Mangelernährung angesehen. Vorzeitiges Sättigungsgefühl stellt sich bei Senioren ein, weil der Magen seine Elastizität verliert und schneller gefüllt wird. Es gibt zudem altersinduzierte Veränderungen bei den Sättigungshormonen. Die Geschmackswahrnehmung lässt nach, auch Medikamente wirken oft Appetit mindernd. Hinzu kommen zahlreiche Handicaps: Kau- und Schluckbeschwerden, schlecht sitzende Prothesen, motorische Einschränkungen.

Doch eine geringe Nahrungsaufnahme, die Abnahme der Lust zu essen (und zu kauen) bedeutet (bei gleicher Lebensmittel- und Getränkeauswahl) auch eine geringere Aufnahme an den für ein „Better-Aging" wichtigen Nährstoffen wie Eiweiß, Vitamine, Mineralstoffe.

Neben den gesundheitlichen Risiken für die Betroffenen steigen auch die Kosten im Gesundheitswesen durch eine Fehlernährung im Alter. Zum Beispiel ist allein ein Viertel der Fälle von Dekubitus auf eine falsche Ernährung zurückzuführen – und somit auch ein Viertel der damit verbundenen Kosten, rund 840 Mio. Euro jährlich.

Es gibt keine spezielle Ernährung, die ein „Anti-Aging" bewirkt. Aber es gibt eine Ernährung, und zweifelsfrei mögliche Getränkerezepturen, die ein „Better-Aging" unterstützen: eine Ernährung, die mithilft, ein Nährstoffdefizit zu vermeiden. Und hier können neue bedarfsgerechte Innovationen im Getränkemarkt mit einem Added Value hinsichtlich Vitaminen und Mineralstoffen, aber auch hinsichtlich Produktauftritt (Etikettgestaltung, Schriftgröße, Verschluss ...) sowie Trinkfreundlichkeit und Trinkanimation eine wertvolle Unterstützung sein.

Smoothies – Frische Früchte und sonst nichts!

Aktuelle Untersuchungen zeigen, dass auch „junge Senioren", die noch gesund sind und sich daheim selbst versorgen, zu wenig Obst und Gemüse verzehren. Nach den jüngsten Ernährungsempfehlungen der Deutschen Gesellschaft für Ernährung e.V. sollen täglich 650 g Obst und Gemüse aufgenommen werden. Diese Menge wird aber nur von 20 Prozent der Senioren erreicht.

Smoothies stellen eine Generation neuartiger Lebensmittel dar, die neben anderen Zielgruppen, wie Heranwachsende und Menschen mit regelmäßigem Außer-Haus-Verzehr, gerade auch für Senioren einen vermehrten und abwechslungsreichen Obst-, aber auch Gemüsekonsum ermöglichen können. Da bei den als Smoothies bezeichneten Ganzfruchtgetränken bzw. Frucht-Shakes im Gegensatz zu herkömmlichen Fruchtsäften die ganzen Früchte bis auf Schale und Kerne verarbeitet und verschiedene Früchte kombiniert werden, resultiert daraus ein breites Spektrum hochwertiger Nährstoffe. Neben Vitaminen und Mineralstoffen stehen so auch viele sekundäre Pflanzenstoffe sowie Faserstoffe in einer leicht transportierbaren, konsumierbaren und anwenderfreundlichen Verpackung zur Verfügung.

> ***„Smoothies stellen eine Generation neuartiger Lebensmittel dar, die neben anderen Zielgruppen gerade auch für Senioren einen vermehrten und abwechslungsreichen Obst-, aber auch Gemüsekonsum ermöglichen können."***

Die cremige und sämige Konsistenz, erzielt durch je nach Rezept mit Säften gemischtem Fruchtmark oder Fruchtpüree, erleichtert den Konsum, erhöht die geschmackliche Akzeptanz und kann sogar dazu beitragen, dass individuell wenig präferierte Obst- und Gemüsearten verstärkt verzehrt werden. Besonders bei Kau- und Schluckbeschwerden, fehlendem Appetit oder Problemen beim Verzehr größerer Lebensmittelmengen können Smoothies eine sinnvolle Alternative zu frischem Obst und Gemüse bieten und einen regelmäßigen Verzehr dieser wichtigen Lebensmittel sicherstellen. Mit aufgrund von Appetitmangel mit Mikronährstoffen marginal versorgte Personen finden in Smoothies konzentrierte Nährstoffe bei geringer Sättigung und geringem Volumen. Ist eine hohe ernährungsphysiologische Qualität gegeben, kann Smoothies für die Zielgruppe sogar eine gesundheitlich relevante Wirkung attestiert werden.

Kritisch ist derzeit noch zu bemerken, dass keine eindeutige Definition für die Inhaltsstoffe von Smoothies vorliegt. In der Regel ist der Verbraucher überfordert, ernährungsphysiologisch hochwertigere Produkte in der Fülle des Angebots zu erkennen. So sind Smoothies, die hauptsächlich aus Saft (-konzentraten) und zum überwiegenden Teil aus einer einzigen Fruchtsorte bestehen, kaum wertiger einzustufen als Fruchtsäfte.

Ernährungsphysiologisch wertvoller sind Produkte, die mindestens zu 50 Prozent aus Frucht bzw. aus Fruchtmark oder -püree, Direktsäften und Fruchtstücken bestehen und eine breite Palette an Obst und/oder Gemüse pro konsumierbarer Einheit anbieten.

Empfehlenswerte Smoothies enthalten nur gering verarbeitetes Obst und Gemüse und können damit ein wichtiger Lieferant für Vitamine, Mineralstoffe und sekundäre Pflanzenstoffe sein. Sie weisen bei vielen Nährstoffen eine hohe Nährstoffdichte auf und enthalten keine nennenswerten Fettmengen. Dass Obst und Gemüse in „flüssiger Form" ernährungsphysiologische Relevanz besitzen, konnte die Bundesforschungsanstalt für Ernährung und Lebensmittel (BfEL), Karlsruhe, an Studien mit carotinoidreichen Gemüsesäften dokumentieren. Bei regelmäßigem Konsum wurden zahlreiche Stoffwechselfunktionen des Körpers positiv beeinflusst.

Mit Smoothies steht eine breite Palette an Obst und Gemüse in leicht verfügbarer und regelmäßig, leicht und schnell konsumierbarer Form zur Verfügung. Smoothies können besonders bei Senioren einen Teil zum Erreichen der aktuellen Empfehlungen für die tägliche Aufnahme von rund 400 g Gemüse und 200–250 g Obst beitragen. Sie dürfen je nach Rezeptur als ein oder sogar zwei Bausteine der populären Praxis-Empfehlung „5 am Tag" – fünf Portionen Obst und Gemüse täglich – gewertet werden.

Und hier gilt die vom Bundespräsidenten a. D. Dr. Roman Herzog in seiner Berliner Rede getätigte Aussage: „Wir haben kein Erkenntnisproblem, sondern ein Umsetzungsproblem. Wenn wir das als richtig Erkannte umsetzen, liegen die besten Jahre noch vor uns." Das gilt auch für die Konzeption von Neuentwicklungen im Bereich der Lebensmittel.

Günter Wagner

studierte an der Justus-Liebig-Universität Gießen Oecotrophologie und Erziehungswissenschaften. Als Ernährungswissenschaftler ist er Mitglied des Vorstandes im Institut für Sporternährung e.V., Bad Nauheim. Im Rahmen der sportmedizinischen Betreuung der Sportklinik Bad Nauheim berät er Leistungs- und Hochleistungssportler sowie Freizeit- und Breitensportler. Wagner ist Lehrbeauftragter der Deutschen Trainerakademie in Köln.

Sowohl als Vorstandsmitglied im Kuratorium Thera-Fit als auch als wissenschaftliches Kuratoriums-Mitglied der Gesellschaft für Gehirnforschung e.V. und der Academy of Balneologie, Health Resort Science, arbeitet Wagner interdisziplinär mit Wissenschaftlern verschiedener Fachbereiche zusammen. Innerhalb des vom Bundesministeriums für Ernährung, Landwirtschaft und Verbraucherschutz im Rahmen des Wettbewerbs „Besser Essen – Mehr Bewegen" geförderten Projektes „Kiks up Bad Nauheim" ist er verantwortlich für den Bereich „Kiks up Genuss".

Zu seinen wissenschaftlichen Aufgabenschwerpunkten gehören der Einfluss des Essens und Trinkens auf die körperliche und mentale Leistungsfähigkeit.

Günter Wagner ist Mitglied im Verband Deutscher Medizinjournalisten (VDMJ). Er ist Autor zahlreicher Veröffentlichungen sowie Mitautor der Bücher „Essen, Trinken, Gewinnen", pala-verlag, und „Trink dich fit", pala-verlag.

Thomas Rost, *Leiter Marketing, Sachsenmich AG, Leppersdorf*

Faszination Regionalität

Wie eine Milchmarke neue Gebiete erobert

Konsumenten kaufen nicht schlechthin Leistungen oder Produkte, sondern vor allem den Nutzen, den sie daraus ziehen können. Ein als günstig wahrgenommener Preis wird selbstverständlich als nützlich empfunden. Je preiswerter, je nützlicher. Klar ist, dass sich damit weder für den Hersteller noch für den Händler dauerhaft Wertschöpfung erzielen lässt. Auf der einen Seite werden die Margen kleiner. Auf der anderen Seite sind die Potenziale für Kosteneinsparungen, die nicht zu Lasten der Produktqualitäten gehen, ausgeschöpft.

Und so verwundert es nicht, dass innerhalb weniger Jahre vor allem im Food-Bereich aus einigen ausgesuchten Prestige-Produkten mit regionaler

> ***„Nahrung von nebenan" rangiert derzeit weit oben in der Beliebtheitsskala.***

Herkunft erste „regionale Regale" entstanden. Inzwischen genießen regionale Marken großen Zuspruch. Der Verbraucher sucht den regionalen Absender, empfindet diesen als nützlich. „Nahrung von nebenan" rangiert derzeit weit oben in der Beliebtheitsskala. Denn Frische, vermeintlich kurze Transportwege und eine garantierte Herkunft sprechen für sich und machen Produkte aus der eigenen Heimat so beliebt. Man weiß auch um die Arbeitsplätze, die vor der Haustür gesichert sind. Das alles wird wertgeschätzt. Dafür sind die Menschen offenbar bereit, tiefer in ihr Portemonnaie zu greifen. Wertschöpfung durch Wertschätzung. Der Handel hat den Trend längst erkannt und räumt der Regionalität im Sortiment entsprechend Platz ein. Wohl wissend, dass sich damit das Image aufpolieren lässt – von Kundenbindung ganz zu schweigen.

Was heißt, ein Produkt aus der „Region"? Es ist eine Frage der Definition, denn eine gesetzliche Regelung gibt es nicht. Fest steht, dass damit immer ein Raum definiert ist, den Menschen aufgrund landschaftlicher und kultureller Merkmale als Einheit empfinden. Das kann ein historisch gewachsenes Gebiet wie der Spreewald gleichermaßen sein wie ein Bundesland (Sachsen). Oder noch größer: Norddeutschland. Und genau das finden wir im Handel wieder: „Spreewald"-Gurken und „Sachsenmilch" beispielsweise als Regionalmarken der Hersteller, „Unser Norden" als regionale Eigenmarke der coop Kiel.

Mit der Kaufentscheidung für eine dieser Marken oder andere regionale Produkte erfüllen sich viele Konsumenten offenbar eine Sehnsucht: In einer Zeit, in der wir immer globaler denken und die Konzentration auf Seiten des Handels gleichermaßen wie auf Seiten der Hersteller voranschreitet, sehnen wir uns (wieder) nach Geborgenheit und mehr Individualität. Ist es nicht schön, zu wissen, dass der Hersteller meinen ganz besonderen, individuellen Geschmack trifft? Dass er überlieferte Rezepturen in handwerklicher Fertigung verwendet? Und dass die Marke in meiner Heimat zu Hause ist. Das bringt Sicherheit. Das ist glaubhaft, weckt Gefühle und ist sehr authentisch.

Heimat ist dort, wo ich groß geworden bin. Heimat ist auch dort, wo ich mich verstanden und geborgen fühle. Regionalmarken wecken diese Emotionen und lassen sich auch deshalb über dem Preiseinstieg positionieren.

> ***Regionalmarken wecken diese Emotionen und lassen sich auch deshalb über dem Preiseinstieg positionieren.***

Regionalität limitiert

Zugleich hat Regionalität ihre Grenzen. Zumindest dann, wenn sich das Markenversprechen auf den Absender und die gesicherte Herkunft reduziert. Wenn wir Regionalität ausschließlich als räumliche Komponente verstehen. Dann wird es außerhalb eines Radius von 150 oder 200 km schwer, damit nachhaltige Kaufargumente zu formulieren.

Doch es gibt einen emotionalen Ansatz in der Betrachtung von Regionalität, der darin mehr sieht als das Beschreiben einer Distanz. Wenn es nicht mehr um die Frage geht, wie weit entfernt ist der Hersteller, sondern wie nahe ist mir die Marke?

Nähe wird im Marketing des 21. Jahrhunderts zu einem immer wertvolleren Faktor. Erfolg hat nicht, wer besonders laut und schrill ist, sondern wer sich ganz nah bei den Wünschen seiner Käufer etabliert. Das bedeutet, sich in den regional definierten Alltag seiner Konsumenten zu wagen und ihr Interesse zu wecken. Denn dann kommt in der Wahrnehmungsebene auf Kundenseite zusätzlich zum „von hier" noch ein „für mich" hinzu.

Nähe empfinden wir, wenn wir uns verstanden fühlen. Wenn formulierte Markenwerte mit eigenen Wertvorstellungen übereinstimmen. Wenn wir uns wiederfinden in einer Markenkommunikation, die Themen und Inhalte aufgreift, die gerade in dieser Region, in dieser Gegend wichtig sind. Und mitunter nur dort.

Für eine Regionalmarke, die in einem definierten Absatzgebiet durch ihre Nähe zur Gedanken- und Lebenswelt der Verbraucher nachhaltig ihre Regionalität unterstreicht, bieten sich im Marketing-Mix insbesondere bei der Produkt- und der Kommunikationsstrategie kreative Ansätze. Willkommen bei Sachsenmilch!

Heimat ist dort, wo ich groß geworden bin

Wer an der Abfahrt Pulsnitz der Autobahn 4 seinen Blick kurz schweifen lässt, sieht eine beeindruckende Silhouette: Europas modernster Milch verarbeitender Betrieb steht in Leppersdorf vor den Toren Dresdens. Täglich treffen bis zu 4 Mio. Liter Rohmilch ein – eingesammelt auf großen und kleineren Bauernhöfen insbesondere in Sachsen, Sachsen-Anhalt und Brandenburg. 65.000 km legen die Milch-Sammelfahrzeuge dafür täglich zurück. Das entspricht der Wegstrecke einmal um die Welt. Hochmoderne Anlagen ermöglichen die Herstellung nahezu des gesamten Spektrums an Milch- und Molkereiprodukten. 1.500 Arbeitsplätze bietet die Molkerei und ist damit einer der größten Arbeitgeber der Region.

Europas modernste Molkerei in Leppersdorf bei Dresden – bis zu 4 Mio. Liter Rohmilch treffen hier täglich ein.

Und hier ist die Heimat einer der erfolgreichsten regionalen Milchmarken Deutschlands – der Marke Sachsenmilch. Hier wird der Grundstein gelegt, damit sich eine Vision erfüllen kann.

Emotionale Nähe für das Erreichen einer Vision

Visionen sind keine Träume, sondern sie benennen ein Ziel, das lohnenswert und erreichbar ist. In einer Zeitspanne, die nicht kürzer als zehn Jahre sein sollte. Eine Art Zukunftskreation, keine Vorhersage. Insofern ist eine Vision geeignet, alle, die an deren Verwirklichung arbeiten, einzubeziehen. Welche Anregungen lassen sich aus der Vision ziehen?

Jede Vision hat einen Startpunkt. Den Moment, in dem sie erarbeitet und verabschiedet wird. Können Sie sich vorstellen, dass sich die Regionalmarke Sachsenmilch in den kommenden Jahren zur erfolgreichsten regionalen Milchmarke zwischen Ostsee und Thüringer Wald entwickelt? Wir schon – und das setzt die Gedanken frei. Nicht, „ob" das so wird. Sondern, „wie" wir das schaffen. Der Erfolg auf Herstellerseite wird gemessen an der Bekanntheit und Beliebtheit der Marke im Vergleich zu den regionalen Mitwettbewerbern, an den Marktanteilen in den wichtigsten Produktgruppen und daran, wie profitabel sie ist. Für die Handelspartner sind es Marge und Nachfrage.

Zum Erreichen der Vision ist ein Gebiet abgesteckt, das – bezogen auf die räumliche Komponente – größer ist als das Bundesland Sachsen. Herkunft und Absender als Kaufargument reichen also nicht mehr aus. Wie kann die Vision, in Thüringen, Sachsen-Anhalt und Brandenburg, in Berlin und an der Ostsee als eine Regionalmarke wahrgenommen zu werden, realisiert werden?

Eine Marke „von hier" wäre der Ansatz auf der räumlichen Betrachtungsebene, der es ganz schnell zur „Ostmarke" stilisieren würde und somit langfristig darauf setzt, die nicht mehr vorhandene Teilung Deutschlands in den Köpfen der Verbraucher weiter leben zu lassen. Spätestens wenn die heute 25-jährigen zu Kaufentscheidern im eigenen Haushalt werden, geht der „Zauber der Ostalgie" verloren.

Es ist vielmehr die eingangs zitierte Nähe zum regional definierten Alltag der Verbraucher, die Vertrauen und Sympathie für die Marke Sachsenmilch erzeugt. Eine Marke „für mich". Eine Marke, die mich und mein Lebensumfeld, meinen Alltag versteht. Gerade hier in diesem Landstrich. Eine nationale Milchmarke kann und will diesen Anspruch nicht erfüllen. Jede andere Regionalmarke wie Hansano, Mark Brandenburg, Osterland oder Thüringer Land könnte nur noch zweite sein, die diesen Weg geht.

Denn im Brandpaper der Marke Sachsenmilch ist festgeschrieben, woran sie sich orientiert: Nicht an den Produktionskapazitäten in ihrer Heimatmolkerei, sondern ausschließlich an den Bedürfnissen ihrer Verwender zwischen Ostsee und Thüringer Wald. Sachsenmilch sieht sich als sympathischer und freundlicher Begleiter durch den Alltag, als verlässlicher Freund von nebenan. Als glaubhafte Milchmarke mit regionaler Herkunft steht sie für Lebensfreude und Genuss. Für ein Lebensgefühl. Mit dieser klaren Positionierung, die im Markenclaim „So schmeckt mein Tag" ihre Widerspiegelung findet, differenziert sie sich vom nationalen und vom regionalen Wettbewerb. Emotionale Nähe zum Verbraucher wird zur Marketingstrategie.

Nähe als Marketingstrategie

Wer im Alltag seiner Konsumenten zu Hause sein will, muss sich die Frage beantworten, wofür er steht. Neben den rationalen Argumenten ist es insbesondere der emotionale Marken-Benefit, gewissermaßen die Klangfarbe der Kommunikation. Sachsenmilch ist die Marke, die in idealer Weise die schönen und glücklichen Momente des Alltags widerspiegelt und so zum Begleiter durch den Alltag wird, besonders für markenbewusste Menschen ab Mitte 30. Ihr emotionaler Benefit orientiert sich an der Mentalität und am Lebensgefühl der Verbraucher in den neuen Bundesländern.

> ***„Wer im Alltag seiner Konsumenten zu Hause sein will, muss sich die Frage beantworten, wofür er steht."***

Eine Marken-Kommunikation, die die Herzen der Verbraucher erreicht

Sachsenmilch ist 94 Prozent aller sächsischen Verbraucher bekannt und besitzt mit 85 Prozent die höchste Kaufbereitschaft aller sächsischen Marken. Im benachbarten Sachsen-Anhalt liegt der Bekanntheitsgrad bereits bei 81 Prozent, in Thüringen bei 82 Prozent. Sie gilt nach „Readers Digest" als die vertrauenswürdigste Milchmarke im Osten. Wöchentlich zwei Millionen Produkte dominieren die Kühlregale in Sachsen, in Ostthüringen und im angrenzenden Sachsen-Anhalt. In fünf Produktgruppen, unter anderem bei H-Milch, Butter und Fruchtjoghurt, ist Sachsenmilch regionaler Marktführer. Vorausgegangen war im vergangenen Jahr ein umfassender Markenrelaunch zur Schärfung des Markenprofils. Hochwertiges Packungsdesign (Agentur TASTE, Offenbach), trendgerechte Neuprodukte sowie die klare Führung der Markenfarbe „Pink" überzeugen. Für das Feuerwerk an gelungenen Maßnahmen zur Modernisierung des Markenzeichens, des Sortiments und des Verpackungsdesigns sowie einer markengerechten Preis- und erweiterten Distributionspolitik gab es den Marketingpreis des Dresdner Marketing-Clubs e.V. und eine Bronze-Medaille von den Einkäufern des deutschen Lebensmittelhandels für ein „Produkt des Jahres".

Jetzt legt Sachsenmilch nach und will mit einer Markenkampagne gleichermaßen Stammkunden im Kerngebiet in ihrer Kaufentscheidung bestär-

Hochwertiges Packungsdesign, trendgerechte Neuprodukte sowie die klare Führung der Markenfarbe „Pink" überzeugen.

ken wie neue Käufer gewinnen – auch außerhalb Sachsens. In Zeiten, in denen sich die Preise bei Molkereiprodukten in bisher nicht gekannter Geschwindigkeit immer wieder verändern, können und müssen Marken dem Verbraucher mehr denn je Orientierung und Halt geben – durch eine Konstanz in den Markenwerten und durch eine Kommunikation, die Vertrauen und Sympathie stärkt.

„Das Glück genießen" ist der Kampagnentitel, mit dem wir auf die Sehnsucht der Menschen nach einem besonderen Lebensgefühl setzen. Glück ist kein Zufall, sondern Glück muss man vor allem können. Übrigens: Jetzt kann man Glück sogar lernen. In Heidelberg wird es seit einem Jahr als Unterrichtsfach angeboten. Doch zurück zur Kampagne von Sachsenmilch. Wir werden liebevoll aufzeigen, wie viele Alltagsmomente voller Glück es zu entdecken gilt. Insofern steht die Kampagne für Lebensfreude und Optimismus gerade in den neuen Bundesländern. Die Verbraucher im Osten Deutschlands werden sich mit unserer neuen Markenkampagne identifizieren, weil sie glaubhaft ist. Die Menschen finden sich darin selbst wieder und sie werden angeregt, sich an den schönen, mitunter auch kleinen Glücksmomenten im Alltag zu erfreuen und sich diese „schmecken" zu lassen – mit den Markenprodukten von Sachsenmilch.

Eines der ersten Motive der neuen Kampagne – ein authentischer Glücksmoment: Die gemeinsame Zubereitung eines leckeren Butterbrotes durch Vater und Sohn.

Mit mehr als 1,5 Mio. an Diabetes mellitus erkrankten Verbrauchern im Osten Deutschlands ist der Prozentsatz höher als im Bundesdurchschnitt.

Zu sehen und zu hören ist die Kampagne zunächst in Sachsen, Sachsen-Anhalt und Thüringen. Erste Glücksmomente, die die Kampagne zeigt, sind die Kuschelminute von Opa und Enkel auf der Hollywoodschaukel in einem Leipziger Schrebergarten und die gemeinsame Zubereitung eines leckeren Butterbrotes durch Vater und Sohn. Authentisch, aber keine Ostalgie – so das Credo der Macher.

Gute Marken erzählen spannende Geschichten. So ist nicht nur das erste Fotomotiv der Kampagne in Ostdeutschland entstanden und der Fotograf ein gebürtiger Dresdner, sondern auch das beworbene Produkt hat seine besondere Berechtigung: Wer sich wirklich am Lebensgefühl seiner Verbraucher zwischen Ostsee und Thüringer Wald orientiert, der entdeckt recht schnell: Mit mehr als 1,5 Mio. an Diabetes mellitus erkrankten Verbrauchern im Osten Deutschlands ist der Prozentsatz höher als im Bundesdurchschnitt.

Ein flächendeckend verfügbares Angebot einer regionalen Milchmarke jedoch gibt es nicht. Also haben wir die Produktentwicklung darauf ausgerichtet – unter Einbeziehung von Diabetikern, die über die vier Fruchtsorten sowie über wichtige Gestaltungsmerkmale bei der Verpackung mit entschieden haben. Das „Diät-Früchtchen = 1 BE" erleichtert das mühselige Rechnen zur Menge der täglich zu verzehrenden, vom Arzt festgelegten Broteinheiten. Der klare Verbrauchernutzen wird honoriert: 60.000 verkaufte Becher pro Woche bereits sechs Monate nach Markteinführung. Keineswegs nur in Sachsen, sondern auch über die Landesgrenzen hinaus.

Nähe als Marketingstrategie.
Wie setzt sich das unterhalb der Dachmarken-Kampagne fort?

Beispielsweise indem die Marke Verantwortung für die Region übernimmt, in der sie zu Hause ist. So werden Milchtrinker in Sachsen, Sachsen-Anhalt, Thüringen, Brandenburg, Berlin und Mecklenburg-Vorpommern seit September auf die Oberlausitz als Kulturregion aufmerksam gemacht. Die Heimatmarke sorgt auf insgesamt 4 Mio. H-Milch-Packungen auf bisher einmalige Weise dafür, dass die Oberlausitz für längere Zeit bei Hunderttausenden zum täglichen Milchgenuss gehört. Eingeordnet in die Kampagne „Das Glück genießen" bereichern in Wort und Bild die landschaftlichen Reize und die kulturellen Besonderheiten der Oberlausitz als eine der beliebtesten und attraktivsten Ferienregionen Sachsens die Verpackung. Ein doppelter Effekt: Werbeunterstützung für die Touristiker, denen das große Geld für notwendige Werbung fehlt. Unterhaltung und Mehrwert für die Konsumenten und ein Kaufanreiz wiederum auch außerhalb Sachsens.

Verpackung unterhält. Millionenfache Werbung für die Heimat der Regionalmarke – eine attraktive Ferienregion.

Beispielsweise indem regional bedeutsame Themen im gesamten Distributionsgebiet der Marke besetzt werden. Dafür steht ein neu geschlossener „Ausrüstervertrag" mit dem einzigen in der deutschen Regionalliga zertifizierten Fußball-Nachwuchsleistungszentrum beim Chemnitzer Fußballclub (CFC). 700 Liter Milch und Milchgetränke pro Monat für den Trainings- und Wettkampfbetrieb werden kostenfrei zur Verfügung gestellt, die den jungen Fußballern als gesunde Stärkung nach den Spielen dienen. Zudem ermöglicht ein finanzieller Beitrag im fünfstelligen Bereich Kindern und Jugendlichen bis zum vollendeten 14. Lebensjahr freien Eintritt zu allen Heimspielen ihrer „Himmelblauen".

Beispielsweise indem für regionale Handelspartner exklusive und unverwechselbare Marketingideen entwickelt und – auf Kosten der Marke – umgesetzt werden. Regionalmarketing, das in beide Partner einzahlt, statt Listungsgelder. Wenn beim Konsum Leipzig über vier Monate täglich der „Kunde der Woche" gesucht wird und der Lokalsender „Radio Leipzig" die Aktion stadtbekannt macht oder wenn der „Sachsenmilch-Frühstücksexpress" mit Landeswelle Thüringen bei den Edeka-Centern zwischen Suhl und Gera Station macht, um Hörer mit einem leckeren Brunch zu erfreuen, dann ist die Marke im Alltag ihrer Konsumenten zu Hause und stärkt zugleich den regionalen Handelspartner.

CLP-Kampagne auf dem Flughafen Dresden.

Beispielsweise indem sie ihre Kraft aus der Heimat schöpft. So wie bei den Ringen eines Steines, der ins Wasser geworfen wird. Die innersten sind die stärksten. Wer als Marke für besondere glückliche Momente und damit zwischen den Zeilen auch für Geborgenheit und Freude steht, der weiß um den Wunsch seiner Verbraucher, gern freundlich begrüßt zu werden, wenn man wieder daheim ankommt. Und so heißen wir am Flughafen Dresden die Urlauber willkommen, die in ihre Heimat zurückkehren.

Beispiele, die stellvertretend stehen für eine ganzheitliche Marketingstrategie der Sachsenmilch: Eine Regionalmarke, die emotionalisiert und fasziniert, Vertrauen schafft und Bindungen aufbaut, erfährt ungeachtet aller Preisturbulenzen eine starke Präferenz. Emotionale Nähe verstärkt den ohnehin schon starken Markenwert „von hier" um den Zusatz „für mich". Und genau der wird letztendlich den Wettbewerbsvorteil ausmachen.

Thomas Rost

ist Marketingleiter der Sachsenmilch AG am sächsischen Standort Leppersdorf. Er verantwortet dort u. a. die strategische Markenführung der Regionalmarke Sachsenmilch.

Bereits seit zehn Jahren ist ihm das Terrain bestens bekannt: Der diplomierte Kommunikations-Profi arbeitete nach dem Studium zunächst als Journalist, unter anderem bei der Nachrichtenagentur ADN/ddp sowie beim Fernsehen des Mitteldeutschen Rundfunks.

Anschließend gründete er als Geschäftsführender Gesellschafter in Dresden eine Marketing- und Kommunikationsagentur und spezialisierte sich auf Markenführung. Zum Agenturportfolio gehörte seit 1997 auch Sachsenmilch. In dieser Zeit führte er u. a. renommierte sächsische Herkunftsmarken wie „Dr. Doerr – Feinste Kost aus Dreden“, „Echt Erzgebirge – Holzkunst mit Herz“ oder „Original Radeberger“ zu nationalen Premium-Marken.

Im Oktober 2007 wechselte Thomas Rost von der Agentur- auf die Kundenseite.

IV. Erfolgreiche Kommunikation für veränderte Märkte

Günther Nessel, *Geschäftsführender Gesellschafter taste! food & beverage communication, Frankfurt am Main*

Quo vadis Mittelstand? Quo vadis Mitte?

Positionierungsstrategien für den Mittelstand

In guten wie in schlechten Zeiten wird Deutschlands Mittelstand gerne und schnell herangezogen. Und das zumeist als Vorbild: Hier entstehen die Arbeitsplätze, hier werden die meisten Steuern bezahlt. Doch auch qualitative Dimensionen wie Erfindertum, Durchhaltevermögen sind ebenso Teil der „Mittelstands-Aura". In der nicht enden wollenden Diskussion um Werte werden die in der Regel – in Deutschland laut einer Studie der Stiftung Mittelstand zufolge zu 95,1 Prozent – inhaber- und familiengeführten Unternehmen des Mittelstands als Vorbild zitiert: Hier der raffgierige Manager, der nur für und durch kurzfristige Erfolge lebt, und dort das in Genera-

Der Mittelstand (aus Wikipedia)

Das Institut für Mittelstandsforschung (IfM) ordnet Betriebe mit weniger als zehn Mitarbeitern und einem Umsatz unter 1 Mio. Euro den kleinen Unternehmen zu, solche mit weniger als 500 Mitarbeitern und maximal 50 Mio. Euro Umsatz den mittleren Unternehmen. Die KfW definiert dagegen den Mittelstand über einen maximalen Jahresumsatz von 500 Mio. Euro; wer darüber liegt, kann sich nicht mehr um Förderung bewerben.

tionen denkende Familienunternehmen, das Wertanlagen, langfristigen Ertrag und vor allen Dingen immer wieder ihre Mitarbeiter – so ist es zu lesen – in den Mittelpunkt stellt. Wie das mit Pressestimmen jedoch immer so ist: In der Regel ist das eine nicht so gut und das andere nicht so schlecht wie dargestellt. Doch Fakt ist – und bleibt: der Mittelstand hat in Deutschland – anders als in anderen Ländern – eine marktbestimmende Größe, auch und gerade weil die Definition in Deutschland nicht ganz so „griffig" zu fassen ist. Die Spanne reicht letztendlich vom kleinen Handwerksbetrieb bis hin zu Unternehmen, die rund 500 Mio. Euro Umsatz machen.

Geht die Mitte wirklich verloren?

Begreift man das Wort „Mittelstand" als Wortgebilde, so lassen sich zwei Teile analysieren: zum einen das Wort „Mitte", also verortet zwischen Klein und Groß, und zum anderen das Wort „Stand", was mit der früheren Bezeichnung der „Stände" durchaus korrespondieren mag und letztendlich eher Zünfte- oder Handwerks-Assoziationen in sich trägt.

Doch frei interpretiert und mit etwas Kreativität versehen, mag es auch einen Sachverhalt in sich tragen, der in heutiger Zeit bei der Betrachtung des Mittelstands von hohem Interesse sein mag: der Stand um deren Mittel – und damit Möglichkeiten, langfristig erfolgreich am Markt vertreten zu sein.

Dem Mittelstand anzugehören heißt, zumeist sich zu konzentrieren, heißt, Wege zu definieren für die Zukunft, um langfristig erfolgreich zu sein, gerade dann, wenn es sich um inhaber- oder familiengeführte Unternehmen handelt. Doch dies ist heute nicht mehr so einfach wie früher. Fakt ist, dass die Mitte im Sinne ihrer Sandwich-Position fast immer problembehaftet ist.

Seit Jahren ist die Diskussion (Abb. 1) anhaltend, dass in Deutschland – aber nicht nur da – die Mitte verloren geht, und dazu gehören nicht zuletzt auch die Marken und Produkte der Mitte.

Abbildung 1:

Die Marke in der Polarisierung

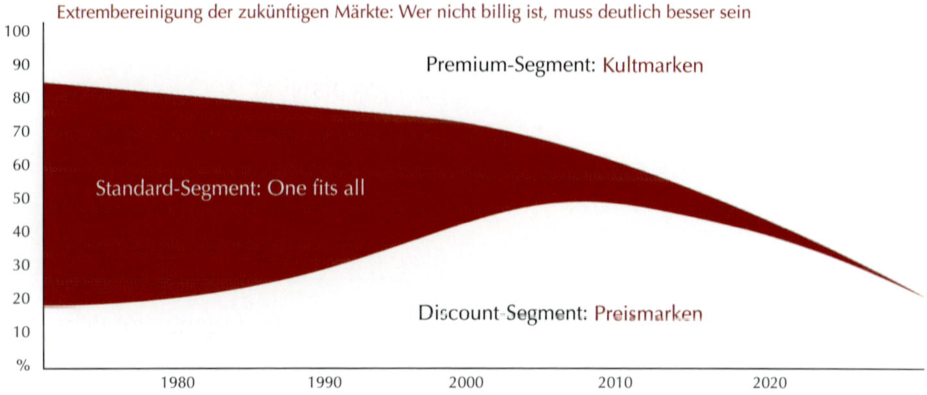

Quelle: Trend Büro, nach Harry S. Drend

Ein Beispiel: Keiner sagt, dass Opel schlechte Autos baut, doch als Marke der Mitte tut Opel sich schwer mit jedweder Art von Profilierung. Also heißt die Verbraucher-Entscheidung: Entweder auf das „Premium-Dreigestirn" sparen und Mercedes, BMW oder Audi kaufen oder gleich die Preiseinstiegsvariante wählen. Die hat in der Regel einen ausländischen Namen wie Kia oder Hyundai.

Marken in der Mitte tun sich schwer, und das hat etwas damit zu tun, dass sich auch die Deutschen schwer damit tun, der Mitte anzugehören.

Betrachtet man die Sinus-Milieus (Abb. 2, nächste Seite), wird dort die bürgerliche Mitte derzeit gerade noch mit 16 Prozent Bevölkerungsanteil bewertet. Aus der Mitte heraus entstehen neue Teilzielgruppen, die oftmals ein höchst eigenständiges Selbstverständnis und bei aller Unterschiedlichkeit zumindest eines gemeinsam haben: sie wollen nicht mehr zur bürgerlichen Mitte gehören. Das trägt Probleme für Marken in sich, wie am Beispiel Opel aufgezeigt, aber genauso stark sind auch ganze Produktkategorien davon betroffen.

Davon können die deutschen Brauer ein Lied singen. Traditionell als bürgerliches Produkt wahrgenommen, daran hat auch die millionenfache Werbung der Premium-/oder neudeutsch eher „Fernsehbiere" nichts geändert. Die im Verbrauchersinne eher als gehoben wahrgenommene Kategorie „Wein" hat nach Endverbraucherpreisen erstmals im Jahre 2005 die Gesamtausgaben für Bier überflügelt. Ein Szenario, das Realität geworden ist, das sich jedoch weder Brauereien noch Getränkefachgroßhändler noch vor zehn Jahren hätten jemals vorstellen können.

Abbildung 2:

Die bürgerliche Mitte: Keiner will mehr dazugehören

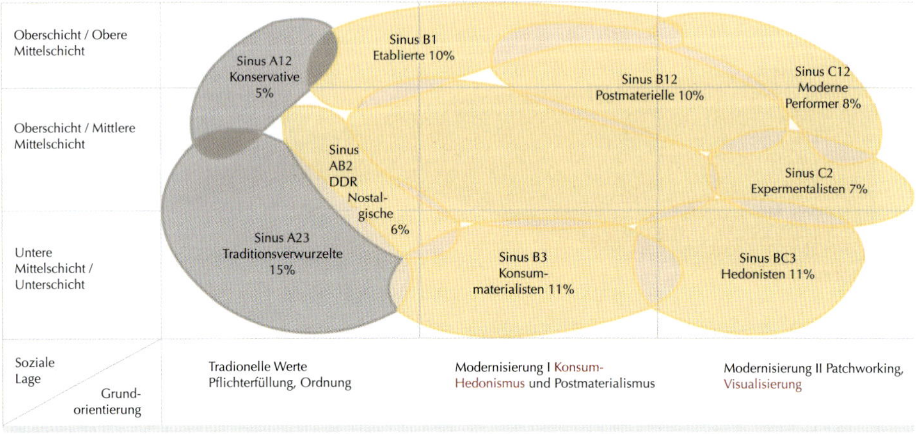

Quelle: VA 2001/4, Basis 30.673 Fälle

Geht die Mitte also wirklich verloren? Dies ist eindeutig mit „Jein" zu beantworten. Sicherlich (Abb. 3a + b) ist die Polarisierung Fakt: oben Premium- oder oftmals Kultmarken und unten Preis- und Preiseinstiegsmarken oder auch „Marketingführerschaft" vs. „Preisführerschaft" – oftmals eine Frage der kritischen Masse.

Doch für beides lassen sich in Deutschland erfolgreiche Beispiele finden. „Brille" heißt in Deutschland ganz offensichtlich immer öfter „Fielmann". Als deutscher Mittelständler hat das Unternehmen den Spagat geschafft zwischen Markenprofilierung via Innovation und Werbung auf der einen Seite und Preisführerschaft auf der anderen. Aber hier waren die Rahmenbedingungen besondere: Jahrzehntelang waren Brillen exorbitant teuer und für alle beteiligten Anbieter von extrem hoher Wertschöpfung. Da ist es natürlich einfacher, den „relativen" Preisführer zu geben. Doch auch am Beispiel des Biermarktes scheint Menge und Marke im Preiseinstiegsbereich machbar: Oettinger heißt das Produkt, bei dessen Nennung so mancher gestandene Brauer – egal ob regional oder national – die Nase rümpft. Doch längst ist die „Marke" zum Mengenführer in Deutschland, geworden. Dank des Deutschen Reinheitsgebotes, auf das alle Brauer so stolz sind, ist ein Numerus clausus etabliert, der dem Verbraucher klar macht, dass es kein schlechtes deutsches Bier geben kann. Die Ubiquität als eines der zentralen Charakteristika der Markendefinition hat Oettinger ebenso erreicht wie ein sauberes, wenn auch relativ niedriges Preisbild quer durch ganz Deutschland.

Abbildung 3a:

Premium oder billig – zunehmende Polarisierung

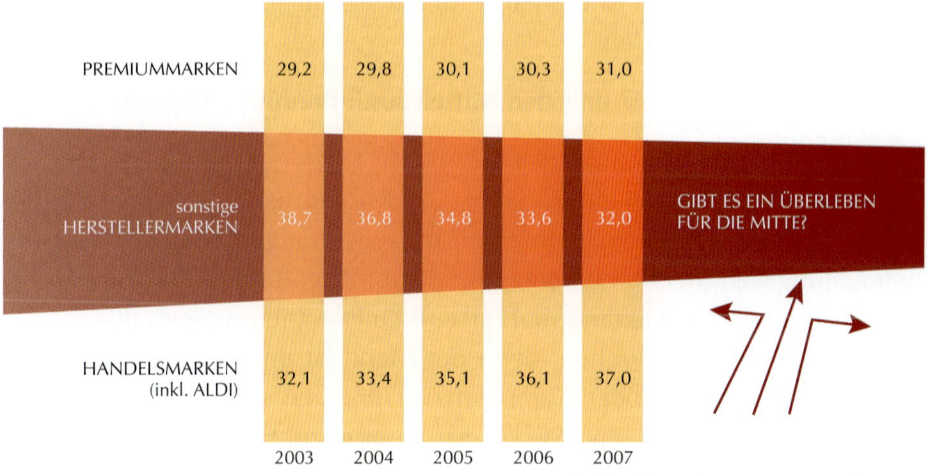

Quelle: GfK-Trendsensor Konsum; Angaben in %

Abbildung 3b:

Premium oder billig – Ausbrechen aus der Mitte

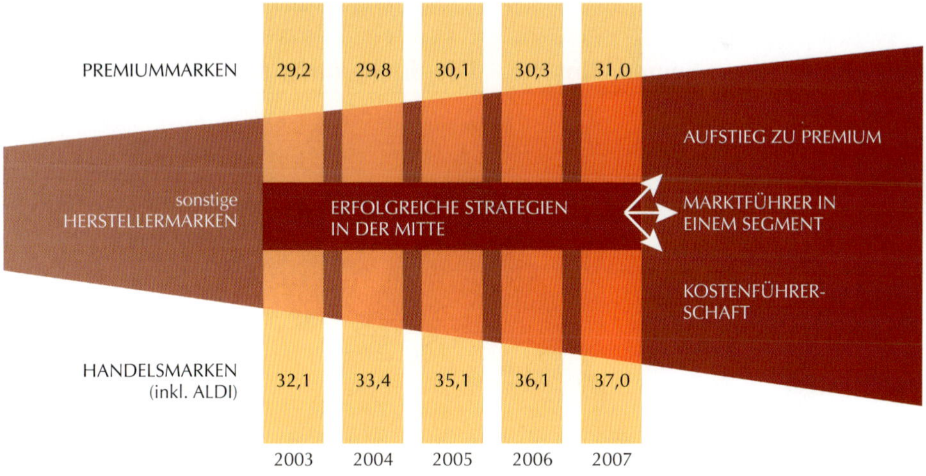

Quelle: GfK-Trendsensor Konsum; Angaben in %

Schaut man sich die Marken-„Hierarchie" der GfK an, so erkennt man klar auch hier die Polarisierung. Stabile 12 bis 14 Prozent in den letzten zehn Jahren für das Premiumsegment. In der Regel bündeln sich in dieser Kategorie mehrere Nischenmarken – im Schokoladenmarkt z. B. Lindt, aber auch Ritter Sport. Gefolgt wird dieses Segment in der Regel von der ebenfalls stabilen Kategorie der A-Marken-Marktführer. Beispielhaft seien hier noch einmal die „Fernsehbiere“ genannt. Doch bereits die zweitstärkste Marke steht weiter unter Druck, und das anhaltend – und nach wie vor aus dem Bereich der Preiseinstiegsmarke, in der sich nicht selten die Eigenmarken des Handels befinden.

Konzepte für die Mitte!? und den Mittelstand: Premium, Regional, Kernkompetenz

Es gibt also mehr als ein Konzept – und somit hat jeder Mittelständler sich selbst zu fragen: Wo ist meine Differenzierung? Im Mittelpunkt der Betrachtung steht der Verbraucher, der dazu (Abb. 4) im Markt von Food & Beverage eine klare Meinung hat. Er will Differenzierung auf einfache Art und Weise verstehen können, denn der Markt ist unüberschaubar genug. Also gilt es, Marken- oder Kompetenzversprechen sinnvoll – und wenn irgend möglich bildhaft – auf den Punkt zu bringen. Er will Genussversprechen, denn es geht um Ernährung. Und: er will emotional die Botschaft nahe gebracht bekommen, denn Markenentscheidungen werden „mit dem Bauch“ gefällt, bevor der Kopf sie rational begründet. Betrachten wir uns beispielhaft drei Profilierungsstrategien für den Mittelstand der Reihe nach:

Abbildung 4:

Der Verbraucher: Seine Wünsche – Die Suche nach der Einfachheit

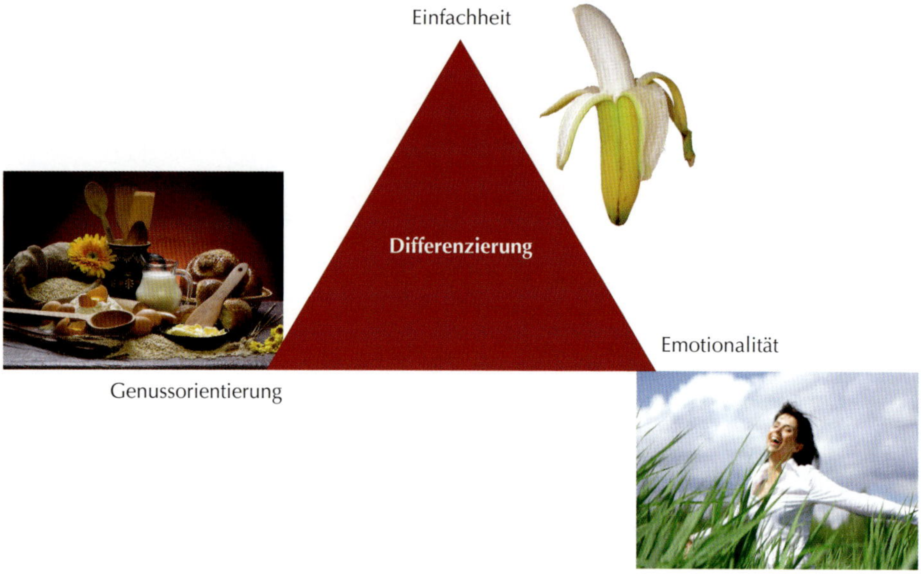

Quelle: GfK-Trendsensor Konsum 2005

Premium in der A-Klasse

12 bis 14 Prozent für die Premiummarke und noch mal rund 20 bis 22 Prozent für die A-Marke macht nach wie vor ein Drittel am oberen Ende der Skala für das Markenkonzept. Rund 50 Prozent der Verbraucher in Deutschland sind nach Jahren der Verunsicherung wieder der Meinung, dass sich Markenkauf tendenziell lohnt. Ein Sieg also für die Marke? Mit Sicherheit ein Zeichen dafür, dass die Bäume für Discounter und deren Eigenmarken nicht in den Himmel wachsen. Erstmals stößt Aldi an seine Grenzen, Lidl wächst stärker als Aldi – und das zu einem großen Teil über Markenartikel wie z. B. Ferrero.

Die Marke – und damit ist in der Regel die Premiummarke gemeint – spielt ihre zentrale Rolle. Und noch ist das Umfeld entsprechend positiv. In einer Allensbach-Studie vom Januar 2007 antworten auf die Frage „Wofür geben Sie nun, da es Ihnen offensichtlich besser geht, mehr Geld aus?" immerhin 51 Prozent der Menschen: „für gutes Essen und Trinken" (Abb. 5).

Oben dabei zu sein, bedeutet Premium – und Premium hat seine Parameter. In jedem Fall impliziert es die Notwendigkeit des Herstellers zum Story-Telling, also dem Geschichtenerzählen rund um die Marke. Wie erfolgreich das sein kann, zeigen viele Beispiele. Im Schokoladenmarkt z. B. Lindt (Abb. 6, nächste Seite). Die Marke schafft es laut GfK Consumer Scan immerhin auf Index-Basis, den knapp sechsfachen Preis der billigsten Marke im LEH zu erzielen und immer noch rund doppelt so viel wie Ritter Sport. Aber auch im hart umkämpften Biermarkt schaffen es einige besser

Abbildung 5:

Wofür das Geld locker sitzt

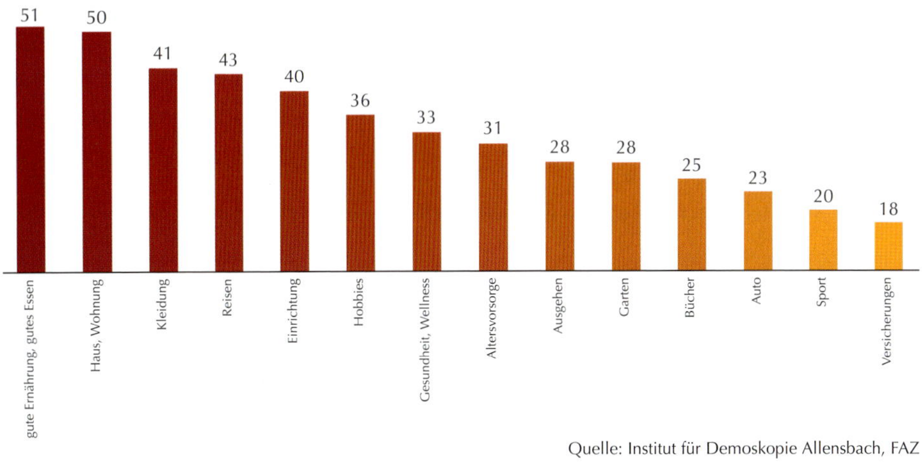

Quelle: Institut für Demoskopie Allensbach, FAZ

Abbildung 6:

Premium im Schokoladenmarkt

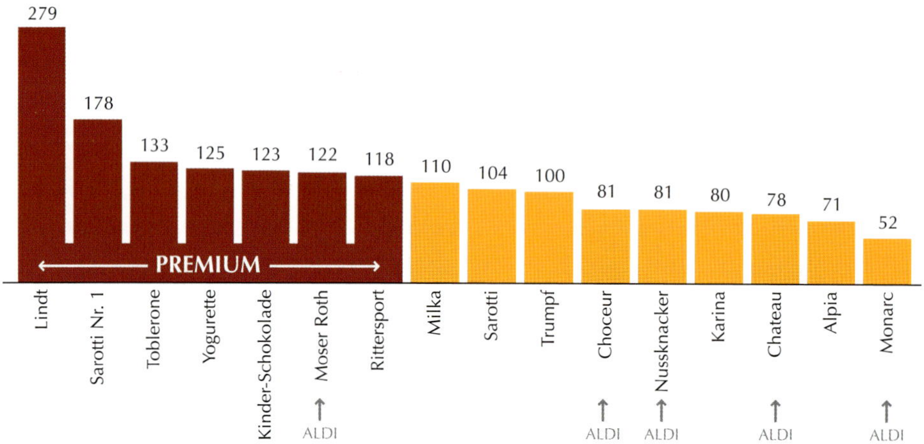

Quelle: GfK Consumer Scan

als andere. Becks zum Beispiel. Mit Becks Gold hat man nicht nur seinerzeit einen ganzen Markt in Bewegung gebracht, sondern schaffte es aus dem Stand heraus, den immer noch fast vierfachen Preis im Vergleich zum Massenprodukt Oettinger zu erzielen. Was den zwischenzeitlich – wie bereits gesagt – zum Biermarktführer Aufgestiegenen wenig beeindrucken mag.

Me-too hat bei Premium keine Chance. Allzu oft wurden und werden immer noch Produktkonzepte erarbeitet, die die wesentliche Frage „Wer bin ich?“ nicht schlüssig beantworten können. Und erst recht nicht die Frage „Welchen Nutzen biete ich an?“. So weist Nielsen denn auch nach, dass rund 74 Prozent aller eingeführten Produkte – egal ob als Markenartikel oder als Eigenmarke des Handels – Me-too-Produkte sind. Und dass nur rund 2,3 Prozent wirklich die Bezeichnung „Neuheit“ verdienen. Folgerichtig hat Deutschland in Sachen Food eine Floprate von 85 bis 90 Prozent aller eingeführten Produkte – und das sind im Durchschnitt der letzten Jahre immerhin rund 28.000 Artikel (Abb. 7).

Global Star vs. Local Hero – Regionalität als Erfolgskonzept Mittelstand

Es ist eine altbekannte Geschichte: Wenn Kinder junge Erwachsene werden, so ist alles Fremde von großem Interesse. Folgerichtig schlägt das Pendel aus in Richtung internationaler Trend. Internationale Produkte wie Coca-Cola und McDonald's werden geliebt. Doch schon wenige Jahre schlägt das Pendel zurück. Man erkennt den Reichtum der (regionalen) Sprache, des

Abbildung 7:

Keine (Premium-)Story heißt stottern über Me-too!

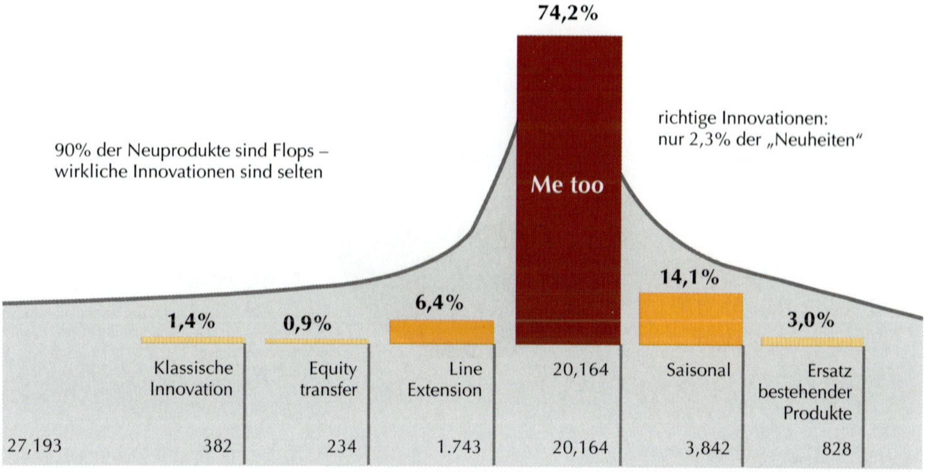

Quelle: ACNielsen Europe 2006

Brauchtums, fühlt sich geborgen in überschaubaren Systemen und nur bei den wenigsten Menschen hat dies etwas mit Angst vor zu viel Fremden zu tun.

Gerade die Einkaufsentscheider, die Haushaltsmanager Frauen, bevorzugen zu nahezu 50 Prozent eindeutig regionale Produkte. Regionalität ist folgerichtig ein starkes Konzept im Bereich Mitte und Mittelstand. Für viele gezwungenermaßen, weil sie den Sprung aus der Region nicht geschafft haben, für andere jedoch ganz bewusst. Sachsenmilch, zum Beispiel, ein Unternehmen, das zum Milch-Giganten Müller gehört, hat Regionalität – was der Name vermuten lässt – zum Prinzip erhoben und ist damit überdurchschnittlich erfolgreich. Mit einem höchst ungewöhnlichen, mutigen, dafür aber markenstarken Auftritt in der Farbe Pink schaffen es die Sachsen, nicht nur in ihrer Region absoluter Marktführer zu sein, sondern sich in den neuen Bundesländern Zug um Zug als stärkste Mopro-Marke zu etablieren.

Oder Develey, das deutsche Traditionsunternehmen aus München, das sich auf den Markt der Würzprodukte spezialisiert hat. Mit der Traditionsmarke Develey ist man südlich des „Weißwurstäquators" Main eine absolute Größe im Markt. Mit Löwensenf aus Düsseldorf pflegt man den nationalen Anspruch aus der Region heraus und mit Bautzener bedient man die Rezepte der neuen Bundesländer. Eine Strategie, die das Unternehmen mehr als erfolgreich macht. Und last but not least sei natürlich auch wieder der traditionell regional geprägte Biermarkt erwähnt. Ob Augustiner in

Abbildung 8:

Eine verstärkte Polarisierung – Die Chance zur Profilierung

REGIONALISIERUNG

- Sprache
- Religion
- Brauchtum
- Vertrauen in überschaubare Systeme (Sicherheit durch v. a. Traditionsmarken)

... und die Angst vor zu viel Fremden

VERSUS

GLOBALISIERUNG

- Wirtschaft
- Trend-Jugend-Kulturen
- Einflussfaktor USA (z. B. Coca-Cola, Fast Food)
- Kommunikation und Medien
- Kosmopolitische Großstädte
- Fernreisen (Auswirkungen auf Essgewohnheiten)

Quelle: GfK Trendsensor Konsum

München, Rothaus in Baden-Württemberg oder Flensburger im Norden, die „Local Heros" im Großen, aber auch im Kleinen sind in diesem Markt eindeutig zu identifizieren und schaffen nachweislich Erfolge.

Doch die Region gehört längst nicht nur alleine den Industrieanbietern. Der Handel hat längst erkannt, dass auch hier seine Chance liegt. „Regionalfürsten" der jeweiligen Regionen im Handel tun hier weit mehr als die Fokussierung ihrer Stärke in der Region und feiern damit Erfolge. 2003 war die coop in Kiel die erste, die mit ihrer Regionalmarke „Unser Norden" Zeichen setzte. Hohe zweistellige Wachstumsraten werden jedes Jahr erzielt und die Marke hat gerade einmal zwei Jahre gebraucht, um in ihrer Region rund 60 Prozent gestützte Bekanntheit zu erreichen. Das Erfolgsrezept ist schnell erklärt. Hier werden die Wunschbilder bedient, die in uns allen tief eingegraben sind. Ja, wir sind Weltbürger, und ja, wir lieben unsere Region.

Qualität steht aber auch hier ganz zentral im Fokus. Seit 2007 werden alle Produkte regelmäßig DLG-geprüft – und nur die, die eine Medaille erhalten und damit den definierten Qualitätskriterien entsprechen, verbleiben im Sortiment. Rund 300 Produkte im Food-Bereich sind dies, die von weiteren 100 Non-Food-Produkten im weiß-blauen Kacheldesign des Nordens flankiert werden. Die coop hat mit jährlich 2-stelligen Wachstumsraten nachhaltig Freude daran. Längst ist die Marke zum emotionalen Nukleus der gesamten coop geworden. Doch so viel Erfolg ruft Nachahmer auf den Plan. Ob die große Edeka, die bereits ein Jahr später ihre Regionalmarke „Unsere Heimat – echt & gut" in den Regionen Hessen, Rheinland-Pfalz, Saarland und Baden-Württemberg nachschob, oder Wettbewerber der

Abbildung 9:

Der Verbraucher bevorzugt regionale Produkte

coop in der unmittelbaren Region, die mit „Küstengold" und „Hofgut" am Erfolg zu partizipieren suchen. Allüberall ist das Thema der Regionalität derzeit im Gespräch.

Und die Mengenmarken für die Mitte?

Mittelstand und Mitte – passt das auf Dauer zusammen? Ja und Nein. Nein für die Vielzahl der Anbieter, Ja für die Marken-Unternehmen, die sich bereits seit geraumer Zeit eine Vertrauensposition mit einem Markenmonopol entsprechend gesichert haben in Massenmärkten wie Waschmittel oder auch Molkereiprodukte. Hier kann man durchaus und langfristig erfolgreich sein im harten Verdrängungswettbewerb. Im Molkereimarkt seien Mittelpreismarken wie Ehrmann und auch Bauer erwähnt, die ihre Mitte gefunden und verteidigt haben zwischen Danones „Actimel" und Weihenstephan am oberen Ende und den aggressiven Preiseinstiegsmarken der Discounter am unteren. „Ehrmann. Keiner macht mich mehr an." sagen immerhin doch so viele Verbraucher, dass die Marke Almighurt aus dem Hause Ehrmann im größten Einzelsegment „Frucht-Joghurt" nach wie vor die dominante Rolle spielt, gefolgt vom „Großen Bauer", der sich um die Gunst des Verbrauchers seit Jahrzehnten mit Ehrmann ein umsatzstarkes Kopf-an-Kopf-Rennen liefert.

Oder „Persil" im Waschmittelmarkt. Für den Verbraucher ist die Marke Inbegriff von Tradition und Vertrauen in Sachen Reinheit. Alljährlich, wenn die rote Schleife im Fernsehen zum großen Vorratskauf ruft, wird wieder einmal bewiesen, dass die alte Theorie des Reiz- und Reaktionsmechanismus nach wie vor funktioniert – Voraussetzung: die Marke stimmt.

A-Rating für den Mittelstand

Quo vadis – wohin führt der Weg den Mittelstand? In eine erfolgreiche Zukunft meint Roland Berger in einer soeben erschienenen Studie: Rund 1.000 große Familienunternehmen identifizierte man alleine im deutschsprachigen Raum. Viele davon in einer Pole-Position ihres jeweiligen Marktes. Gerade jetzt beginnt eine neue Runde in Sachen Kooperation befreundeter Familienunternehmen laut Berger, die in Zukunft auch als „gute"

Die Mitte lebt – 10 Kernergebnisse

1. Der Lieblingsfehler des deutschen Marketings für Mitte-Marken: Der Weg nach oben, also die Fokussierung auf die Strategie des Marktführers. Er führt geradewegs in die Misserfolgspositionierung der Me-too-Marke.
2. Der Weg nach unten über Preispromotions: Der Marktanteil des Preiseinstiegssegments der Herstellermarken ist kontinuierlich rückläufig und liegt inzwischen bei drei Prozent.
3. Kleiner ist feiner: „Value for money", also Bekenntnis zur Qualität, was als Abgrenzung zu den großen Marken meist sehr glaubhaft ist.
4. Orientierung auf ein klar abgegrenztes Nutzensegment: Mittels Innovation durch einen Relaunch oder Neueinführung, eine sehr häufig sehr probate Strategie.
5. Der zweite Lieblingsfehler des deutschen Produktmanagements bei Mitte-Marken: Die vermeintliche Potenzialerweiterung durch Sortimentsausweitung.
6. Keine Berührungsängste mit Discountern (viele große Warengruppen erzielen heute 50 % und mehr allein im Discount).
7. Konzentration auf regionale Absatzgebiete, was sogar bundesweit gemessen zu relevanten Marktanteilen führen kann (Nudel- und Senfmarkt).
8. Fokussierung auf ein intelligent definiertes Zielgruppensegment und mediale Umsetzung durch Datenfusion.
9. Mehr Mut zu eigenständigen Mediastrategien: Es sind nicht nur Form und Inhalt der Kampagne, die über Kommunikationserfolg entscheiden, sondern mehr und mehr die Wege zu den Zielgruppen. Erfolgreiche Marken der Mitte setzen auf die relative Etathöhe (Share of Advertising), werben saisonal antizyklisch, bevorzugen Mix-Kampagnen und in auffallend hohem Maße innovative Sonderwerbeformen und erzielen trotz kleinerer Etats bessere Platzierungen bei kürzeren TV-Spots.
10. Besonders erfolgreich sind Kampagnen dann, wenn sie im Kern einen relevanten und möglichst innovativen Produktnutzen herausstellen und Emotionalität dafür einsetzen, wo sie am meisten leisten kann: als attraktive Verpackung eines letztlich rationalen Nutzens.

Wettbewerber der „bösen Heuschrecken“ bei Firmenübernahmen auftreten könnten, um dabei ihren Vertrauensbonus auszuspielen.

Eines ist klar: Wer im hart umkämpften Markt Food & Beverage sein Unternehmen und/oder seine Marke an die nächste Familien-Generation weiterreichen will, der schafft dies nur mit Erstklassigkeit. Ob „Oben“, „Mitte“ oder „Unten“ – der Unternehmens-/Markenführer ist dabei frei in der Wahl des Konzeptes. Wichtig ist: Egal ob ich mich für die eigenverantwortliche Markenführung entscheide oder ob ich mich ganz gezielt auf das Konzept des „Preferred Suppliers“ für die Eigenmarke entscheide, das A-Rating in Sachen Konzeptstärke und -treue ist die Voraussetzung für den anhaltenden Erfolg.

Günther Nessel

Nach Gymnasium Ausbildung zum Werbekaufmann, Studium an der Marketingakademie Frankfurt zum Werbebetriebswirt.

- *1980 bis 1983 Produktbereichsleiter Marketingservices Braun/Kronberg*
- *1983 bis 1986 Kundenberater bei Ruoss & Partner Markenwerbung GWA*
- *1986 bis 1991 Mitgesellschafter der Agentur Ruoss & Partner*
- *1992 Gründung von taste! food & beverage communication*
- *Geschäftsführender Gesellschafter der Agentur, die sich auf Marketing und Kommunikation für Produkte ausschließlich im Markt „Essen und Trinken“ spezialisiert hat. Die Agentur arbeitet bzw. arbeitete in den letzten Jahren für namhafte Kunden aus dem In- und Ausland*
- *1998 Gründung von taste! brand identity, einer Spezial-Unit der Agentur, die sich ganz auf die Entwicklung von Marken-Identitätskonzepten und deren Umsetzung in einen optimalen Auftritt im uniquen, impulsstarken Packaging spezialisiert hat*
- *2000 Gründung von taste! active sales, einer weiteren Spezial-Unit, deren Focus auf Trademarketingkonzepten und deren Umsetzung auf allen Stufen through-the-line – d.h. vom Kick-Off Außendienst über den P.o.S. bis zur Nachbereitung und Fach-PR – liegt*

Rainer Winter, *Projektleiter Internet, DLG e.V., Frankfurt am Main*

Das Internet zur Vertrauensbildung nutzen

Acht Argumente für eine verbindliche Kommunikationskultur

Das Internet hat unseren Alltag verändert. Die gesellschaftlichen Veränderungen sind so umgreifend wie bei der Erfindung des Buchdrucks. Auch die Auswirkungen auf die Wirtschaft sind immens. Nicht nur die Musikindustrie, die Printmedien oder die Telekommunikationsbranche stehen mitten im Umbruch, sondern auch die Kommunikation zwischen Anbietern und Konsumenten hat sich durch das Internet grundsätzlich verändert.

Es heißt zwar „Nichts verbindet so unverbindlich wie das Internet", aber die Interaktivität des Internets erfordert in der (Unternehmens-)Kommunikation Verbindlichkeiten, die eine neue Vertrauensbasis bilden. Wie sich die gesamte Kommunikationskultur verändert, beschreibt dieser Beitrag.

Viele Verbraucher informieren sich heute regelmäßig im Internet

Rund zwei Drittel der Deutschen nutzen inzwischen wenigstens gelegentlich das Internet. Das stellten die ARD/ZDF-Onlinestudie 2008 und der (N)Onliner Atlas 2008 übereinstimmend fest. Und rund 40 Prozent nutzen das Internet mehrmals täglich, so die ACTA-Studie 2007 des Instituts für Demoskopie Allensbach. In der gleichen Studie gab rund ein Drittel der Befragten an, dass das Internet und der Computer für ihre tägliche Information unverzichtbar seien.

Wer heute noch glaubt, das Internet sei ein Nischen-Medium für Technikfreaks, der irrt: Immer mehr Menschen nutzen das Internet für die tägliche Information. Mehr als die Hälfte der Befragten in der ACTA-Studie holen aus dem Internet Produktinformationen und Preisvergleiche. Zahlreiche Untersuchungen (z. B. Yahoo+comScore, BIG Research, Forrester) zeigen, dass die Menschen sich erst online informieren, bevor sie im Laden kaufen. Der Verbraucher handelt besonders bei Konsumgütern nach dem Prinzip „Research online – purchase offline".

„Der Verbraucher handelt besonders bei Konsumgütern nach dem Prinzip „Research online – purchase offline".“

Verbraucher informieren sich am liebsten bei anderen Verbrauchern über Produkte

Das Internet bringt mit Online-Diensten wie z. B. Foren und Blogs Interaktivität ins Spiel: Die Abgrenzung von Leser und Schreiber wird fließend, jeder kann selbst publizieren. Spezielle Verbraucher-Communities wie Dooyoo und Ciao, aber auch unzählige privat betriebene Diskussionsforen vernetzen die Verbraucher und sorgen für einen regen Erfahrungsaustausch von Käufern und Kaufwilligen. Auch Rezensionen in Shops wie bei Amazon liefern Kaufinteressenten persönliche Meinungen von Käufern.

Und diese Informationen, die von Internetnutzern selbst eingestellt werden, haben einen großen Einfluss auf Kaufentscheidungen: Nach einer Studie von ACNielsen glauben weltweit 78 Prozent (D: 70) persönlichen Empfehlungen. Einer anonymen Version, wie sie in Foren und Blogs oder Online-Shops zu finden ist, schenken 61 Prozent (D: 56) ihr Vertrauen. Rund 30 Prozent der Nutzer in Deutschland sagen, sie haben schon einmal ein Produkt oder eine

Dienstleistung nicht in Anspruch genommen, weil sie im Internet negative Kommentare oder Kritiken von Anwendern gelesen hätten (Ipsos/Hotwired 2006). Europaweit sind es sogar 34 Prozent. In Deutschland würden sich im Vergleich dazu 56 Prozent für ein Produkt oder eine Dienstleistung entscheiden, wenn sie positive Nutzerkommentare darüber im Internet finden.

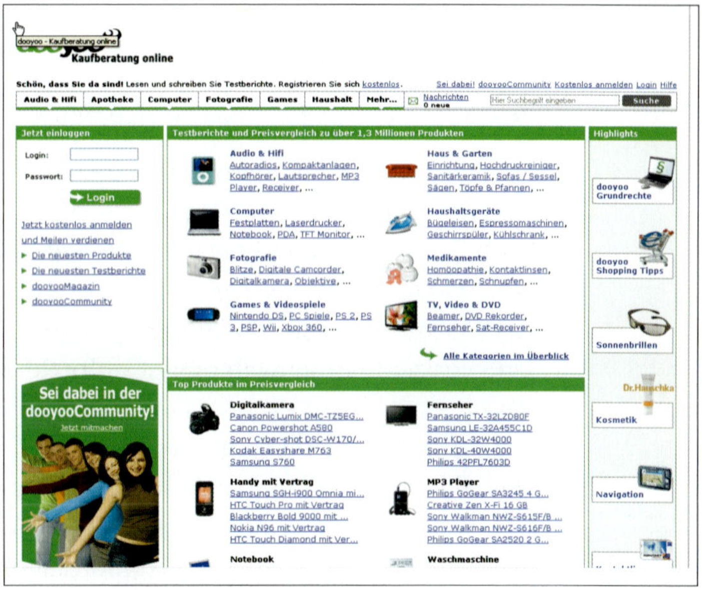

Die Nutzergruppe zwischen 30 und 39 Jahren ist dabei überdurchschnittlich aktiv, Testberichte und Bewertungen zu Marken, Produkten und Dienstleistungen zu verfassen. In Deutschland gab es laut Stern MarkenProfile im Oktober 2007 rund 880.000 Blogger und 1,6 Mio. regelmäßig Kommentarschreibende in Blogs, Foren oder anderen Communities.

Sicher ist das im Vergleich zu den lesenden Nutzern nur ein Bruchteil, aber was einer „gepostet" hat, kann lange gefunden werden. Das bedeutet, ein eingestellter Beitrag zu einem interessanten Produkt – ob kritisch oder löblich – kann mehr Leser erreichen als jede bisher bekannte Werbeform. Rund um die Uhr: 24 Stunden am Tag, 365 Tage im Jahr. Und nutzergenerierte Inhalte sind vertrauenswürdiger als Fernsehwerbung. Laut der Studie von Ipsos/Hotwired vertrauen Verbrau-

Spezielle Verbraucher-Communities wie Dooyoo und Ciao, aber auch unzählige privat betriebene Diskussionsforen vernetzen die Verbraucher und sorgen für einen regen Erfahrungsaustausch von Käufern und Kaufwilligen.

cher in Europa den privaten Kommentaren fast so sehr wie redaktionellen Zeitungsartikeln:

34 Prozent vertrauen Zeitungsartikeln
28 Prozent setzen auf private Kommentare in Portalen
23 Prozent vertrauen Blogs
22 Prozent glauben den Herstellerwebseiten
15 Prozent nimmt Fernsehwerbung ein
14 Prozent E-Mail-Marketing
11 Prozent Firmenweblogs („Corporate Blogs")

Beachtlich ist, dass Informationen auf Internetseiten von Herstellern glaubwürdiger erscheinen als Fernsehwerbung. Wenn diese gut aufbereitet sind, werden diese Informationen nicht als Werbung im klassischen Sinne betrachtet, sondern als Produktinformation. TV-Werbung im Gegensatz dazu stört und berieselt. Die Infoseiten im Internet hat der Leser aktiv aufgerufen.

Communities und Blogs sind Recherchequellen von Journalisten

Journalisten nutzen die Blogosphäre und Communities gerne als Recherchequelle, um an „unverfälschte" Informationen über Firmen und Produkte zu kommen. Nichts ist heute leichter für Journalisten, als Aussagen der PR- und Werbeabteilung auf deren Realitätsbezug zu überprüfen. Eine passende Suchmaschinenabfrage – erledigt.

Überprüfen Sie, was im Internet über Ihr Unternehmen und Produkte zu lesen ist – betreiben Sie z. B. „Blogmonitoring". Spezielle Suchmaschinen wie blogsearch.google.de oder technorati.com durchstöbern Weblogs. Die Probleme beim Kundenservice der Deutschen Telekom sind im Internet zahlreich dokumentiert. Klassische Werbekampagnen und Pressearbeit können diesen Imageschaden nur schwer reparieren.

Öffentliche Verbraucher-Communities zwingen Unternehmen, offen und glaubhaft zu kommunizieren

Es war noch nie so einfach, via Internet schnell einen Überblick über das Image des eigenen Unternehmens oder der Qualität seiner Produkte zu erhalten. Man braucht nur in einer Suchmaschine einen Marken- oder Unternehmensnamen zusammen mit „Probleme" eingeben, und man erhält einen Überblick, was an negativen Informationen gerade auf Sendung ist. Und es ist heute um ein Vielfaches schwieriger, den Verbrauchern etwas vorzumachen. Wer Produkte oder Dienstleistungen für eine aufgeklärte Käuferschaft produzieren will, darf heute keine lückenhaften Informationen mehr anbieten. Die Online-Community reagiert zu schnell für jede Unternehmenskommunikation.

> **_„Man braucht nur in einer Suchmaschine einen Marken- oder Unternehmensnamen zusammen mit „Probleme“ eingeben, und man erhält einen Überblick, was an negativen Informationen gerade auf Sendung ist.“_**

Public Relations hat mit den Neuen Medien also ein neues Arbeitsfeld erhalten: „Public Online Relations“. Um glaubhaft zu kommunizieren, braucht es dabei eine Vorwärtsstrategie:

- Stellen Sie sich aktiv und offen den Diskussionen. Nur so kann ein Unternehmen oder eine Marke glaubhaft und authentisch bleiben.
- Kommunizieren Sie nicht nur über Pressemeldungen Ihre Informationen oder Stellungnahmen, sondern halten Sie die Communities und die Blogosphäre im Blick und posten Sie dort direkt – aber nicht dieselben Texte, wie Sie in Broschüren und Pressemeldungen verfassen. Authentische Texte dürfen auch mal „Tipp- oder kleine Rechtschreibfehler“ enthalten.

Eine eigene Community für Ihre Kunden aufzubauen, ist nur bei bestimmten Produkten, die einen Dialog erfordern, erfolgreich. Hier können Sie sich den Anfragen und der Meinung der Verbraucher stellen. Supportforen für technische Produkte sind als klassisches Beispiel nicht nur ein Schatz für die Abteilung Produktentwicklung, weil darin die Wünsche und Bedürfnisse von Käufern und potenziellen Käufern formuliert werden, hier kann man als Unternehmen wirkliche Größe zeigen, wenn man Hilfe für Problemlösungen bei der Anwendung des Produktes gibt. Sogar das Eingeständnis eines Fehlers, verbunden mit dessen Korrektur, kann positive Wirkung auf die Käuferschaft haben. Die Nutzer sehen: „Hier wird man nicht im Regen stehen gelassen, sondern man bekommt Hilfe zur Fehlerbehebung.“ Fehler machen kann jeder – helfen, Fehler zu beheben, kann nicht jeder.

Corporate Blogs können die Authentizität einer Marke stärken

Marken-Authentizität wird wissenschaftlich als „Wahrhaftigkeit des proklamierten Markennutzenversprechens“ definiert. Kurzum: Den Nutzen, den die Marke dem Konsumenten verspricht, muss die Marke auch haben.

Tabelle 1:

Fachbegriffe aus dem Bereich Internet

Begriff	Bedeutung
Weblog oder Blog	• Öffentliches auf einer Webseite geführtes Tagebuch, in dem Kommentare zu den Einträgen für jeden möglich sind. Corporate Blogs sind offizielle Weblogs eines Unternehmens, die als Kommunikationsinstrument dienen. Diese sind in den USA weit verbreitet.
Blogger	• Jemand, der in einem Weblog schreibt.
Diskussions- oder Internetforum	• Webseite, in der Nutzer Informationen strukturiert austauschen. Auf Einträge zu Themen (= Threads) können andere Nutzer antworten. Über eine Suchfunktion sind bequem Beiträge zu bestimmten Stichwörtern recherchierbar.
Community	• „Gesellschaft" der Nutzer einer Internetseite, die durch Beiträge der Nutzer lebt. In Communities werden Texte ausgetauscht (wie in Internetforen) oder Videos (wie z. B. in Youtube.com). Oft werden diese Inhalte durch andere Nutzer bewertet.
Posten	• Einen Beitrag in eine Community-Webseite einstellen.

Statt echten praktischen Mehrwert kann auch nur die emotionale Identifikation für den Kunden als Nutzen wahrgenommen werden.

Und bei Lebensmitteln steht die Frage „woher kommt das Produkt?" immer mehr im Fokus. Kann und will man als Hersteller persönlich zu seinen Produkten Rede und Antwort stehen, sind Corporate Blogs ein Ansatz, den Dialog mit Kunden und Interessenten neu zu strukturieren.

Was Qualitätszeichen und Herkunftssiegel versprechen, können z. B. Qualitätsbeauftragte im Blog erläutern. Lieferanten können in die Diskussion um die Herkunft mit einbezogen werden, ebenso der Handel, wenn es um die Verfügbarkeit vor Ort geht. Herkunft und handwerkliches Geschick können zum Diskussionsthema in solchen Weblogs werden. Stellt der Produktionsleiter oder Bäckermeister persönlich eine Produktneuheit vor, kann diese authentischer präsentiert werden, als wenn nur Slogans gedichtet werden. Ein sprachlich vielleicht nicht ganz perfekter Blogeintrag vermittelt nämlich mehr Authentizität als Agentur-Speech auf Hochglanz-Broschüren.

Überhaupt bieten Corporate Blogs für mittelständische oder Handwerksbetriebe eine preisgünstige – allerdings auch zeitaufwändige – Kommunikationsplattform mit hohem Reichweitenpozential. Bestes Beispiel ist das Frosta-Weblog.

Die Öko-Avantgarde der „Lohas" organisiert sich im Internet

Der Wertewandel in der Gesellschaft in Richtung Ökologie hat inzwischen das Konsumverhalten erreicht. Immer mehr Verbraucher kombinieren Konsum und Verantwortung, Grün und Genuss, Natur und Technik. Dieser Lebensstil oder Konsumententyp wird als Lohas (Lifestyle of Health and Sustainability) bezeichnet. Als Verbrauchergruppe sind diese in Deutschland erst vor kurzem in den Fokus der Marketer geraten. In Deutschland wurden z. B. 2007 5,5 Mrd. Euro für Bioprodukte ausgegeben, 20 Prozent mehr als im Jahre zuvor. Eine Studie der Uni Hohenheim schätzt die Kaufkraft der neuen Öko-Konsumenten auf jährlich 200 Mrd. Euro. Bundesweit vermutet Professor Dr. Florian Krebs mindestens 8 Mio. Verbraucher in Deutschland, die man als Lohas einstufen kann.

Diese Verbraucher nutzen überdurchschnittlich häufig das Internet, um Erfahrungen über Produkte mit anderen zu teilen. Spezielle Plattformen wie www.ivyworld.de, www.lohas.de, www.eco-world.de oder www.karmakonsum.de schießen wie Pilze aus dem Boden und bündeln deren Interessen. Lohas halten sich für „resistent gegen irreführende Informationen" – sprich für herkömmliche Werbung nicht erreichbar – und nutzen intensiv den Austausch auf Online-Communities sowie Online-Verzeichnissen von Herstellern „Lohas-kompatibler" Produkte. Ob die „Lohas", die im Jahr 2000 zum ersten Mal soziologisch definiert wurden, nur ein kurzfristiger gesellschaftlicher Trend sind, oder ob sie einen dauerhaften, nachhaltigen gesellschaftlichen Umbruch bringen, muss sich zwar noch zeigen. Wer aber diesem Trend folgen will, muss seine Möglichkeiten einer vertrauensvollen Onlinekommunikation prüfen.

Besonders im Lebensmittelmarkt ist eine vertrauensbildende Kommunikation über das Internet wichtig

Durch Lebensmittelskandale wird die Glaubwürdigkeit von Lebensmittelherstellern und -erzeugern immer wieder in Frage gestellt. Lebensmitteleinkauf ist daher Vertrauenssache. Erzeuger, Lebensmittelverarbeiter und Lebensmittelhandel müssen deswegen jede Möglichkeit in der Kommunikation nutzen, eine Vertrauensbasis zum Kunden aufzubauen.

Während beim Einkauf langlebiger Konsumgütern die Fragen „Wo gibt es Testberichte?" und „Welche Probleme haben andere Verbraucher mit dem Produkt?" bei einer Internetrecherche im Vordergrund stehen, sind bei Lebensmitteln die Fragen über Qualität, Gesundheit und Herkunft für den Käufer von Interesse. Nicht nur bei Bioprodukten fragen sich die Käufer, woher die Produkte oder Zutaten kommen. Dies muss nicht immer durch aufwändige Online-Rückverfolgungs-Datenbanken veranschaulicht werden. Wenn ein authentischer Ansprechpartner (z. B. aus dem Einkauf) online in einem Blog oder Forum Rede und Antwort steht, ist das schon ein guter Anfang. Zeigen Sie Qualitätsauszeichnungen oder Herkunftssiegel, die Sie für Ihre Produkte oder Unternehmen erzielt haben, auf Ihrer Homepage. Zeigen Sie damit, dass Ihnen diese Aspekte wichtig sind. Erläutern Sie, was Sie mit solchen Zeichen dem Konsumenten versprechen. Oder stellen Sie diese sogar offen zur Diskussion.

Wir brauchen eine diskussionsfreudige und verbindliche Kommunikationskultur

So schnell und so einfach wie heute im Internet Informationen zu recherchieren sind, so leicht und so nachhaltig kann sich ein Produktmarkt heute durch diese Informationen verändern. Das Internet vergisst nichts. Das Image einer Marke kann dauerhaft durch negative Fakten im Web geschädigt werden – da hilft selbst der Rechtsweg nicht weiter. Nur eine diskussionsfreudige und verbindliche Kommunikationskultur kann helfen, eine nachhaltigere Vertrauensbasis zu Konsumenten aufzubauen. Wer heute noch glaubt, Konsumenten alles Mögliche versprechen zu können, ohne ein Risiko dabei einzugehen, der irrt: Der Online-Pranger ist nur einen Mausklick entfernt.

„*Wer heute noch glaubt, Konsumenten alles Mögliche versprechen zu können, ohne ein Risiko dabei einzugehen, der irrt: Der Online-Pranger ist nur einen Mausklick entfernt.*“

Rainer Winter

geboren 1967, studierte Agrarwissenschaften mit Schwerpunkt Ökonomie in Stuttgart-Hohenheim und Informationswissenschaften an der Universität Konstanz.

Von 1996 bis 2000 arbeitete er als Redakteur bei den DLG-Mitteilungen im Ressort Betriebsführung. 2001 wechselte er als Projektleiter Internet in den Servicebereich Information der DLG. Seit 2006 leitet er auch die Redaktion der Zeitschrift „DLG Test Landwirtschaft“.

Die Buchreihe zu den DLG-Lebensmitteltagen

Profil durch Verantwortung

Die neue Rolle der Lebensmittelhersteller

Vertrauen ist ein zentraler Faktor für den zukünftigen Unternehmenserfolg der Lebensmittelhersteller, so lautet die Botschaft zahlreicher Markt- und Trendforscher.
Welche Herausforderungen ergeben sich aus den „neuen Verantwortungsprofilen" für Hersteller von Lebensmitteln? Wie stellen sich Produzenten und der Lebensmitteleinzelhandel darauf ein? Was bedeuten die Verbrauchererwartungen für die Wahrnehmung von Lebensmitteln, für Marketing und für die Kommunikation? Wodurch zeichnen sich erfolgreiche Konzepte aus?

€ 26,– (D) • € 26,80 (A) • sFr 44,–

1. Auflage 2008. 232 Seiten, ISBN 978-3-7690-0718-3

Herausforderung Qualität

Erfolgswege zur Profilierung im Markt

Das Verständnis von Qualität stellt die Lebensmittelbranche vor neue Herausforderungen: Wie entwickeln sich die relevanten Trends? Wo kommen Marktentwicklungen der eigenen Strategie entgegen? Wo laufen sie ihr zuwider?
Der branchenübergreifende Blick hift dabei, abschätzen zu können, wie und in welchem Zeitfenster man sich strategisch positionieren soll.

€ 25,– (D) • € 25,80 (A) • sFr 42,–

1. Auflage 2007. 313 Seiten, ISBN 978-3-7690-4201-6

Genuss-Standort Deutschland

Zukunftsstrategien für Lebensmittel

Wie müssen sich Lebensmittelhersteller positionieren, um sich in den hart umkämpften globalen und regionalen Märketn behaupten zu können? Wie hat sich das Genießen der Deutschen entwickel? Welchen europäischen Einflüssen ist das kulinarische Deutschland ausgesetzt? Welchen Einfluss haben neue Technologien auf die Genusswelten heute und morgen?

€ 25,– (D) • € 25,80 (A) • sFr 42,–

1. Auflage 2006. 268 Seiten, ISBN 3-7690-4200-x

ISBN 978-3-7690-4200

Bildnachweis:

Stockfood: Titelbild von Johannes Rodach

fotolia: 13, 26, 27, 32, 59, 63, 67, 73, 83, 85, 86, 115, 183, 223

agrar-press: 16, 19, 21, 22, 35, 41, 51

Tetra Pak: 121, 122, 123, 124, 125, 126, 127, 128, 129

Sachsenmilch AG: 195, 198, 200, 201, 202, 203, 204, 205

BIONADE: 163, 164, 165, 167, 171, 172

Oehlenschläger: 131, 137, 141, 145

Philippi: 175, 178, 179, 180

afz: 93, 96, 98

dlv: 152, 155

Claas: 37

www.deine-stimme-gegen-armut.de: 38

Nessel: 209